普通高等教育"十三五"规划教材

全国职业教育规划教材·财经商贸系列

财政与金融

主　编　黄玉娟　王红敏

副主编　王　梅　朱洪强　秦　立

U0362607

北京大学出版社

PEKING UNIVERSITY PRESS

内 容 简 介

　　本书注重理论与实际结合，紧密联系经济社会的实际现象和问题，以通俗易懂的语言、真实生动的案例、翔实可靠的数据，系统介绍了财政导论、财政收入、税收、国债、财政支出、国家预算、金融概论、金融机构体系与金融业务、金融市场、货币需求与供给、国际金融、财政政策与货币政策等内容，并通过指导学生实践，强化实践应用能力。

　　本书可作为高等职业院校、成人高校、本科院校的二级职业技术学院、继续教育学院财经管理类专业学生的教学用书，同时也可作为从事经济管理工作人员的参考读物以及大众的财政、金融知识普及读物。

图书在版编目（CIP）数据

财政与金融/黄玉娟，王红敏主编. —北京：北京大学出版社，2019.5
全国职业教育规划教材·财经商贸系列
ISBN 978-7-301-30350-4

Ⅰ. ①财…　Ⅱ. ①黄…　②王…　Ⅲ. ①财政金融－职业教育－教材　Ⅳ. ①F8

中国版本图书馆 CIP 数据核字（2019）第 034843 号

书　　　名	财政与金融	
	CAIZHENG YU JINRONG	
著作责任者	黄玉娟　王红敏　主编	
责 任 编 辑	吴坤娟	
标 准 书 号	ISBN 978-7-301-30350-4	
出 版 发 行	北京大学出版社	
地　　　址	北京市海淀区成府路 205 号　　100871	
网　　　址	http://www.pup.cn　　新浪微博：@北京大学出版社	
电 子 信 箱	zyjy@pup.cn	
电　　　话	邮购部 010-62752015　　发行部 010-62750672　　编辑部 010-62756923	
印 刷 者	山东百润本色印刷有限公司	
经 销 者	新华书店	
	787 毫米 × 1092 毫米　16 开本　14.25 印张　332 千字	
	2019 年 5 月第 1 版　2019 年 5 月第 1 次印刷	
定　　　价	39.00 元	

前　　言

　　政府的政务公开，利率的频繁变动，意味着财政、金融不再是一系列枯燥空洞的概念和理论，财政、金融政策正影响着人们的生活，这是不争的事实。

　　职业教育是以就业为导向、以培养应用型人才为主线、突出实践教学的一种人才培养模式和教育类型。该模式要求教材建设突出实用性、新颖性、浅显性，做到理论够用，突出实践。因此，本书的编写紧紧把握以下几个方面。

　　第一，注重学生能力的培养。本书本着理论知识够用的原则，注重把财政学、金融学知识与解决实际经济问题结合起来，在各章节均安排了与实际经济问题相结合的阅读思考、案例分析、实践课堂等，有助于培养学生运用财政学、金融学知识分析、解决实际问题的能力。

　　第二，着重扩大学生知识面。本书设计了旨在拓展学生知识面的相关链接、小贴士，让学生在掌握大纲所规定的学科知识的同时，能够拓展相关课外知识。

　　第三，突出新颖性。在结构、体例上，本书运用了图表、案例等形式，在丰富教学内容、活跃课堂气氛的同时，有助于强化理论与实际的结合，鼓励学生学习知识，动脑思考与动手操作相结合。

　　本书主编为黄玉娟、王红敏，副主编为王梅、朱洪强、秦立。编者承担的任务如下：济南职业学院王红敏编写第一、二、四、五章，山东经贸职业学院秦立编写第三、六章，济南职业学院朱洪强编写第七、八章，中央财经大学王梅编写第九、十一、十二章，济南职业学院黄玉娟编写第十章。全书由黄玉娟统稿。

　　本书在编写过程中，得到了济南职业学院财经商贸学院、山东经贸职业学院财政金融系、北京大学出版社领导和有关同志的关怀和支持。在编写过程中，我们参阅、借鉴了大量国内外有关财政、金融方面的书刊资料，在此向相关作者一并致谢！由于编者水平有限，书中难免有疏漏之处，恳请专家、学者和读者不吝赐教。

编　者

2019 年 4 月

Contents

目　录

下篇 金融篇

One

1

上篇　财政篇

第一章 ■ 财政导论

1. 了解财政的产生和发展历程。
2. 理解公共产品理论和公共财政理论。
3. 掌握财政的概念、构成要素及职能。

能找到身边的财政现象并分析其对我们的经济生活有什么影响。

我们在日常生活中，处处都在享受着政府给我们提供的各种产品和服务：

水、电、暖气、天然气；公共道路、公共汽车、公共电视节目；公立学校、国家助学贷款；医疗保障、失业保险；扶贫、补贴等。

同时我们为享用政府提供的产品和服务付费：

使用费有电费、水费等；税收有流转税、所得税、财产税等；专项税（费）有社会保险费等。

可见，我们的生活处处都在受政府经济活动的影响，由于财政是政府最核心的经济活动，所以它是现实社会中最普遍的经济现象之一。

问题引入：

1. 什么是财政？
2. 财政是怎样产生和发展的？
3. 什么是公共产品和公共财政？
4. 财政的职能是什么？

第一节　财政概述

一、财政的概念

财政，也叫"国家财政"，是以国家为主体，通过政府的收支活动，集中一部分社会资源，用于履行政府职能和满足社会公共需要的经济活动。

二、财政的基本特征

财政是一个经济范畴，它通过以强制性为主要特征的手段，集中一部分社会资源用于满足社会公共需要；财政又是一个政治范畴，它是随着阶级社会的产生而产生的。我们可以从财政活动的主体、财政活动的目的和财政分配的对象三个方面来理解财政的基本特征。

（一）财政活动的主体

财政既然是由政府组织的、集中性的经济活动，它的主体只能是政府（或者说国家），以其他任何社会组织或团体为主体的经济活动，都不属于财政。这是财政活动区别于其他经济活动的基本特征。所谓以政府为主体，指的是政府在财政活动中居于主导地位，并形成政府与其他经济主体之间的关系。

（二）财政活动的目的

财政活动的目的，是保证政府履行其职能的需要。在市场经济条件下，它表现为满足社会公共需要，具体可分为以下三类。

第一，政府保证履行其职能的需要，包括政府履行某些社会职能的需要，诸如国防、外交、公安、司法、行政管理以及普及教育、卫生保健、基础科学研究和生态环境保护等。这类需要是最典型的社会公共需要。

第二，介于社会公共需要和私人个别需要之间的性质上难以严格划分的一些需要，其中的一部分或大部分也要由政府集中加以满足，如高等教育、社会保险基金、抚恤救济金、价格补贴等。

第三，大型公共设施的需要，甚至包括基础产业，如邮政、电信、民航、铁路、公路、煤气、电力、钢铁等。

（三）财政分配的对象

财政分配的对象是剩余产品价值。尽管在形式上财政分配的对象可能包括全部社会产品价值，但实际上都是对剩余产品价值分配的转化。

社会产品中的剩余产品价值，既是财政产生的经济前提，也是财政的分配对象。社会产品的价值由三部分构成，即 $C+V+M$。其中，C 是生产资料耗费的补偿价值，V 是劳动力再生产价值，M 是剩余产品价值。如果不考虑财政分配的形式，而从财政分配产品价值的来源看，财政分配的对象只能是剩余产品价值。

第二节　财政的产生与发展 ----------------------------●

一、财政产生的背景及条件

财政是一个经济范畴，同时也是一个历史范畴。财政不是从来就有的，它是社会生产力和生产关系发展到一定历史阶段，伴随着国家的产生而产生的。在整个社会产品分配中分化独立出一种由国家直接参与的社会产品的分配，就是财政分配。

（一）生产力的发展，剩余产品的出现，是财政产生的物质条件

奴隶社会、封建社会的统治者都不从事生产活动，他们的生活以及活动开支必然由社会上其他人提供，这只有在剩余产品产生后才有可能。也就是说，只有社会生产力发展到人的劳动力所生产的产品超过了单纯维持自身生活需要时，统治者脱离生产专门从事社会管理才有可能，否则，缴贡赋税者就会饿死，统治者也失去了征敛的对象。因此，剩余产品的出现是财政产生的物质条件，也是首要条件。

（二）社会分工的发展，公共管理的需要，是财政产生的社会条件

从人类社会的发展过程中我们可以看到：在原始社会，随着氏族的发展，部落联盟的扩大，公共管理事务必然增多，需要部分人脱离生产劳动，专门从事公共管理。公共支出和公共管理需要财政支持，于是就产生了财政收入的课征。如：为争夺生存空间发生战争；为抵御野兽、洪水等，氏族或部落联盟首领组织一些战斗；还有频繁的祭祀，根据季节安排五谷种植等，在当时这些都是一种公共需要。当氏族或部落联盟首领具有管理公共事务特权后，就出现了为首领特权服务的劳役，如服务其生活需要的勤杂劳动等，还有服务其权欲扩张的兼并战争。

二、财政发展的过程

财政产生以后，随着社会生产力的变革和国家形态的更迭，也在不断地发生变化。人类进入阶级社会以后的各种社会形态，都有与其生产资料所有制和国家形态相适应的财政。

（一）奴隶社会的财政

在奴隶社会，财政的基本目的是维持统治。国王个人收支与财政收支不分，国家财政以直接剥削奴隶劳动的收入为主。奴隶制国家直接占有大量的生产资料和奴隶，这便是取得财政收入的一项主要来源。

财政收支采取实物与劳役形式。收入有王室土地收入（即国王强制奴隶从事农业、畜牧业、手工业等劳动创造的财富），贡物收入和掠夺收入（贡物收入包括诸侯与王公大臣的贡赋以及被征服的国家交纳的贡品，掠夺收入是在战争中掠夺其他国家和部族的财物），军赋收入（为保证战争和供养军队需要而征集的财物），捐税收入（这主要是对自由民中占有少量生产资料的农民、手工业者和商人征收的捐税，如粟米之征、布缕之征、关市之征等）。这些收入主要被奴隶制国家用于军事开

支，维护政权机构的支出，王室的享用，宗教和祭祀，农业、水利生产性支出等方面。

（二）封建社会的财政

封建社会中，财政的基本动因依然是维持统治，国家的财政收入由以官产收入为主转为以税收为主，税收与地租逐渐分开，成为纯粹意义上的税收，财政关系与一般的经济分配关系逐渐分开。

财政收入主要有官产收入（即剥夺农奴收入）、诸侯贡赋、捐税田赋、专卖（即盐铁烟酒等）收入和特权收入（国家对矿山、森林、湖泊、河流、海域等自然资源以及铸币等经营权进行出卖和发放许可证而收取许可费等）。财政支出主要用于战争支出、行政支出、皇室的享乐支出（建造宫殿、坟墓，游乐，赏赐等）以及封建文化、宗教活动等方面的支出。

封建制国家财政与奴隶制国家财政相比，不仅在财政收支数量上有差别，而且在内容、范围上也有不同。其特点表现在：第一，财政收支形式逐步转化为以货币形式为主；第二，财政管理日趋完善，国家财政收支与国王私人收支从形式上的分别管理发展为逐步分离；第三，财政分配范围逐步扩大，出现了专卖、公债、国家预算等新的财政范畴。

（三）资本主义社会的财政

英国资产阶级革命，宣告了封建制度的破产和资本主义制度的确立。随后的法国等广大欧洲国家相继爆发了资产阶级革命，加速了欧洲封建制度的崩溃。资本主义国家财政随着资本主义制度的确立而产生。资本主义社会的经济基础是生产资料资本主义私有制。资本主义国家财政是为维护资产阶级的利益而强制参与社会产品分配的一种财力工具。

资本主义国家财政收入的主要形式为以下几种。第一，税收收入。这是资本主义国家财政收入的主要形式，一般占财政收入的80%～90%。它主要来自于对商品和劳务的课税、对所得的课税和对财产的课税。第二，债务收入。这是资本主义国家财政的又一重要收入形式。它是运用国家信用形式筹集的财政收入。第三，专卖缴纳金。这是对国家垄断的产品进行生产和经营而上缴给国家财政的收入形式。另外，还有少量来自国营企业的收入等。

资本主义国家财政支出，按照政府预算上的分类，主要包括以下七个方面，即军事支出、权力机关支出、外交支出和其他对外支出、经济支出、社会福利支出、保护环境和自然资源支出以及债务支出等。

资本主义国家财政较之上述两种国家财政，是一种历史的进步。其特点主要表现为：第一，由于商品经济的高度发达，财政收支全部采取价值形式；第二，税收成为国家财政收入的主要来源，使国家与各方面所发生的财政分配关系走上法制化轨道；第三，财政分配体系相对完善，建立了比较完整的财政预算制度。另外，财政分配范围更大，出现了财政性发行、赤字财政、通货膨胀等。值得一提的是，在资本主义社会，出现了独立的财政理论，并在一定程度上指导了资本主义经济发展。对此，我们在系统研究马克思主义财政理论的过程中，应该批判地吸收和借鉴西方资产阶级财政理论的合理内核，为我国社会主义市场经济发展服务。

（四）社会主义财政

社会主义国家财政是为执行其经济职能而对社会产品进行有计划的分配和再分配所形成的分配关系。对正确安排积累与消费的比例关系，正确处理个人利益、局部利益与整体利益之间的矛盾，对形成补偿基金、消费基金和积累基金，对调整社会经济结构和国民经济结构都具有重大的能动作用。它是社会主义分配结构中的主导环节，是调节国民经济和各方面利益的强大杠杆。

奴隶制国家、封建制国家和资本主义国家的财政，都是以生产资料私有制为基础的国家财政。这种财政体现了在经济上占统治地位的剥削阶级凭借政治权力对劳动人民的剥削，具有深刻的阶级对抗性质。社会主义国家财政和剥削阶级统治的国家财政有本质区别。它不再是某一特权阶级的工具，而是社会主义国家用以组织、影响和调节社会主义经济，巩固和发展社会主义生产方式，最大限度地满足社会成员日益增长的物质和文化生活需要的重要手段。在社会主义条件下，财政反映的经济关系是国家与全民所有制经济、集体经济和全体居民之间、国家与各部门及各地区之间的分配关系，是根本利益一致基础上的关系。

▶▶▶ **阅读材料**

在我国古代的第一个奴隶制国家夏朝，最早出现的财政征收方式是"贡"，即臣属将物品进献给君王。当时，虽然臣属必须履行这一义务，但由于贡的数量、时间尚不确定，所以，"贡"只是税的雏形。而后出现的"赋"与"贡"不同，"赋"原指军赋，即君主向臣属征集的军役和军用品。但事实上，国家征集的收入不仅限于军赋，还包括用于国家其他方面支出的产品。此外，国家对关口、集市、山地、水面等征集的收入也称"赋"。所以，"赋"已不仅指国家征集的军用品，而且具有了"税"的含义了。有历史典籍可查的对土地产物的直接征税，始于公元前594年鲁国实行的"初税亩"，按平均产量对土地征税。后来，"赋"和"税"就往往并用了，统称赋税。

第三节 公共产品与公共财政 ----------------------------●

一、公共产品的理论

（一）公共产品的概念

公共产品是与私人物品相对的，一般采用保罗·萨缪尔森在《公共支出的纯理论》一文中的定义，即纯粹的公共产品是指每个人消费这种产品或服务不会导致别人对该产品或服务获得消费的减少。它是以整个社会为单位共同提出的需要，如国防、公路、法律、环境等。私人物品则是用于满足私人个别需要的产品或服务。

（二）公共产品的特征

1. 消费的非竞争性

消费的非竞争性是指一个人或厂商对公共产品的享用，不排斥、不妨碍其他人或厂商同时享用，也不会因此而减少其他人或厂商享用该种公共产品的数量或质量。就是说，增加一个消费者的边际成本等于零，如国防、公用电网、灯塔等，不会因增加一个消费者而减少其他任何一个人对公共产品的消费量。对于一般私人物品来说，一个人一旦消费了某种物品，就会影响其他人对同种物品的消费数量和质量，甚至别人无法再消费此类物品，实际上就排除了其他人同时享用。其他人要享用，就得另行购买，其边际成本就不为零。

2. 受益的非排他性

受益的非排他性是指在技术上没有办法将拒绝为之付款的个人或厂商排除在公共产品的受益范围之外，或者说，任何人都不能用拒绝付款的办法，将其不喜欢的公共产品排除在其享用品范围之外。例如国防，一旦形成了国家国防体系，提供了国防服务，要想排除任何一个生活在该国的人享受国防保护，是非常困难的，或者成本高到不可接受。而私人物品恰恰相反，例如一件衣服或一个面包，购买者按照所标明的价格支付了货币，就取得了该产品的所有权并可轻易地排斥他人消费这个产品，这也就是所谓的排他性。这说明私人物品必须具有排他性，因为只有在受益上具有排他性的产品，人们才愿意为之付款，生产者也才会通过市场来提供。

3. 效用的不可分割性

公共产品是向整个社会提供的，具有共同受益或联合消费的特点。其效用为整个社会成员所共享，而不能将其分割为若干部分，分别归属于某些人或厂商享用；也不能按谁付款、谁受益的原则，将其限定为仅供付款的个人或厂商享用。例如，国防所提供的国家安全保障是对所有人而不是个别人提供的，任何人都无法拒绝国防所提供的安全保障，也不能通过市场把为之付款的人和拒绝为之付款的人区别开来。而私人物品的一个重要特征就是它可以被分割为许多能够买卖的单位，而且其效用只对为其付款的人提供，即谁付款、谁受益，如食品、服装等。

二、市场失灵与公共财政

所谓市场失灵，是指市场无法有效率地分配商品和劳务的情况。对经济学家而言，这个词汇通常用于无效率状况特别严重时，或非市场机构较有效率且创造财富的能力较私人选择为佳时。另外，市场失灵也通常被用于描述市场力量无法满足公共利益的状况。市场失灵的主要根源可以归结为以下几点。

第一，个人自由与社会原则之间存在矛盾。首先基于个人效用最大化原则的帕累托最优概念与社会收入公平原则不一定一致，效率与公平是市场无法自行解决的一对矛盾。其次是价值取向问题，个人价值取向与社会价值取向会产生矛盾，市场无法自行解决这类冲突。

第二，公共产品供给失衡问题。鉴于公共产品的特征，在市场情况下就会出现两个问题，一是公共产品供给不足，由于成本太高，私人或营利组织不愿承担；二是"搭便车"现象，期望别人出钱，自己享受同样的权利，这最终也会导致公共产品供给不足。因此，在某种程度上，我们可以说公共产品就是市场无法有效率地供给或市场根本就不能提供的物品。

第三，市场的外部效应。按照帕累托最优状态的要求，所有的生产者和消费者之间的经济活动关系都是通过市场发生联系，在市场以外不存在成本与收益的相关性。但在事实上，社会中大量存在着无须影响价格就能直接影响他人经济利益的相互作用关系，这种影响经济学上被称为外部经济效应，或外部效应。外部效应指厂商或个人在正常交易市场以外向其他厂商或个人提供的便利或施加的成本。这种便利或成本往往是相关者行为的非自愿的结果。外部效应可导致市场在配置社会资源时产生偏差，当存在外部效应时，各个市场主体的边际效益之和与边际成本之和就不再等于社会边际效益与边际成本。这里要指出的是，市场的外部效应有正负之分，外部正效应是指企业带给社会的生产成本小于企业耗费的成本，或者说它的外部效应给他人或社会带来一种"搭便车"的利益，获利者不需要支付成本，如技术进步；反之，外部负效应指某一企业带给社会的生产成本大于企业耗费的成本，环境污染就是典型代表。

第四，经济波动与失衡。市场经济的运行具有周期性，伴随着经济周期性波动而来的是高通货膨胀与高失业率，给人们带来物价飞涨与失业的痛苦。稳定经济运行，"熨平"经济周期的"波纹"是市场机制无法解决的难题。

第五，收入分配不公。在市场经济中，有些人因为拥有稀缺的资源或技能而得到高收入，变得很富有；但有些人却因资源缺乏而难以维持生计。市场经济社会带来了结果的不公平和贫富分化问题。

由于市场具有上述失灵问题，因此我们不但需要市场这种资源配置机制，而且还需要市场之外的资源配置机制——国家（政府）对资源的配置，即公共财政。公共财政是指国家（政府）集中一部分社会资源，用于为市场提供公共物品和服务，满足社会公共需要的分配活动或经济行为。

▶▶ 小贴士

市场失灵——信息不对称

俗话说"从南京到北京，买的不如卖的精"，这其中的道理就是信息不对称。信息不对称是指市场上买卖双方所掌握的信息是不对称的，一方掌握的信息多一些，另一方掌握的信息少一些。

中国古代有所谓"金玉其外，败絮其中"的故事，讲的是商人卖的货物表里不一，由此引申比喻某些人徒有其表。在商品中，有一大类商品是内外有别的，而且商品的内容很难在购买时加以检验，如瓶装的酒类、盒装的香烟、录像带等。人们或者看不到商品包装内部的样子（如香烟、鸡蛋等），或者看得到，却无法用眼睛辨别产品质量的好坏（如录像带）。显然，对于这类产品，买者和卖者了解的信息是不一样的。卖者比买者更清楚产品实际的质量情况。这时卖者很容易依仗买者对产品内部情况的不了解欺骗买者。如此看来，消费者的地位相当脆弱，消费者对这种欺骗行为似乎毫无招架之术。

由于信息不对称，价格对经济的调节就会失灵。比如，某商品降价了，消费者也未必增加购买，消费者还以为是假冒伪劣商品；某商品即使是假冒伪劣商品，在提高价格后，消费者却会增加购买，因为消费者还以为只有真货价格才高。这就是市场失灵造成的市场的无效率。

第四节　财政的职能

财政的职能是指财政在社会经济生活中所具有的职责和功能。根据社会主义市场经济的内在要求，我国的财政担负着四个方面的职能，即资源配置职能、收入分配职能、调控经济职能和监督管理职能。

一、资源配置职能

(一) 资源配置职能的含义

人类的生产活动离不开资源的使用。随着社会经济的发展，人们对资源的需求越来越大。而资源是有限的，在生产规模不断扩大的同时，资源却日益匮乏甚至稀缺，因而优化资源配置成为社会发展的必然。所谓优化资源配置，就是指通过资源的优化组合，使有限的资源能形成最佳的资产结构、产业结构、技术经济结构和地区结构。换句话说，就是通过某种经济手段或组织方式，达到资源的充分利用。资源配置的方式有多种，如计划配置、市场配置、财政配置等。在不同的经济体制下，起主导作用的配置机制是不同的。在传统的计划经济体制下，起主导作用的是计划配置。在市场经济体制下，市场配置起基础作用，但必须以完全竞争为条件，然而完全竞争的市场机制只是一种理论上的假想，由于投机、垄断、信息失真等现象的存在，现实中普遍存在的是不完全的市场机制。此外，一部分非生产领域也消耗资源，而市场配置对这部分领域是失效的。例如，公共物品和劳务具有非排他性和非竞争性，是不能通过市场提供的。因此，无论是计划配置还是市场配置，都不是完美的，不能单独达到资源的最优配置，需要有其他配置方式的协调和补充。在政府的经济职能日益增强的今天，由政府运用财政手段进行资源分配就成为资源配置的一种有效补充方式。财政的资源配置职能，就是通过财政的收支活动，安排或调整一部分社会资源的分配状况，弥补市场的缺陷，最终促进社会资源的优化配置。在市场经济中，财政不仅是一部分社会资源的直接分配者，而且是全社会资源配置的调节者。

(二) 资源配置职能的范围

财政配置资源的范围取决于政府职能的范围。在社会主义市场经济体制下，市场发挥基础性资源配置的作用，政府对经济活动主要是参与、调节、引导、补充，因而财政配置的范围包括：一是市场配置失效而社会又需要的公共产品，如外交、国防、治安、行政管理、教育、卫生、科技、环保、大型公共设施和基础设施，以及对公共资源的管理；二是对外部效应的干预，如控制和治理废水、废气、废料等环境污染，实施森林保护、城市绿化等；三是介入自然垄断行业，如城市供水、供电、供气、公共交通等；四是对短缺资源进行保护或调配。

（三）资源配置职能的手段

一切财政分配都是通过收支活动来进行的，资源配置也不例外。财政实现资源配置职能的手段主要包括以下几种。

（1）通过财政收入占国内生产总值的比重的调整，调节社会资源在政府部门和非政府部门之间的配置。

（2）通过财政支出结构的调整和优化，搞好政府部门内部的资源配置，满足各种社会公共需要，保证国家安全和社会秩序的稳定。

（3）通过财政资金的分配及相关政策的制定和执行，调节非政府部门的资源配置，特别是按照国家的发展战略和经济发展规划，引导非政府部门的资金投向，鼓励和支持基础设施和重点项目的建设。

（4）通过财政体制的确立和调整，正确处理中央与地方的财政关系。要尽量满足地方发展经济的资金需求，更要保证中央为进行宏观调控所必须掌握的财力，使资源的总体配置与区域配置相互衔接与协调。

二、收入分配职能

（一）收入分配职能的含义

收入分配是财政被赋予的基本功能，是财政本质的集中体现。财政的收入分配职能有两层含义：一是对社会产品和国民收入的分配，这是一般意义上的分配；二是对已经完成的各种分配的结果所出现的偏差进行纠正、调整或再分配，以实现收入分配的公平。一般来说，经济活动中收入和财富的分配取决于生产要素的投入以及这些生产要素的市场价格，要素投入与要素收入应相对称。但是在市场经济条件下，由于每个分配主体所提供的生产要素的数量不同，质量有异，所拥有的资源的稀缺程度不同，市场价格可能有偏差，加上各种非竞争性因素的干扰，使得各分配主体获得的收入可能与其要素投入不相对称，甚至差距较大。如果这种收入差距超出社会各阶层的接受程度，则不仅导致经济上的波动，还将造成社会的不稳定。因此，需要政府对收入进行调整和再分配，这就是财政的收入分配职能。可以说，调节收入分配，缩小贫富悬殊，是各国财政所普遍具有的一项职能。

（二）收入分配职能的范围

财政在执行收入分配职能时，首先要划分市场分配与财政分配的界限，各司其职。

（1）凡是属于市场分配的范围，如企业职工工资、企业利润、租金收入、红利收入、股息收入等，应由市场来进行，财政不宜直接介入，更不应替代。

（2）凡是属于财政分配的范围，财政则应尽力做到公平分配。就目前而言，一是要规范工资制度，对于公务员以及由预算拨款的事业单位职工，应根据国家经济发展的状况并参照企业职工的平均工资来确定其工资标准，并将各种工资性收入都纳入工资总额，取消各种明贴和暗补，提高工资的透明度，实现个人消费品的商品化，取消变相的实物工资；二是对医疗保健、社会福利等社会保障资金，财政应履行集中分配的职责，通过各种转移支付形式，使每个社会成员能够享受同等的待遇。

（三）实现收入分配的手段

（1）税收是对全社会各种收入进行强制性调节的分配形式，是财政实现收入分配与再分配的最常用的手段，特别是个人所得税、财产税、遗产税、赠与税，可以调节个人的收入和财产，把收入与财产的差距缩小到社会所能接受的范围。

（2）转移支付，包括专项拨款，及各种补贴、补助和社会保障支出，是将资金直接分配给特定的地区、单位和个人，有明确的受益对象和范围，是一种直接的收入分配方式。它主要是通过提高低收入者的收入水平来改变收入分配不公的程度。

（3）公共支出是通过提供公共物品和公共福利满足共同需求，其受益对象范围广泛，通过改善人们的工作环境和生活环境，可以间接提高社会整体的收入水平。

三、调控经济职能

（一）调控经济职能的含义

一般认为，市场机制的本质就是使生产要素不断调整并重新配置的过程，使社会总供求不断打破旧的平衡又不断寻求新的平衡的过程，因此市场经济必然表现出一种周期性的波动。随着市场经济的发展，经济周期的间距越来越短，经济波动的幅度越来越大，对经济的威胁与破坏也越来越严重。熨平经济的周期性震荡无法通过市场本身来实现，只能通过政府的宏观调控和政策干预来缓解。财政的调控经济职能，就是通过财政收支活动的调整，对人们的生产、消费、储蓄、投资等行为产生影响，使社会就业率、物价水平、国际收支差额保持在一个合理的区间，以保持经济的稳定增长。

（二）调控经济职能的手段

（1）改变政府购买数量，影响社会总需求和总供给的总量关系，使经济发展保持平稳。例如，通过减少对商品和劳务的购买来减少总需求，抑制经济的过快增长，或者通过增加对商品和劳务的购买来扩大总需求，刺激经济的发展。

（2）改变政府转移支付数量。如在经济繁荣时，政府可减少用于福利、补贴方面的支出，以便减少总需求；在经济萧条时，可以提高各类补贴或补助，以便扩大社会总需求。

（3）调整税收。在经济萧条时，政府可以减少税种或降低税率，以便刺激总需求；当经济过热时，可以提高税率或增加税种，以便削减总需求。

四、监督管理职能

财政监督管理职能是指财政在履行上述资源配置、收入分配、调控经济等职能的过程中，对国民经济各个方面活动进行综合反映和制约的客观功能。在社会主义市场经济条件下，一方面由于利益主体的多元性，出现经济决策的分散性和经济活动的自发性、排他性；另一方面，为了维护国家和人民的根本利益，又必须保证政策的统一。这就要求财政在其收支活动中还能够发挥监督管理的职能，主要包括以下几个方面。

（1）通过对宏观经济运行指标的监测、跟踪，及时反馈信息，为国家宏观调控提供决策依据。

（2）通过建立健全财政、税收、财务会计法规，对微观经济运行进行监督管理，规范经济秩序，营造公平的竞争环境。

（3）通过对国有资产营运的监督管理，实现国有资产的保值增值。

（4）通过对财政工作自身的监督管理，不断提高财政管理水平，增强财政分配效应。

习　题

一、名称解释
1. 公共产品　2. 财政职能　3. 收入分配　4. 公共财政　5. 市场失灵　6. 外部效应

二、简答题
1. 简述财政的基本特征。
2. 简述财政与公共财政的共同点和差异。
3. 简述市场失灵的表现。
4. 简述财政职能的内容。
5. 试述市场经济条件下政府及财政介入经济生活的必要性。

三、思考题
1.

一个车牌号要卖 11 万元，一盘翡翠饺子要卖 3 万元，两瓶可乐 690 元，杭州一家酒店的年夜饭 19.8 万元一桌。某年 2 月 4 日，南京某珠宝店推出"天价"金碗，每只 238 888 元。中国社会尚未全面达到小康水平，但"天价"商品如潮水般地涌来，冲击着人们的神经。面对众多的"天价"，人们不禁会问：中国到底富不富？哪些人有钱？换句话说，"天价"车牌号、"天价"年夜饭、天价金碗等均与普通人无关。而对于高收入者或先富裕起来的人来说，"天价"商品不算什么。

公平分配的标准是什么？财政应如何在实现公平分配中发挥作用？

2. 用公共财政原理分析我国博物馆免费开放的政策。

【实践课堂】

1. 查阅有关资料，动态分析我国财政在国民经济中的地位和职能角色。
2. 查询相关资料，分析高等教育是否为一种公共产品，并在适当范围发起讨论。

第二章 ■ 财政收入

知识目标

1. 了解财政收入的含义、原则。
2. 理解制约财政收入的规模因素。
3. 掌握财政收入的来源和主要内容。

能力目标

分析财政收入规模对我国宏观经济和微观经济生活的影响。

案例导入

请上网查看"神舟十号"发射时的照片，以及 2015 年抗战胜利 70 周年阅兵现场的照片或视频。

问题引入：

1. 用来制造飞船、飞机和大炮的经费从哪里来？这么大的支出靠什么来持续支撑？
2. 我们国家取得的这些经费受什么因素影响？

第一节　财政收入概述

一、财政收入的概念及组织财政收入的原则

财政收入，是指政府为履行其职能、实施公共政策和提供公共物品与服务而抽取的一切资金的总和。财政收入表现为政府部门在一定时期内（一般为一个财政年度）所取得的货币收入。财政收入是衡量一国政府财力的重要指标。政府在社会经济活动中提供公共物品和服务的范围和数量，在很大程度上取决于财政收入的充裕状况。财政就是为了满足社会公共需要，弥补市场失灵，以国家为主体参与的社会产品分配活动。它既是政府的集中性分配活动，又是国家进行宏观调控的重要工具。

财政与金融

【课堂活动】

分析图 2-1，你认为是什么原因导致我国财政收入不断增长的？

2018年上半年财政收入保持平稳较快增长

财政部7月13日发布消息

1至6月累计

全国一般公共预算收入
104 331亿元
▲ 10.6%

中央一般公共预算收入
49 890亿元
▲13.7%

地方一般公共预算本级收入
54 441亿元
▲ 8%

税收收入91 629亿元
▲14.4%
非税收入12 702亿元
▼10.8%

▲ 同比增长
▼ 同比下降

数据来源：中华人民共和国中央人民政府网站［EB/OL］.（2018-07-18）［2019-01-16］. http://www.gov.cn/xinwen/2018-07/18/content_ 5307333. htm.

图 2-1　2018 年上半年财政收入

组织财政收入不仅关系到社会经济发展和人民生活水平的提高，也关系到正确处理国家、单位和个人三者之间和中央与地方两级利益的关系，还关系到不同对象的合理负担问题。为了处理好这些关系，在组织财政收入时，必须掌握好以下几项原则。

（一）发展经济，广开财源原则

国民经济中物质生产部门所创造的国民收入是财政收入的主要来源。只有扩大经济发展规模，加快经济发展速度，提高经济效益，才能有充裕的财源。

（二）兼顾三者利益和兼顾中央与地方两级利益原则

所谓"兼顾三者利益"是指国家财政在处理国民收入分配，并相应取得自身收入的过程中，不仅要取得财政收入，还应将必要的财力留给单位和个人，以调动和发挥其积极性。"兼顾中央与地方两级利益"是指国家财政在处理国民收入分配，并相应取得自身收入的过程中，应该同时兼顾中央级财政和地方级财政的利益关系。按目前的财政管理体制，我国的国家财政是由中央预算和地方总预算构成的两级财政。两级财政有各自的具体职能，也形成各自的利益关系，因此在组织财政收入时应兼顾两级利益关系。

（三）合理负担原则

"合理负担"原则主要体现在税收中，就是指在组织财政收入时，按纳税人收入的多少，采取不同的征收比例，实行负担能力强的多负担，负担能力弱的少负担。这一原则通常通过制定不同的征税范围、不同的税率、减免税等方式来实现。实行合理负担原则是实现企业公平竞争的需要，也是保证国家财力的需要。

二、财政收入的作用

（一）财政收入是财政支出的前提

财政分配是收入与支出的统一过程，财政支出是财政收入的目的，财政收入则是财政支出的前提和保证。在一般情况下，财政收入的数量决定着财政支出的规模，收入多才能支出多。因此，只有在发展生产的基础上，积极聚集资金，才能为更多的财政支出创造前提。

（二）财政收入是实现国家职能的财力保证

国家为了实现其职能，必须掌握一定数量的社会产品。财政收入正是国家积累资金的重要手段，对实现国家职能有重要意义。

（三）财政收入是正确处理各方面物质利益关系的重要方式

财政收入的取得不仅仅是一个聚集资金的问题，在具体操作过程中，取得多少、采取何种方式，关系到党的方针政策的贯彻落实，涉及各方面的物质利益关系的处理。只有在组织财政收入的过程中正确处理各种物质利益关系，才能达到充分调动各方面的积极性，达到优化资源配置、协调分配关系的目的。

1. 收入再分配

在市场经济体制中，对于国民收入初分配所造成的收入差距，政府要通过再分配进行调整。例如，建立累进征收的个人所得税和财产税，加大对高收入者的所得税征收以及对奢侈品的消费税征收等。对收入差距改善程度的不同，通常体现了政府在收入分配政策上对效率和公平的取向不同。一般认为，在经济发展初期，效率优先的原则会得到更多的体现；在经济发达时期，公平的原则会得到更多的体现。

【课堂讨论】

收入差距逐渐扩大，这种状态到底要不要改变？

2. 改善资源配置

财政收入间接地发挥着改善资源配置的作用。政府对不同产业或不同产品采用不同的税收、奖限政策，改变私人投资方向和结构，最终实现其改善资源配置的作用。

3. 稳定经济

稳定经济作用主要通过根据不同经济周期的总供求状况调整财政收入规模来实现。例如，在经济高涨时期增加财政收入，在经济衰退期减少财政收入。稳定经济作用即所谓的内在稳定器功能。

三、财政收入的来源

（一）税收收入

税收是政府为实现其职能，凭借其政治权力并按照特定的标准，强制、无偿地取得财政收入的一种形式。税收是现代国家财政收入最重要的形式和最主要的来源。

在我国，税收按照征税对象可以分为五类税，即流转税、所得税、财产税、资源税和行为税。其中流转税是以商品交换和提供劳务的流转额为征税对象的税收，流转税是我国税收收入的主体税类，主要的流转税税种有增值税、消费税、关税等。所得税是指以纳税人的所得额为征税对象的税收，我国目前已经开征的所得税有个人所得税、企业所得税。财产税是指以各种财产（动产和不动产）为征税对象的税收，我国目前开征的财产税有土地增值税、房产税、城市房地产税、契税。资源税是指对开发和利用国家资源而取得级差收入的单位和个人征收的税收，目前我国的资源税类包括资源税、城市土地使用税等。行为税是指对某些特定的经济行为开征的税收，目前我国的行为税类包括印花税、城市维护建设税等。

（二）国有资产收益

国有资产收益是指国家凭借国有资产所有权获得的利润、租金、股息、红利、资金使用费等收入的总称。政府作为资产所有人，有权以投资者的身份参与企业已实现利润的分配。国有资产收益的多少，一方面反映国有资产运营效益的好坏，反映国有资产保值和增值的情况；另一方面关系到为国有资产的恢复、改造、更新提供资金的多少。特别是国有资产收益的再投资，关系到为国有资产扩大再生产提供资金和物质条件的问题，同时也关系到当年财政收入和今后财政收入稳定增长的问题。

（三）国债收入

国债是国家以其信用为基础，按照债务的一般原则，通过向社会筹集资金所形成的债权债务关系。国债是由国家发行的债券，是中央政府为筹集财政资金而发行的一种政府债券，是中央政府向投资者出具的、承诺在一定时期支付利息和到期偿还本金的债权债务凭证。由于国债的发行主体是国家，所以它具有最高的信用度，被公认为最安全的投资工具。国债是一种特殊的财政范畴，也是特殊的信用范畴，兼具财政和信用两种属性。

国债收入是指国家通过信用方式取得的有偿性收入。国债收入具有自愿性、有偿性和灵活性的特点。各级政府从境内向公民个人、企业单位、金融机构以及地方政府借贷取得的财政收入，一般称作国内债务收入。各级政府从境外向外国政府、国际金融组织、国际金融市场及各种融资渠道取得的财政收入，一般称作国外债务收入。

（四）收费收入

收费收入是指国家政府机关或事业单位在提供公共服务、实施行政管理或提供特定公共设施的使用时，向受益人收取一定费用所取得的收入。收费收入具体可以分为使用费和规费两种。使用费是政府对公共设施的使用者按一定标准收取费用，如对使用政府建设的高速公路、桥梁、隧道的车辆收取的使用费。规费是政府对公民个人提供特定服务或特定行政管理所收取的费用，包括行政规费（如护照费、商品检测费、毕业证费）和司法规费（如民事诉讼费、出生登记费、结婚登记费）。收费收入具有有偿性、不确定性的特点，不宜作为政府财政收入的主要形式。

▶▶ 相关链接

关于取消、停征和免征一批行政事业性收费的通知

财税〔2014〕101号

各省、自治区、直辖市人民政府，国务院各部委、各直属机构：

为进一步减轻企业特别是小微企业负担，经国务院批准，现将取消、停征和免征一批行政事业性收费政策通知如下：

一、自2015年1月1日起，取消或暂停征收12项中央级设立的行政事业性收费。

各省（区、市）要全面清理省级设立的行政事业性收费项目，取消重复设置、收费养人以及违背市场经济基本原则的不合理收费。

二、自2015年1月1日起，对小微企业（含个体工商户，下同）免征42项中央级设立的行政事业性收费。

各省（区、市）要对小微企业免征省级设立的行政事业性收费，具体免征项目由各省（区、市）人民政府确定。

免征有关行政事业性收费的小微企业范围，由相关部门参照《中小企业划型标准规定》（工信部联企业〔2011〕300号）具体确定。

三、取消、停征和免征上述行政事业性收费后，有关部门和单位依法履行职能所需经费，由同级财政预算予以统筹安排。其中，行政机关和财政补助事业单位的经费支出，通过部门预算予以安排；自收自支事业单位的经费支出，通过安排其上级主管部门项目支出予以解决。各级财政部门要按照上述要求，妥善安排有关部门和单位预算，保障工作正常开展。

四、有关部门和单位要按规定到价格主管部门办理《收费许可证》注销手续，并到财政部门办理财政票据缴销手续。有关行政事业性收费的清欠收入，应当按照财政部门规定的渠道全额上缴国库。

五、对上述取消、停征和免征的行政事业性收费，各地区和有关部门不得以任何理由拖延或者拒绝执行，不得以其他名目或者转为经营服务性收费方式变相继续收费。

六、坚决取缔各种乱收费。凡未经国务院和省级人民政府及其财政、价格主管部门批准，越权设立的行政事业性收费项目一律取消。对按照法律法规和国家有关政策规定设立的行政事业性收费，实行目录清单管理。所有收费目录清单及其具体实施情况纳入各地区、各部门政务公开范畴，通过政府网站和公共媒体实时对外公开，接受社会监督。各地区、各部门必须严格执行目录清单，目录清单之外的收费，一律不得执行。各级财政、价格、审计部门要加强监督检查，对继续违规收费的部门和单位，要予以严肃查处，并追究责任人的行政责任。

财政部 国家发展改革委
2014年12月23日

（五）其他收入

其他收入包括基本建设贷款归还收入、基本建设收入、捐赠收入等。

在我国，政府收支分类改革后，"收入分类"全面反映了政府收入的来源和性质，不仅包括预算内收入，还包括预算外收入、社会保险基金收入等应属于政府收入范畴的各项收入。

第二节　财政收入的规模分析

一、财政收入规模的含义

财政收入规模是指一定时期内（通常为一年）财政收入来源的总量。财政收入规模的大小，可以采用绝对量和相对量两类指标加以反映。前者适用于财政收入计划指标的确定、完成情况的考核以及财政收入规模变化的纵向比较，后者适用于衡量财政收入水平、分析财政收入的动态变化以及对财政收入规模进行纵向和横向的比较分析；前者适用于静态和个量分析，后者适用于动态和总体分析。

衡量财政收入规模的绝对量指标是财政总收入，主要包括中央和地方财政总收入、中央本级财政收入和地方本级财政收入、中央对地方的税收返还收入、地方上解中央收入、税收收入等。财政收入的绝对量指标系列，具体反映了财政收入的数量、构成、形式和来源。

衡量财政收入规模的相对指标反映政府对一定时期内新创造的社会产品价值总量（国内生产总值 GDP）的集中程度，又称为财政集中率（K）。这一指标一般表示为：

$$K = \frac{FR}{GDP} \times 100\%$$

其中，FR 表示一定时期内（一年）的财政收入总额。根据反映对象和分析目的的不同，FR 可以采用不同的指标口径，如中央政府财政收入、各级政府财政总收入、预算内财政收入、预算内和预算外财政总收入等。

二、制约财政收入规模的因素

谋求财政收入的增长，通常是一国政府财政活动的重要目标之一，尤其是在公共需求范围日益扩大的现代社会，保证财政收入增长更为各国政府所重视。但财政收入能有多大规模，能以何种速度增长，不是或不完全是以政府的意愿为转移的，它受各种经济和社会因素的制约和影响。这些因素主要有：

（一）经济和技术因素

经济发展水平和技术进步决定了财政收入规模。两者之间是"源"和"流"的关系：前者是源，后者是流，源远则流长。一国的经济发展水平主要表现在人均占有 GDP 上，它表明一国生产技术水平的高低和经济实力的强弱，反映了一国社会产品丰裕程度及经济效益的高低，是形成财政收入的物质基础。一般来说，随着经济发展水平的不断提高，国民收入不断增长，一国的财政收入规模也会不断扩大。如英、法、美等西方主要国家，19 世纪末其财政集中率一般为 10% 左右，而到 20 世纪末，则上升到 30%～50%。横向比较看，经济发展水平较高的发达国家财政收入水平一般高于经济发展水平较低的发展中国家。

从推动经济发展的因素看，技术进步起着关键的作用。技术进步对财政收入规模的影响可从两个方面来分析：一是技术进步加快了生产速度，提高了生产质量，增加了国民收入，从而使财政收入有了充分的财源；二是技术进步降低了物耗比例，提高了人均产出比率和社会剩余产品价值率，由于财政收入主要来自剩余产品价值，所以相对来说，技术进步对财政收入规模的影响更为明显和直接。

（二）收入分配政策和制度因素

在经济发展水平和技术进步既定的条件下，一国的财政收入规模还取决于收入分配政策和其他制度因素。一般来说，实行计划经济体制的国家，政府在资源配置和收入分配上起主导作用，并会采取相应的收入分配政策使政府在一定的国民收入中掌握和支配较大的份额，从而有较大的财政收入规模。而实行市场经济体制的国家，政府活动定位于满足公共需要，市场机制在资源配置及收入决定中发挥基础性作用，收入分配政策的选择和实施以弥补市场缺陷为主，财政收入规模就相对较小。

即使在经济发展水平相当的国家，由于政治、社会、经济制度等方面的差别，也会造成财政收入规模的差异。因为不同的制度对政府职能和作用的要求不同，必然影响财政在整个国民收入分配中的份额。

此外，在国家基本制度制约下的产权制度、企业制度以及劳动工资制度等都会对财政分配政策和收入制度产生影响，从而引起财政收入绝对规模和相对规模的变动。

（三）其他因素

1. 价格

由于财政收入是在一定价格体系下形成的货币收入，价格水平及比价关系的变化必然会影响财政收入规模。在经济发展水平、财政分配制度以及其他因素保持不变的条件下，价格水平的上涨会使以货币形式表现的财政收入增加，价格下降则使财政收入减少，这实际上是由价格水平的上涨或下跌引起的财政收入虚增或虚减。此外，当商品的比价关系向有利于高税商品变动时，会使财政收入有更快的增长；反之，则会降低财政收入的份额。

2. 特定时期的社会政治环境

特定时期的社会政治环境也会引起财政收入规模的变化。如在发生内外战争时，国家必须动员各种财力以稳固政权或维护国家利益，因而财政收入规模会急剧扩大。

习　题

一、名称解释

1. 财政收入　2. 国债收入　3. 税收收入　4. 收费收入　5. 财政收入规模

二、简答题

1. 简述组织财政收入的原则。

2. 简述财政收入的作用。

3. 简述财政收入的来源。

4. 简述财政收入规模的制约因素。

5. 试述我国财政收入占 GDP 比重的水平及国际比较情况。

三、案例题

"开征房产税"成为不少地方"两会"上的热门话题。中国青年报社会调查中心曾对全国 3158 名公众进行的在线调查显示，87.7% 的人关注有关开征房产税的新闻，其中 37.1% 的人表示"非常关注"。

在公众看来，开征房产税究竟会造成什么影响呢？此次调查发现，认为这会"抑制投机炒房，稳定房价"的人占了 55.4%，但是担心"增加住房成本"的人也多达 48.6%，两者仅相差 6.8%。

如果特意询问中国"开征房产税对抑制投机炒房、稳定房价的作用是否大"，调查显示，认为作用较大或非常大的受访者占 35.2%，认为作用"一般"的占 32.0%，认为没什么作用的占 21.2%，11.6% 的人表示"不好说"。

尽管公众对房产税抑制投机、稳定房价的信心不明显，但开征房产税对公众的未来购房计划却影响明显。调查发现，92.9% 的人表示房产税将影响自己的购房或住房计划。其中，45.9% 的人表示会"暂缓购房"，24.9% 的有房者表示将"不再买房"，12.1% 的无房者表示"会买面积更小的房子"，10.0% 的无房者表示"会租房住"。

请从财政收入的原则与作用的角度分析是否应该开征房产税。

【课堂实践】

1. 将学生分为若干组，运用财政收入的基本原理，思考、讨论后提出加快我国财政收入规模增长的建议和设想。

2. 登录中华人民共和国财政部官方网站，深入了解我国财政收入的结构，分析各个财政收入的构成部分在财政收入中所占的比例变化，并分析这种变化趋势形成的原因。

第三章 ■ 税 收

案例导入

王琳是一名大一新生，第一次上税收专业课时，老师将班级学生分成小组，让大家讨论税收对自己的影响。王琳和组员进行探讨，认为自己没有收入，不用缴纳税款，税收和自己没有关系。有的同学觉得国家收税应该是人人都要缴纳，但也说不清楚税收和自己的关系。

问题引入：

1. 什么是税收？
2. 我国都有哪些税种？
3. 如果你没有收入，还需要缴纳税款吗？

第一节 税收概述

一、税收的概念

税收是政府为了满足社会公共需要，凭借政治权力，强制、无偿地取得财政收入的一种形式。可以从以下三个方面来理解税收的含义。

1. 税收是国家财政收入的主要工具和形式

国家运行需要一定的财政收入作为保障。国家获得财政收入的形式多种多样，有税收、发行货币、发行国债、收费、罚没等，其中税收是国家取得财政收入的主要形式。

2. 税收的执行依赖于政治权力

税收是国家凭借政治权力，运用法律手段，对一部分社会产品进行强制性分配，无偿地取得财政收入的一种形式，因此国家征税实际上是在国家和纳税人之间进行社会产品的分配过程。这个分配关系中，国家是分配主体，分配的依据并不是生产要素，而是国家拥有的政治权力。

3. 税收的根本目的是满足社会公共需要

社会公共需要很难由个人或企业出资来满足，因此国家需要征税获取财政收入，利用获取的财政收入购置、提供公共产品来满足每一位公民的公共需求。税收的目的主要是为了满足社会公共需要，保障公共职能的有效履行。

二、税收的作用

税收可以为国家筹集财政资金，为建立良好的市场经济体制、构建和谐社会提供资金保障。税收的作用主要有以下几点。

（一）税收是取得财政收入的主要方式

国家财政收入大部分来源于税收，税收为国家筹集大量的资金，税收为国家机器的正常运转以及促进国民经济健康发展起到了积极的作用。为了使税收征纳工作能够顺利进行，国家必须通过制定一定的法律制度来明确各纳税人的纳税义务，并明确纳税项目、数额和纳税程序，防止税款流失，保证国家足额地取得税收收入。

（二）税收是国家调控经济运行的重要手段

通过制定税法，使得国家和纳税人之间的分配关系有法可依，税收工作也能够顺利进行。国家运用法律、经济的手段对经济进行宏观调控，税收则是国家主要的宏观调控手段。通过税收过程中的社会产品分配调节社会成员的收入水平，调整产业结构和优化社会资源配置，使之符合国家的宏观经济政策。

（三）税收具有维护国家政权的作用

国家各个行业的经营活动都需要纳入税收管理范围，通过在税务部门进行税务登记、建账建制、纳税申报，国家可以较全面地掌握企业的生产经营情况。国家通过税收系统监督企业的生产经营活动，调节社会利益分配，建立规范的市场经济秩序，促进国家政权的稳定。

（四）税收是国际经济交往中维护国家利益的可靠保证

我国在与世界各国进行经济交流时，对在本国境内从事生产经营的外国企业或个人都拥有税收管辖权，这是国家主权的具体体现。为了维护国家权益、鼓励外商投资，我国与多个国家签订了避免双重征税的协定，完善的涉外税法的建立为国家建立平等互利的经济关系提供了可靠的法律保障。

三、税收的特征

税收因其自身性质而具有强制性、无偿性和固定性三大特征。

（一）强制性

税收作为一种分配关系并非依据生产要素进行分配，而是依赖国家政权。国家凭借政治权力，以社会管理者的身份，将社会产品在国家和纳税人之间进行分配。纳税人缴纳税款并非出于自愿，而是受法律的约束。

（二）无偿性

税收的无偿性是针对纳税人说的。所谓税收，就是国家向居民无偿地索取，国家在取得税收收入时既不需偿还，也不需对纳税人付出任何代价。税收的无偿性使得税收区别于其他财政收入形式，税收的无偿性是税收三大特征的核心。

（三）固定性

税收的固定性是指国家在征税前就以法律形式规定了征税对象、纳税人、纳税范围、税率、税收优惠等内容。税收的固定性可以保证国家取得稳定的财政收入，有利于纳税人根据规定预测自己的纳税金额并做出合理的纳税筹划。

四、税收的分类

按照不同的标准税收可以分为不同的税种，一国的税收体系通常是由许多不同的税种构成的。

（一）按照征税对象分类

按照征税对象分类，税收可分为流转税类、所得税类、财产税类、资源税类和行为税类五种类型。

1. 流转税类

流转税类又称流通税，是指在商品流通过程中以流转额为征税对象的税种。这里的流转额指纳税人的商品生产、流通环节的流转额或者数量以及非商品交易的营业额。我国流转税主要包括增值税、消费税和关税等。

2. 所得税类

所得税又称收益税，是指国家对法人、自然人和其他经济组织在一定时期内的各种所得征收的一类税。所得税的征税对象是所得额。所得额是指一定时期内的收入总额扣除不征税收入、免税收入和其他各项法律法规规定的可扣除项目后的余额。所得额是一个余额概念，并不是指总量所得。我国所得税包括企业所得税和个人所得税。

3. 财产税类

财产税类是指以归属于纳税人的财产为征税对象的一类税，向财产所有者征收。这里的财产包括一切积累的劳动产品（生产资料和生活资料）、自然资源（如土地、矿藏、森林等）和各种科学技术、发明创作的特许权等。在征收财产税时，国家选择某些特定的财产予以征收。在对纳税人拥有的财产进行征税时，以其所拥有的财产数量或财产价值为征税对象。如房产税以房产的价值或者房租为征税对象，乘用车的车船税按照车的数量为征税对象。

4. 资源税类

资源税类是指以自然资源和某些社会资源为征税对象的一类税。我国资源税类包括资源税、土地增值税、城镇土地使用税等。其中资源税是为了调节资源级差收入并体现国有资源有偿使用而征收的一种税，其征税对象是某些应税自然资源，并非全部资源。

5. 行为税类

行为税类是指以纳税人的某些特定行为为征税对象的一类税，是国家为了对某些特定行为进行限制或开辟某些财源而征的一类税。我国的行为税包括印花税、城市维护建设税、车辆购置税、契税、耕地占用税等。

（二）按照征收管理的分工体系分类

按照征收管理的分工体系分类，税收可分为工商税类、关税类。

1. 工商税类

工商税类是以从事工业、商业和服务业的单位和个人为纳税人的各种税的总称，其征收管理机关是税务机关。我国绝大部分税种属于工商税类，包括增值税、消费税、企业所得税、个人所得税等。工商税涉及社会再生产的各个环节和领域，征收范围广，是筹集国家财政收入、调节宏观经济最主要的税收工具。工商税类的征收机关包括各级国税局和地税局。

2. 关税类

关税类是对进出境的货物、物品征收的税收总称，其征收管理机关是海关系统。关税是获取财政收入的重要来源，也是国家调节进出口贸易的主要手段。

（三）按照税收征收权限和收入支配权限分类

按照税收征收权限和收入支配权限分类，税收可分为中央税、地方税和中央地方共享税。

1. 中央税

中央税又称国家税，是指由中央政府进行征收管理的一类税，由国家税务局负责征收管理，获取的税收直接上交国库，归属于政府的财政收入。我国的中央税有关税、海关代征的进口环节消费税和增值税。

2. 地方税

地方税，是相对于中央税而言，是指由地方政府进行征收管理的一类税，由地方税务局负责征收管理，取得的税收归属于地方各级政府的财政收入。我国地方税有城镇土地使用税、耕地占用税、土地增值税、房产税、车船使用税、契税等。

3. 中央地方共享税

中央地方共享税是指取得的税收须在中央和地方政府之间由双方按一定的比例分享的一类税，由国家税务局负责征收管理。我国的共享税有增值税、企业所得税、个人所得税、资源税等。

（四）按照计税标准分类

按照计税标准分类，税收可分为从价税、从量税和复合税。

1. 从价税

从价税是指以征税对象价格为计税依据的一类税，我国绝大部分税种属于从价税，如增值税、企业所得税、个人所得税等。

2. 从量税

从量税是指以征税对象的实物量作为计税依据的一类税，征税对象的实物量可以是数量、重量、体积等。如车船税的计税依据是车辆的数量、长度等，消费税中啤酒的计税依据是重量等。

3. 复合税

复合税是指在征收税款时既按照征收对象的价格乘以适用税率征收从价税，又按照征收对象的实物量乘以固定税额征收从量税。如对卷烟征收的消费税是对卷烟征收从价税和从量税的和。

第二节　税收要素

税收的本质特征具体体现为税收制度。税收制度的构成要素一般包括纳税义务人、征税对象、税目、计税依据、税率、纳税环节、纳税期限、纳税地点、减税免税等项目。

（一）纳税义务人

纳税义务人，是指税法规定的直接负有纳税义务的单位和个人，简称为纳税人。纳税人的确定解决的就是国家对谁征税的问题。

纳税人在法律规定上有自然人和法人两种形式。其中，自然人是基于自然规律而出生的，有民事权利和义务的主体，包括本国公民、外国人和无国籍人。法人是相对于自然人而言的，是指具有独立的财产和经费，依法独立承担民事责任的社会组织。我国的法人主要有四种：机关法人、事业法人、企业法人和社团法人。

▶▶ 相关链接

与纳税人有密切联系的两个概念是扣缴义务人和负税人。扣缴义务人是指实际不承担纳税义务，但是根据有关规定，在经营活动中具有代扣税款或代收税款并缴纳给税收机关的义务的单位。扣缴义务人分为代扣代缴义务人和代收代缴义务人。代扣代缴义务人是指在经营业务活动中向纳税人支付收入、结算贷款、收取费用时有义务代扣代缴其应纳税款的单位。代收代缴义务人是指从纳税人处获取收入时，除收取归属于自己的所得，另外代收纳税人需上缴的税款。如委托加工的应税消费品的受托方在获得收入时同时代收委托方应该缴纳的消费税。

负税人是指税收的实际负担者。纳税人是法律规定的有义务向国家缴纳税款的人，但是一些税种的税负可以转嫁，纳税人并不最终负担税款。负税人是实际上负担税款的人，纳税人不一定是负税人。如增值税，企业是纳税人，但是真正负担税款的是最终消费者，此时纳税人不是负税人；个人所得税的纳税人是个人，负税人也是个人，纳税人即是负税人。

（二）征税对象

征税对象又称课税对象，即税法规定对什么进行征税。征税对象是税法最基本的要素，是区别一种税与另一种税的重要标志。征税对象决定着某一种税的基本征税范围，也决定了各个不同税种的名称。如增值税是针对商品流通过程中的增值额征税，个人所得税是对个人所得额征税等。

（三）税目

税目是指对征税对象进行细分后的具体的征税项目，体现税种的征税范围。不是所有税种都需设置税目，有些税种征税对象采用同一税率，不用设置税目，如企业所得税；有些税种需要根据具体的行为确定不同的税率，设置多个税目，如消费税设置了烟、酒、汽车等税目。税目设置中，列出的项目即为应税项目，未列出的项目属于非应税项目。

（四）计税依据

计税依据又称为税基，是计算应纳税款的依据。计税依据按照计量单位的不同划分为两种：从价计征和从量计征。从价计征是指按照征税对象的货币价值计算应纳税款，如高档手表消费税应纳税额是由高档手表的销售收入与适用税率相乘得出来的，其中销售收入即计税依据。从量计征是指按照征税对象的单位计算应纳税额，征税对象的单位有面积、体积、重量等，如城镇土地使用税应纳税额的计算是由占用土地面积乘以每单位面积应纳税额计算得出，其中占用土地面积即计税依据。

（五）税率

税率是指对征税对象的征收比例。税率是计算税额的尺度，也是衡量税负轻重与否的重要标志。我国现行的税率主要有比例税率、定额税率和累进税率三种。

1. 比例税率

比例税率是指对同一征税对象，不论数量多少，数额大小，均按同一比例征税的税率。如增值税、企业所得税等采用的是比例税率。比例税率具有计算简单、税负透明度高的优点，但是不能体现不同收入水平的税收负担。

2. 定额税率

定额税率是指按征税对象确定的计算单位，直接规定一个固定的税额，而不采取百分比的形式。如资源税、城镇土地使用税、车船税等采用定额税率。

3. 累进税率

累进税率是指将征税对象的计税依据划分为不同等级，每一等级计算税款时乘以本等级适用的税率。征税对象计税依据的数额由低到高，适用税率也由低到高排列，税额增长速度大于征税对象数量的增长速度。累进税率具有调节纳税人的收入和财富的作用，多适用于所得税和财产税。累进税率又可以进一步分为全额累进税率、超额累进税率和超率累进税率三种。

（1）全额累进税率。

全额累进税率，是指把征税对象的数额划分为若干等级，每一等级规定不同的适用税率，当计税依据的数额超过等级界限时，征税对象的应纳税额应按计税依据的全部数额与所处等级的税率相乘。利用全额累进税率可以较为简单地计算出应纳税额，但是处在等级临界点的税负增加超过了征税对象的增加，税负负担重，不利于鼓励纳税人增加收入。

（2）超额累进税率。

超额累进税率是指将征税对象按数额的大小分成若干等级，每一等级规定一个适用税率，税率依次提高，但每一纳税人的征税对象则依所属等级同时适用几个税率并要分别计算，最后将计算结果相加得出应纳税款。目前我国采用这种税率的税种有个人所得税。

（3）超率累进税率。

超率累进税率，是指以征税对象数额的相对率划分若干级距，分别规定相应的差别税率，相对率每超过一个级距的，对超过的部分就按高一级的税率计算应纳税款。目前我国税收体系中采用这种税率的是土地增值税。

（六）纳税环节

纳税环节是指征税对象在从生产到消费的流转过程中应当缴纳税款的环节。商品从生产到消费经历多个流转环节，各环节都可能成为纳税环节。但考虑到税收对经济的影响、财政收入的需要以及税收征管的能力等因素，国家常常对在商品流转过程中所征税种规定不同的纳税环节。按照某种税征税环节的多少，可以将税种划分为一次课征制或多次课征制。合理选择纳税环节，对加强税收征管、有效控制税源、保证国家财政收入的及时、稳定、可靠，方便纳税人生产经营活动和财务核算，灵活机动地发挥税收调节经济的作用，具有十分重要的理论和实践意义。

（七）纳税期限和纳税地点

纳税期限是指税法规定的关于税款缴纳时间方面的限定。纳税期限包括纳税义务发生时间、纳税期限和税款缴库期限三个时间概念。纳税义务发生时间，是指应税行为发生的时间；纳税期限，是指纳税人发生纳税义务后多长时间内缴纳税款，如纳税期限有1日、3日、5日、10日、15日、1个月或者1个季度，具体由主管税务机关根据纳税人应纳税额的大小分别核定；税款缴库期限，是指纳税期限到期后，纳税人将应纳税款缴入国库的期限，如自期满之日起15日内申报纳税，自期满之日起5日内预缴税款，于次月1日起15日内申报纳税并结清上月应纳税款。

纳税地点是指纳税人（包括代征、代扣、代缴义务人）的具体纳税地点。我国税法关于纳税地点的确定主要遵循属人或属地原则。

（八）减税免税

减税免税是指税收法律法规在规定了每种税纳税人的纳税义务时，同时针对某些纳税人和征税对象采取的税收优惠政策，即减少征税或者免予征税的特殊规定。

第三节　我国的主要税种

我国的税种繁多，其中流转税类和所得税类是我国的主要税种，包含增值税、消费税、关税、企业所得税和个人所得税。本书主要介绍以上除关税以外的税种。

一、增值税

（一）增值税的概念和分类

增值税是指以商品（含应税劳务）在流转过程中产生的增值额作为计税依据而征收的一种流转税。按照我国增值税相关法规的规定，增值税是对在中华人民共和国境内销售货物或者加工、修理修配劳务，销售服务、无形资产、不动产以及进口货物的单位和个人，就其货物销售、劳务、服务、无形资产、不动产的增值额和货物进口金额为计税依据而课征的一种流转税。

增值税可以按照对购入固定资产已纳税款的处理方式不同，分为生产型增值税、收入型增值税和消费型增值税。

（1）生产型的增值税，是指以纳税人的销售收入（或劳务收入）减去用于生产、经营的外购原材料、燃料、动力等物质资料价值后的余额作为法定的增值额，其购入的固定资产及其折旧均不予扣除。

（2）收入型的增值税，是指以纳税人的销售收入（或劳务收入）减去用于生产、经营的外购原材料、燃料、动力等物质资料价值以及固定资产已提折旧的价值后的余额作为法定的增值额。

（3）消费型增值税，是指将用于生产、经营的外购原材料、燃料、动力等物质资料价值扣除外，还可以在购置固定资产的当期将用于生产、经营的固定资产价值中所含的增值税税款全部一次性扣除。

我国在 2009 年 1 月 1 日起全面推行消费型增值税。

（二）增值税的征税范围

现行增值税征税范围：销售或者进口货物、提供应税劳务和发生应税行为。

1. 销售或者进口货物

货物是指有形动产，包括电力、热力、气体在内。销售货物，是指有偿转让货物的所有权。

2. 提供应税劳务

应税劳务是指纳税人提供的加工、修理修配劳务。加工是指受托加工货物，即委托方提供原料及主要材料，受托方按照委托方的要求制造货物并收取加工费的业务；修理修配是指受托对损伤和丧失功能的货物进行修复，使其恢复原状和功能的业务。

提供应税劳务，是指有偿提供加工、修理修配劳务。单位或者个体工商户聘用的员工为本单位或者雇主提供加工、修理修配劳务，不包括在内。

3. 发生应税行为

应税行为分为三大类，即：销售应税服务、销售无形资产和销售不动产。其中，应税服务包括交通运输服务、邮政服务、电信服务、建筑服务、金融服务、现代服务、生活服务。具体征税范围如下：

（1）交通运输服务。交通运输服务，是指利用运输工具将货物或者旅客送达目的地，使其空间位置得到转移的业务活动，包括陆路运输服务、水路运输服务、航空运输服务和管道运输服务。

（2）邮政服务。邮政服务，是指中国邮政集团公司及其所属邮政企业提供邮件寄递、邮政汇兑和机要通信等邮政基本服务的业务活动，包括邮政普遍服务、邮政特殊服务和其他邮政服务。

（3）电信服务。电信服务，是指利用有线、无线的电磁系统或者光电系统等各种通信网络资源，提供语音通话服务，传送、发射、接收或者应用图像、短信等电子数据和信息的业务活动，包括基础电信服务和增值电信服务。

（4）建筑服务。建筑服务，是指各类建筑物、构筑物及其附属设施的建造、修缮、装饰、线路、管道、设备、设施等的安装以及其他工程作业的业务活动，包括工程服务、安装服务、修缮服务、装饰服务和其他建筑服务。

（5）金融服务。金融服务，是指经营金融保险的业务活动，包括贷款服务、直接收费金融服务、保险服务和金融商品转让。

（6）现代服务。现代服务，是指围绕制造业、文化产业、现代物流产业等提供技术性、知识性服务的业务活动，包括研发和技术服务、信息技术服务、文化创意服务、物流辅助服务、租赁服务、鉴证咨询服务、广播影视服务、商务辅助服务和其他现代服务。

（7）生活服务。生活服务，是指为满足城乡居民日常生活需求提供的各类服务活动，包括文化体育服务、教育医疗服务、旅游娱乐服务、餐饮住宿服务、居民日常服务和其他生活服务。提供餐饮服务的纳税人销售的外卖食品，按照"餐饮服务"缴纳增值税。

（8）销售无形资产。销售无形资产，是指转让无形资产所有权或者使用权的业务活动。无形资产，是指不具实物形态，但能带来经济利益的资产，包括技术、商标、著作权、商誉、自然资源使用权和其他权益性无形资产。

（9）销售不动产。销售不动产，是指转让不动产所有权的业务活动。不动产，是指不能移动或者移动后会引起性质、形状改变的财产，包括建筑物、构筑物等。

（三）增值税纳税人

根据《增值税一般纳税人资格认定管理办法》的规定，将增值税纳税人按会计核算水平和经营规模分为一般纳税人和小规模纳税人两类纳税人，分别采取不同的增值税计税方法。

1. 一般纳税人的认定

一般纳税人是指年应征增值税销售额（以下简称年应税销售额），超过财政部、国家税务总局规定的小规模纳税人标准的企业和企业性单位（以下简称企业）。年应税销售额，是指纳税人在连续不超过 12 个月的经营期内累计应征增值税销售额，包括纳税申报销售额、稽查查补销售额、纳税评估调整销售额、税务机关代开发票销售额和免税销售额。

对提出申请并且同时符合有固定的生产经营场所，能够按照国家统一的会计制度规定设置账簿，根据合法、有效凭证核算，能够提供准确税务资料的纳税人，主管税务机关应当为其办理一般纳税人资格认定。

▶▶▶小贴士

不能认定为一般纳税人的规定

并非所有符合条件提出申请的纳税人都可以认定为一般纳税人，以下纳税人不能被认定为一般纳税人：个体工商户以外的其他个人；选择按照小规模纳税人纳税的非企业性单位；非企业性单位，是指行政单位、事业单位、军事单位、社会团体和其他单位；选择按照小规模纳税人纳税的不经常发生应税行为的企业。

2. 小规模纳税人的认定

小规模纳税人是指年销售额在规定标准以下，并且会计核算不健全，不能按规定报送有关税务资料的增值税纳税人。所称会计核算不健全是指不能正确核算增值税的销项税额、进项税额和应纳税额。增值税小规模纳税人标准为年应征增值税销售额500万元及以下。

小规模纳税人符合条件后可申请转为一般纳税人，但是除国家税务总局另有规定外，纳税人一经认定为一般纳税人后，不得转为小规模纳税人。

（四）增值税税率

我国增值税是采用比例税率，按照一定的比例征收。增值税的税率对不同行业不同企业实行单一税率，我们称之为基本税率。实践中为照顾一些特殊行业或产品，同时营业税改增值税后应税服务的增加，增值税增设了低税率，对出口产品实行零税率。

1. 基本税率

增值税一般纳税人销售或者进口货物，提供应税劳务，除低税率适用范围和销售个别旧货适用低税率外，税率一律为13%，这就是通常所说的基本税率。

2. 低税率

针对一些特殊行业和产品，我国设置了9%和6%的低税率。

① 纳税人销售或者进口下列货物，税率为9%：农产品（含粮食）、自来水、暖气、石油液化气、天然气、食用植物油、冷气、热水、煤气、居民用煤炭制品、食用盐、农机、饲料、农药、农膜、化肥、沼气、二甲醚、图书、报纸、杂志、音像制品、电子出版物。

② 增值税一般纳税人提供交通运输、邮政、基础电信、建筑、不动产租赁服务，销售不动产，转让土地使用权，税率为9%。

③ 提供有形动产租赁服务，税率为13%。

④ 纳税人发生提供增值电信服务、金融服务、现代服务（租赁服务除外），生活服务、转让地使用权以外的其他无形资产的应税行为，税率为6%。

3. 零税率

纳税人出口货物，税率为零；但是，国务院另有规定的除外。单位和个人提供的"国际运输服务、向境外单位提供的研发服务和设计服务"以及财政部和国家税务总局规定的其他应税服务，税率为零。

零税率并不等同于免税，出口货物免税是指在出口环节不征收增值税，零税率是指对出口货物除了在出口环节不征增值税外，还要对该产品在出口前已经缴纳的增值税进行退税，使该出口产品在出口时完全不含增值税税款。

4. 征收率

增值税征收率是指对特定的货物或特定的纳税人发生应税销售行为在某一生产流通环节应纳税额与销售额的比率。增值税征收率适用于两种情况，一是小规模纳税人；二是一般纳税人发生应税销售行为按规定可以选择简易计税方法计税的。

（五）增值税应纳税额的计算

不同的增值税纳税人，其应纳税额的计算也不同。我国对一般纳税人采用购进扣税法，小规模纳税人采用简易征收办法。

1. 一般纳税人增值税应纳税额计算

一般纳税人增值税应纳税额计算采用购进扣税法，即先按当期销售额和适用税率计算出销项税额，然后对当期购进项目已经缴纳的税款进行抵扣，从而计算出当期增值税应纳税额。

$$当期应纳增值税额 = 当期销项税额 - 当期进项税额$$
$$= 当期销售额 \times 适用税率 - 当期进项税额$$

当期销项税额小于当期进项税额不足抵扣时，其不足部分可以结转下期继续抵扣。

其中销项税额是指纳税人在销售货物或者提供应税劳务、应税服务的过程中，从购买方收取的增值税税额。销项税额计算公式中的销售额是不含增值税销售额，包括向购买方收取的全部价款和价外费用，但是不包括向购买方收取的销项税额和其他符合税法规定的费用。如果销售额含增值税则需要将其换算为不含税销售额，换算公式为：不含税销售额 = 含税销售额 ÷（1 + 适用税率）。

进项税额是指纳税人在购进货物、接受应税劳务或接受应税服务时支付或负担的增值税税额。进项税额可以依据销售方取得的"增值税专用发票"上注明的增值税额、从海关取得的"海关进口增值税专用缴款书"上注明的增值税额获得。购进免税农产品，按照买价和10%的扣除率，计算抵扣进项税额。计算公式为：进项税额 = 买价 × 扣除率。

增值税一般纳税人接受境外单位或者个人提供的应税服务，可依据从税务机关或者扣缴义务人取得的代扣代缴税款的完税凭证上注明的增值税额，计算抵扣进项税额。

2. 小规模纳税人应纳税额计算

小规模纳税人应纳税额的计算按照简易征收办法执行，不得抵扣进项税额，征收率为3%。应纳税额的计算公式为：应纳税额 = 销售额 × 征收率（3%）。

二、消费税

（一）消费税的概念

消费税是对在我国境内从事生产、委托加工和进口应税消费品的单位和个人征收的一种流转税，是对"特定的消费品和消费行为"在"特定的环节"征收的一种流转税。消费税的征收具有较强的选择性，是国家贯彻消费政策、引导消费结构从而引导产业结构的重要手段，因而在保证国家财政收入、体现国家经济政策等方面具有十分重要的作用。

（二）消费税的纳税人

消费税的纳税人是指在中华人民共和国境内生产、委托加工和进口《中华人民共和国消费税暂行条例》规定的应税消费品的单位和个人，以及国务院确定的销售《中华人民共和国消费税暂行条例》规定的应税消费品的其他单位和个人。其中单位是指企业、行政单位、事业单位、军事单位、社会团体及其他单位；个人是指个体工商户及其他个人。

（三）消费税的征税范围

消费税的征税范围主要分布在生产应税消费品、委托加工应税消费品、进口应税消费品和零售金银首饰、铂金首饰、钻石及钻石饰品四个环节。

1. 生产应税消费品

生产应税消费品的征税环节是生产销售环节，是消费税征收的主要环节。消费税是单一环节征税税种，不重复征税，在生产销售环节征税以后，货物在流通环节无论再流转多少次，不用再缴纳消费税。生产应税消费品除了直接对外销售应征收消费税外，纳税人将生产的应税消费品换取生产资料、消费资料、投资入股、偿还债务，以及用于继续生产应税消费品以外的其他方面都应缴纳消费税。纳税人自产自用的应税消费品，用于"连续生产应税消费品"的，不纳税；用于其他方面的，于移送使用时纳税。

2. 委托加工应税消费品

委托加工应税消费品是指委托方提供原料和主要材料，受托方只收取加工费和代垫部分、辅助材料加工的应税消费品。由受托方提供原材料或其他情形的一律不能视同加工应税消费品；委托加工的应税消费品收回后，再继续用于生产应税消费品销售的，其加工环节缴纳的消费税款可以扣除。

3. 进口应税消费品

进口应税消费品的单位和个人进口的货物属于消费税征税范围的，在进口环节也要缴纳消费税。为了减少征税成本，进口环节缴纳的消费税由海关代征，即于报关进口时由海关代征消费税。

4. 零售金银首饰、铂金首饰、钻石及钻石饰品

金银首饰消费税在零售环节征收。在零售环节征收消费税的金银首饰仅限于金基、银基合金首饰以及金、银和金基、银基合金的镶嵌首饰。对既销售金银首饰，又销售非金银首饰的生产、经营单位，应将两类商品划分清楚，分别核算销售额。凡划分不清楚或不能分别核算的，在生产环节销售的，一律从高适用税率征收消费税；在零售环节销售的，一律按金银首饰征收消费税。

（四）消费税税目与税率

消费税税目有 15 个，包括烟、酒、高档化妆品、贵重首饰及珠宝玉石、鞭炮和焰火、成品油、摩托车、小汽车、高尔夫球及球具、高档手表、游艇、木制一次性筷子、实木地板、电池、涂料。消费税税率有比例税率和定额税率以及复合计征三种形式。

消费税的不同税目对应不同的税率，表 3-1 所示为现行消费税税目、税率。

表 3-1　消费税税目、税率

税　目	税　率
一、烟	
1. 卷烟	
（1）甲类卷烟	56% +0.003 元/支
（2）乙类卷烟	36% +0.003 元/支
（3）商业批发	11% +0.005 元/支
2. 雪茄烟	36%
3. 烟丝	30%

税 目	税 率
二、酒	
1. 白酒	20%加0.5元/500克（或者500毫升）
2. 黄酒	240元/吨
3. 啤酒	
（1）甲类啤酒	250元/吨
（2）乙类啤酒	220元/吨
（3）娱乐业、饮食业自制的	250元/吨
4. 其他酒	10%
三、高档化妆品	15%
四、贵重首饰及珠宝玉石	
1. 金银首饰、铂金首饰和钻石及钻石饰品	5%
2. 其他贵重首饰和珠宝玉石	10%
五、鞭炮、焰火	15%
六、成品油	
1. 汽油	1.52元/升
2. 柴油	1.20元/升
3. 航空煤油	1.20元/升
4. 石脑油	1.52元/升
5. 溶剂油	1.52元/升
6. 润滑油	1.52元/升
7. 燃料油	1.20元/升
七、摩托车	
1. 气缸容量（排气量，下同）在250毫升	3%
2. 气缸容量在250毫升以上的	10%
八、小汽车	
1. 乘用车	
（1）气缸容量（排气量，下同）在1.0升（含1.0升）以下的	1%
（2）气缸容量在1.0升以上至1.5升（含1.5升）的	3%
（3）气缸容量在1.5升以上至2.0升（含2.0升）的	5%
（4）气缸容量在2.0升以上至2.5升（含2.5升）的	9%
（5）气缸容量在2.5升以上至3.0升（含3.0升）的	12%
（6）气缸容量在3.0升以上至4.0升（含4.0升）的	25%

续　表

税　　目	税　　率
（7）气缸容量在4.0升以上的	40%
2. 中轻型商用客车	5%
3. 高档小汽车（零售环节）	生产和进口环节按子税目1和子税目2的规定征收，零售环节10%
九、高尔夫球及球具	10%
十、高档手表	20%
十一、游艇	10%
十二、木制一次性筷子	5%
十三、实木地板	5%
十四、电池	4%
十五、涂料	4%

（五）消费税应纳税额的计算

消费税法规定，消费税应纳税额的计算主要分为从价计征、从量计征和复合计征三种方法。

1. 从价计征

从价计征，即消费税的应纳税额等于应税消费品的销售额乘以适用税率，应纳税额的多少取决于应税消费品的销售额和适用税率两个因素。

计算公式为：

$$应纳税额＝销售额×税率$$

2. 从量计征

从量计征，即消费税应纳税额等于应税消费品的销售数量乘以单位税额，应纳税额的多少取决于应税消费品的销售数量和单位税额两个因素。

计算公式为：

$$应纳税额＝应税消费品的销售数量×单位税额$$

公式中销售数量确定是遵循以下原则：销售应税消费品的，为应税消费品的销售数量；自产自用应税消费品的，为应税消费品的移送使用数量；委托加工应税消费品的，为纳税人收回的应税消费品数量；进口应税消费品的，为海关核定的应税消费品进口征税数量。

▶▶ 案例分析

某小型啤酒厂2018年3月销售乙类啤酒100吨，每吨出厂价格为2500元。销售乙类啤酒，适用定额税率220元。计算3月该啤酒厂应纳消费税税额。

$$应纳税额＝销售数量×定额税率＝100×220＝22\,000（元）$$

3. 复合计征

消费税中只有卷烟、白酒采用复合计征方法。消费税的应纳税额等于应税销售数量乘以定额税率再加上应税销售额乘以比例税率。生产销售卷烟、白酒从量定额计税依据为实际销售数量。进口、委托加工、自产自用卷烟、白酒从量定额计税依据分别为海关核定的进口征税数量、委托方收回数量、移送使用数量。

复合计征计算公式为：

$$应纳税额 = 销售额 \times 比例税率 + 销售数量 \times 定额税率$$

▶▶案例分析

某白酒厂为增值税一般纳税人，2018 年 7 月份销售粮食白酒 150 吨，取得不含增值税的销售额 600 万元。其中，白酒适用比例税率 20%，定额税率为每 500 克 0.5 元。计算白酒企业 7 月应缴纳的消费税税额。（1 吨 = 1000 千克，1 千克 = 1000 克）

$$应纳消费税税额 = 150 \times 2000 \times 0.000\,05 + 600 \times 20\% = 135（万元）$$

三、企业所得税

（一）企业所得税的概念

企业所得税，是指对我国境内的企业和其他取得收入的组织的生产经营所得和其他所得征收的一种税，其计税依据是应纳税所得额。应纳税所得额不是收入总额，也不是会计上的利润总额，是根据会计利润按照税法要求调整后的金额。计税依据的计算涉及纳税人的成本、费用、税收激励或限制措施等各个方面，因此企业所得税计税依据的计算较为复杂。

（二）企业所得税的纳税人

企业所得税的纳税义务人，是指在中华人民共和国境内的企业和其他取得收入的组织。但是个人独资企业、合伙企业不缴纳企业所得税。

纳税人根据企业纳税义务范围进行分类，分为居民企业和非居民企业，不同的企业纳税义务不同。

1. 居民企业

居民企业，是指依法在中国境内成立，或者依照外国（地区）法律成立但实际管理机构在中国境内的企业。这里的企业包括国有企业、集体企业、私营企业、联营企业、股份制企业、外商投资企业、外国企业以及有生产、经营所得和其他所得的其他组织。

2. 非居民企业

非居民企业，是指依照外国（地区）法律成立且实际管理机构不在中国境内，但在中国境内设立机构、场所的，或者在中国境内未设立机构、场所，但有来源于中国境内所得的企业。非居民企业委托营业代理人在中国境内从事生产经营活动的，包括委托单位或者个人经常代其签订合同，或者储存、交付货物等，该营业代理人视为非居民企业在中国境内设立的机构、场所。

（三）企业所得税征税对象

企业所得税的征税对象，是指企业的生产经营所得、其他所得和清算所得。

1. 居民企业的征税对象

居民企业应就来源于中国境内、境外的所得缴纳企业所得税。所得，包括销售货物所得、提供劳务所得、转让财产所得、股息红利等权益性投资所得、利息所得、租金所得、特许权使用费所得、接受捐赠所得和其他所得。

2. 非居民企业的征税对象

非居民企业在中国境内设立机构、场所的，应当就其所设机构、场所取得的来源于中国境内的所得，以及发生在中国境外但与其所设机构、场所有实际联系的所得，缴纳企业所得税。非居民企业在中国境内未设立机构、场所的，或者虽设立机构、场所但取得的所得与其所设机构、场所没有实际联系的，应当就其来源于中国境内的所得缴纳企业所得税。

（四）企业所得税税率

企业所得税税率是体现企业分配关系的核心要素，税率实行比例税率。

企业所得税税率有基本税率和低税率两种。基本税率为25%，适用于居民企业和在中国境内设有机构、场所且所得与机构、场所有关联的非居民企业；低税率为20%，适用于在中国境内未设立机构、场所的，或者虽设立机构、场所但取得的所得与其所设机构、场所没有实际联系的非居民企业，但实际征税时适用10%的税率，如表3-2所示。

表3-2　企业所得税税率

税　率	适用对象
25%	居民企业、在中国境内设立机构场所的非居民企业
20%	在中国境内未设立机构、场所的；或者虽设立机构、场所，但取得的所得与其所设机构、场所没有实际联系的非居民企业
10%	执行20%税率的非居民企业
15%	国家需要重点扶持的高新技术企业
20%	符合条件的小型微利企业

（五）企业所得税应纳税所得额计算

按照企业所得税法的相关规定，应纳税所得额为企业每一个纳税年度的收入总额，减除不征税收入、免税收入、各项扣除以及允许弥补的以前年度亏损后的余额。其基本公式为：

应纳税所得额 = 收入总额 - 不征税收入 - 免税收入 - 各项扣除 - 以前年度亏损

这种计算应纳税所得额的方法也叫直接法，与之相对应的是间接法，即对利润总额按照税法相关规定进行调整后的金额。

1. 收入总额

企业的收入总额包括以货币形式和非货币形式从各种来源取得的收入，具体有：销售货物收入，提供劳务收入，转让财产收入，股息、红利等权益性投资收益，利息收入，租金收入，特许权使用费收入，接受捐赠收入，其他收入。

2. 不征税收入

不征税收入是指国家为了扶持和鼓励某些特定项目，对企业取得的某些收入予以不征税的特殊政策，促进经济的协调发展。不征税收入包括财政拨款和依法收取并纳入财政管理的行政事业性收费、政府性基金。财政拨款，是指各级人民政府对纳入预算管理的事业单位、社会团体等组织拨付的财政资金，但国务院和国务院财政、税务主管部门另有规定的除外；行政事业性收费是指依照法律法规等有关规定，按照国务院规定程序批准，在实施社会公共管理，以及在向公民、法人或者其他组织提供特定公共服务过程中，向特定对象收取并纳入财政管理的费用；政府性基金，是指企业依照法律、行政法规等有关规定，代政府收取的具有专项用途的财政资金。

3. 免税收入

免税收入与不征税收入不同，本质上是生产经营性收入，应该缴纳税款，但国家为了扶持和鼓励某些特殊的纳税人和特定的项目，对企业取得的某些收入予以免税的特殊政策。免税收入包括：国债利息收入；符合条件的居民企业之间的股息、红利等权益性投资收益；在中国境内设立机构、场所的非居民企业从居民企业取得与该机构、场所有实际联系的股息、红利等权益性投资收益；符合条件的非营利组织的收入。

4. 准予扣除的项目

根据企业所得税法的相关规定，计算企业所得税应纳税所得额时准予扣除与企业实际发生的与取得收入有关的、合理的支出，包括成本、费用、税金、损失和其他支出，其中损失不包括行政性罚款。成本，是指企业在生产经营活动中发生的销售成本、销货成本、业务支出以及其他耗费。费用，是指企业每一个纳税年度为生产、经营商品和提供劳务等所发生的销售（经营）费用、管理费用和财务费用。已经计入成本的有关费用除外。税金，是指企业发生的除企业所得税和允许抵扣的增值税以外的企业缴纳的各项税金及其附加，即企业按规定缴纳的消费税、城市维护建设税、关税、资源税、土地增值税、房产税、车船税、土地使用税、印花税、教育费附加等产品销售税金及附加。这些已纳税金准予税前扣除。损失，是指企业在生产经营活动中发生的固定资产和存货的盘亏、毁损、报废损失，转让财产损失，呆账损失，坏账损失，自然灾害等不可抗力因素造成的损失以及其他损失。扣除的其他支出，是指除成本、费用、税金、损失外，企业在生产经营活动中发生的与生产经营活动有关的、合理的支出。

▶▶ 案例分析

某企业为居民企业，2018 年发生经营业务如下：

取得产品销售收入 4000 万元。发生产品销售成本 2600 万元。发生销售费用 700 万元，管理费用 480 万元，财务费用 60 万元。营业税金及附加 40 万元。营业外收入 80 万元，营业外支出 50 万元。国债利息收入 30 万元。要求：计算该企业 2018 年度实际应缴的企业所得税。

（1）收入总额 = 4000 + 80 + 30 = 4110（万元）

（2）免税收入＝30 万元（国债利息收入免交税款）

（3）各项扣除＝2600＋700＋480＋60＋40＋50＝3930（万元）

（4）应纳税所得额＝收入总额－不征税收入－免税收入－各项扣除－以前年度亏损

$$= 4110 - 0 - 30 - 3930 - 0$$

$$= 150（万元）$$

（5）2018 年应缴企业所得税＝150×25%＝37.5（万元）

四、个人所得税

（一）个人所得税概念

个人所得税是以自然人取得的各项应税所得为征税对象而征收的一种税。

（二）个人所得税纳税义务人

根据住所和居住时间两个标准，个人所得税的纳税义务人分为居民和非居民，分别承担不同的纳税义务。

居民纳税义务人，是指在中国境内有住所，或者无住所而一个纳税年度内在中国境内居住满 183 天的个人，为居民个人，负有无限纳税义务，其从中国境内和境外取得的所得，应依法缴纳个人所得税。

非居民纳税义务人，是指在中国境内无住所又不居住，或者无住所而一个纳税年度内在中国境内居住不满 183 天的个人，为非居民个人，其从中国境内取得的所得，应依法缴纳个人所得税。

（三）个人所得税的应税项目和税率

个人所得税共有 9 个应税项目。

1. 工资、薪金所得

工资、薪金所得，是指个人因任职或者受雇而取得的工资、薪金、奖金、年终加薪、劳动分红、津贴、补贴以及与任职或者受雇有关的其他所得。

2. 劳务报酬所得

劳务报酬所得，是指个人从事劳务取得的所得，包括从事设计、装潢、安装、制图、化验、测试、医疗、法律、会计、咨询、讲学、翻译、审稿、书画、雕刻、影视、录音、录像、演出、表演、广告、展览、技术服务、介绍服务、经纪服务、代办服务以及其他劳务取得的所得。

3. 稿酬所得

稿酬所得，是指个人因其作品以图书、报刊等形式出版、发表而取得的所得。

4. 特许权使用费所得

特许权使用费所得，是指个人提供专利权、商标权、著作权、非专利技术以及其他特许权的使用权取得的所得。提供著作权的使用权取得的所得，不包括稿酬所得。

从 2019 年 1 月 1 日起，居民个人取得第 1 项至第 4 项所得（以下称综合所得），按纳税年度合并计算个人所得税；非居民个人取得第 1 项至第 4 项所得，按月或者按次分项计算个人所得税。综合所得适用 3%～45% 的 7 级超额累进税率（如表 3-3 所示）。

表 3-3 个人所得税税率（综合所得适用）

级 数	全年应纳税所得额	税率（%）
1	不超过 36 000 元的	3
2	超过 36 000 元至 144 000 元的部分	10
3	超过 144 000 元至 300 000 元的部分	20
4	超过 300 000 元至 420 000 元的部分	25
5	超过 420 000 元至 660 000 元的部分	30
6	超过 660 000 元至 960 000 元的部分	35
7	超过 960 000 元的部分	45

居民个人的综合所得，以每一纳税年度的收入额减除费用 60 000 元以及专项扣除、专项附加扣除和依法确定的其他扣除后的余额，为应纳税所得额。专项扣除，包括居民个人按照国家规定的范围和标准缴纳的基本养老保险、基本医疗保险、失业保险等社会保险费和住房公积金等；专项附加扣除，包括子女教育、继续教育、大病医疗、住房贷款利息或者住房租金、赡养老人等支出。

非居民个人的工资、薪金所得，以每月收入额减除费用 5000 元后的余额为应纳税所得额；劳务报酬所得、稿酬所得、特许权使用费所得，以每次收入额为应纳税所得额。

5. 经营所得

经营所得是指：（1）个体工商户从事生产、经营活动取得的所得，个人独资企业投资人、合伙企业的个人合伙人来源于境内注册的个人独资企业、合伙企业生产、经营的所得；（2）个人依法从事办学、医疗、咨询以及其他有偿服务活动取得的所得；（3）个人对企业、事业单位承包经营、承租经营以及转包、转租取得的所得；（4）个人从事其他生产、经营活动取得的所得。经营所得，适用 5%～35% 的超额累进税率（如表 3-4 所示）。

表 3-4 个人所得税税率（经营所得适用）

级 数	全年应纳税所得额	税率（%）
1	不超过 30 000 元的	5
2	超过 30 000 元至 90 000 元的部分	10
3	超过 30 000 元至 300 000 元的部分	20
4	超过 300 000 元至 500 000 元的部分	30
5	超过 500 000 元的部分	35

6. 利息、股息、红利所得

利息、股息、红利所得，是指个人拥有债权、股权等而取得的利息、股息、红利所得。

7. 财产租赁所得

财产租赁所得，是指个人出租不动产、机器设备、车船以及其他财产取得的所得。

8. 财产转让所得

财产转让所得，是指个人转让有价证券、股权、合伙企业中的财产份额、不动产、机器设备、车船以及其他财产取得的所得。

9. 偶然所得

偶然所得，是指个人得奖、中奖、中彩以及其他偶然性质的所得。

10. 经国务院财政部门确定征税的其他所得

利息、股息、红利所得，财产租赁所得、财产转让所得，偶然所得和其他所得，适用比例税率，税率为 20%。

习　题

一、名称解释

1. 流转税　2. 所得税　3. 从价税　4. 征税对象　5. 个人所得税

二、简答题

1. 简述税收的作用。
2. 简述税收的性质。
3. 简述税收的分类。
4. 税收要素包含哪些？
5. 简述增值税的分类。

三、计算题

1. 假定某外商投资企业中工作的美国专家（假设为非居民纳税人），2018 年 2 月份取得由该企业发放的含税工资收入 19 800 元人民币。请计算其应纳个人所得税税额。

2. 刘英是古筝专业大二的学生，周末时去商场表演，一次取得收入 4000 元。请计算其应纳个人所得税税额。

3. 某网络写手取得一次未扣除个人所得税的稿酬收入 20 000 元。请计算其应缴纳的个人所得税税额。

【课堂实践】

1. 登录国家税务总局网站，了解最近两年的税收数据。

2. 通过网络查询相关资料，分析我国增值税与国际通行的增值税的区别，并在适当范围发起讨论。

第四章 国　债

知识目标

1. 了解国债的特征、种类和作用。
2. 掌握国债的发行方式和偿还方式。
3. 理解国债的流通方式。

能力目标

能利用国债投资给自己的经济生活带来益处。

案例导入

中华人民共和国财政部公告 2018 年第 143 号

根据国家国债发行的有关规定，财政部决定发行 2018 年第七期储蓄国债（凭证式）（以下简称第七期）和 2018 年第八期储蓄国债（凭证式）（以下简称第八期），现将发行等有关事宜公告如下：

一、第七期和第八期国债（以下统称两期国债）最大发行总额 300 亿元，其中，第七期期限为 3 年，最大发行额 180 亿元，票面年利率 4%；第八期期限为 5 年，最大发行额 120 亿元，票面年利率 4.27%。

二、两期国债发行期为 2018 年 11 月 10 日至 2018 年 11 月 19 日。

三、投资者购买两期国债后，可到原购买机构办理提前兑取。但发行期最后一天（即 11 月 19 日）不办理提前兑取。

四、投资者提前兑取两期国债按实际持有时间和相对应的分档利率计付利息，具体为：从购买之日起，两期国债持有时间不满半年不计付利息，满半年不满 1 年按年利率 0.74% 计息，满 1 年不满 2 年按 2.47% 计息，满 2 年不满 3 年按 3.49% 计息；第八期国债持有时间满 3 年不满 4 年按 3.91% 计息，满 4 年不满 5 年按 4.05% 计息。

其他事宜按《中华人民共和国财政部公告》（2018 年第 26 号）规定执行。

特此公告。

中华人民共和国财政部

2018 年 11 月 5 日

问题引入：

1. 什么是国债？国家为什么要通过财政部发行国债？
2. 国债能流通吗？
3. 发行国债有什么意义呢？

第一节　国债概述

一、国债的概念及特征

（一）国债的概念

所谓国债，就是国家借的债，即国家债券，它是国家为筹措资金而向投资者出具的书面借款凭证，承诺在一定的时期内按约定的条件，按期支付利息和到期归还本金。我国的国债专指财政部代表中央政府发行的国家公债，由国家财政信誉作担保，信誉度非常高，历来有"金边债券"之称，稳健型投资者喜欢投资国债。

▶▶ 小贴士

国债收入与税收收入的区别

税收收入是国家凭借国家的强制力按照税法的规定无偿地、固定地向纳税人征收的收入，是一种强制性行政行为。

国债收入是国家以发行国债的方式向社会募集的资金。它是社会公众以投资、自愿作为基础的，是有利益回报的。

税收收入与国家债务收入的区别具体在于：

（1）税收具有强制性，信用是自愿的；

（2）税收具有无偿性，举债要还本付息；

（3）税收具有固定性，举债则无固定性；

（4）举债要有社会产品作为基础，而税收不需要。

（二）国债的特征

国债是债的一种特殊形式，同一般债权债务关系相比，国债具有以下特征：

1. 从法律关系的主体来看

国债的债权人既可以是国内外的公民、法人或其他组织，也可以是某一国家或地区的政府以及国际金融组织；而债务人一般只能是国家。

2. 从法律关系的性质来看

国债法律关系的发生、变更和消灭较多地体现了国家单方面的意志。尽管国债法律关系属平等型法律关系，但与一般债权债务关系相比，其体现出一定的隶属性，这在国家内债法律关系中表现得更加明显。

3. 从法律关系的实现来看

国债属信用等级最高、安全性最好的债权债务关系。

国债有其自身优势，主要表现在以下几个方面：

（1）流通性强。

国债是由政府发行的，由于政府的信用地位极高，使得国债被认为是一种几乎零风险的投资选择，因而具有很强的流通性。只要证券交易所开市，投资者随时可以委托买卖。所以，国债的变现能力很强，可保证在卖出时能顺利脱手。

（2）买卖方便。

目前，证券交易所都开通了自助委托，因此投资者投资上市国债可通过电话、电脑、手机等直接委托买卖，既方便，又省时。

（3）收益高且稳定。

与银行存款相比较，很多上市国债品种的收益率都很高，主要体现在两个方面：一是利率高，上市国债发行与上市时的收益率都要高于同期银行存款利率；二是在支取（卖出）时，不仅方便，而且其收益率还比活期存款利率高很多。

二、国债的种类

国债的种类繁多，按国债的券面形式可分为无记名式（实物）国债、凭证式国债和记账式国债。其中，无记名式国债已不多见，而后两者则为目前的主要形式。

（一）无记名式（实物）国债

无记名式（实物）国债是指票面上不记载债权人姓名或单位名称的国债，通常以实物券的形式出现，因此又称实物券或国库券。无记名式（实物）国债是我国发行历史最长的一种国债。无记名式（实物）国库券的一般特点是：不记名、不挂失，可以上市流通。由于不记名、不挂失，其持有的安全性不如凭证式国债和记账式国债，但购买手续简便。由于可上市转让，流通性较强，上市转让价格随二级市场的供求状况而定，当市场因素发生变动时，其价格会产生较大波动，因此具有获取较大利润的机会，同时也伴随着一定的风险。一般来说，无记名式（实物）国债更适合金融机构和投资意识较强的购买者。

（二）凭证式国债

凭证式国债是指国家采取不印刷实物券，而用填制"国库券收款凭证"的方式发行的国债。我国从1994年开始发行凭证式国债，其票面形式类似于银行定期存单，利率通常比同期银行存款利率高，具有类似储蓄又优于储蓄的特点，因此通常被称为"储蓄式国债"，是以储蓄为目的的个人投资者理想的投资方式。凭证式国债通过各银行储蓄网点和财政部门国债服务部面向社会发行，从投资者购买之日起开始计息，可以记名、可以挂失，但不能上市流通。投资者购买凭证式国债后如需变现，可以到原购买网点提前兑取，提前兑取时，经办机构除偿还本金外，利息按实际持有天数及相应的利率档次计付，但经办机构会按兑取本金的千分之二收取手续费。对于提前兑取的凭证式国债，经办机构还可以二次卖出。与储蓄相比，凭证式国债的主要特点是安全、方便、收益适中。

（三）记账式国债

记账式国债又称无纸化国债，是指将投资者持有的国债登记于债券账户中，投资者仅取得收据或账单以证实其所有权的一种国债。我国从 1994 年推出记账式国债。记账式国债的券面特点是国债无纸化，投资者购买时并没有得到纸券或凭证，而是在其债券账户上记上一笔。

无记名式（实物）国债、凭证式国债和记账式国债三种国债相比，各有其特点。在收益性上，无记名式（实物）国债和记账式国债要略好于凭证式国债，通常无记名式（实物）国债和记账式国债的票面利率要略高于相同期限的凭证式国债。在安全性上，凭证式国债略好于无记名式（实物）国债和记账式国债，后两者中记账式国债又略好些。在流动性上，记账式国债略优于无记名式（实物）国债，无记名式（实物）国债又略优于凭证式国债。

三、国债在国民经济中的作用

（一）弥补财政赤字

弥补财政赤字是国债最基本的功能。政府财政赤字一旦发生，就必须想办法予以弥补。在市场经济体制下，弥补财政赤字的方式主要有三种，即增加税收、向中央银行透支和发行国债。

增加税收会使生产、投资和消费减少，进而使国民经济趋于收缩，税基减少，赤字有可能会更大；而向中央银行透支（即财政部向中央银行借款）则会增加基础货币的投放，再经货币乘数效应大幅增加货币的供应量，导致通货膨胀并会打乱整个国民经济的运行；发行国债是一种自愿、有偿、灵活的方式，国债的发行只涉及资金使用权的让渡，是对社会资金和国民收入的一种临时分配，流通中的货币总量没有改变，在正常情况下不会增加需求总量，不会导致通货膨胀，而且有利于供求平衡。用发行国债的方式筹建资金弥补财政赤字，是各个国家的通常做法。

（二）筹集建设资金

发行国债遵循的是自愿认购、有借有还的信用原则，而且以国家信用作担保，容易被社会大众所接受。社会资金的运动是一个连续不断的过程，在这个过程中经常出现部分闲置资金，它就是保证国债发行的基础。由此可见，通过国债筹集财政资金是一个长期、稳定的财政收入来源，政府可以将这部分资金用于建设周期长、投资额大的基础设施建设以及基础产业。

（三）形成市场基准利率

利率是整个金融市场的核心价格，对股票市场、期货市场、外汇市场等市场上金融工具的定价均会产生重大影响。国债是一种收入稳定、风险极低的投资工具，这一特性使得国债利率处于整个利率体系的核心环节，成为其他金融工具定价的基础。国债的发行与交易有助于形成市场基准利率。国债的发行将影响金融市场上的资金供求状况，从而引起利率的升降。在国债市场充分发展的条件下，某种期限国债发行时的票面利率就代表了当时市场利率的预期水平，而国债在二级市场上交易价格的变化又能够及时地反映出市场对未来利率预期的变化。

（四）作为财政政策和货币政策配合的结合点

首先，扩大国债的发行规模是国家实施积极的财政政策的主要手段。其次，国债，特别是短期国债，是中央银行进行公开市场操作唯一合适的工具。国债的总量、结构对公开市场操作的效果有重要的影响。如果国债规模过小，中央银行在公开市场上的操作对货币供应量的控制能力就非常有限，不足以使利率水平的变化达到中央银行的要求；如果国债品种单一，持有者结构不合理，中小投资者持有国债比例过大，公开市场操作就很难进行。

（五）作为机构投资者短期融资的工具

国债的信用风险极低，机构投资者之间可以利用国债这种信誉度最高的标准化证券进行回购交易，以达到调节短期资金的余缺、套期保值和加强资产管理的目的。

四、国债的管理

国债的管理是政府围绕国债运行过程进行的决策、组织、规划、指导、监督和调节等一系列经济活动的总称。它以国债发行、转让、市场运营和兑付过程中的经济关系及其协调方式为研究对象，包括政府为控制国债的规模和构成、调整国债购买主体的结构、选择适当的国债期限结构和利率水平等而采取的一系列措施。国债管理已成为财政政策工具。

（一）国债的规模管理

国债的规模一般是指国债的最高额度或国债额度的适度问题。国债的规模包括三层意思：一是历年累积国债的总规模；二是当年发行的国债总额；三是当年到期需还本付息的国债总额。

各国经济实践表明，国债存在负担问题。国债负担可以从几个方面来分析：一是国债作为认购者收入使用权的暂时让渡，会对他的经济行为产生一定的影响；二是政府借债是有偿的，到期要还本付息，偿债体现为一种支出，借债的过程也就是国债负担的形成过程；三是不论国债资金的使用方向如何、效益高低，还债的收入来源最终还是靠纳税人缴纳的税收；四是由于有些国债的偿还期较长，使用效益又低，连年以新债还旧债并不断扩大国债的规模，就会形成这一代人借的债转化成下一代甚至几代人负担的问题。

由于国债会形成一种社会负担，所以国债必须有一定的限度，衡量国债规模的主要参考指标有以下几个。

1. 国债负担率

$$国债负担率 = \frac{当年的国债余额}{当年的国内生产总值} \times 100\%$$

国债规模首先受认购者负担能力的制约。国债的应债来源，从国民经济总体看就是国内生产总值（GDP），所以国债规模通常用当年国债发行额或国债余额占 GDP 的比重来表示，称为国债负担率。

2006 年以前，我国采取年度发行额度的方式管理国债。这种方式限制了国债管理的期限选择，财政部倾向于选择发行长期国债，少发和不发一年以内的短期国债，从而导致两个问题：一是由于缺少短期国债，特别是一年以内的短期国债，会使债券品种定价缺少比较基准；二是多发长期国债使得国债存量每年滚动增加、数量较大。

从 2006 年起我国实行国债发行余额管理，即把未清偿国债的余额作为发行国债的年度控制指标，考核年底未清偿的国债余额是否超过规定的控制目标，而不再考核当年实际发行的国债规模。

2. 居民应债能力

$$居民应债能力 = \frac{国债余额}{居民储蓄余额} \times 100\%$$

这是从居民的储蓄水平来考察国债发行潜力的重要指标。

3. 国债偿债率

$$国债偿债率 = \frac{当年的国债还本付息额}{当年财政收入余额} \times 100\%$$

国债规模还受政府偿债能力的制约。中央政府用于还本付息的经常性来源是中央政府的财政收入，所以表示政府偿债能力的指标就是当年的国债还本付息额占当年中央财政收入的比重，这是表示政府直接偿还能力的指标。

其他国家的经验表明，国债偿债率一般应控制在 10% 以内较为安全。

4. 国债依存度

$$国债依存度 = \frac{当年的国债发行额}{当年财政支出总额} \times 100\%$$

国债依存度是指一国财政支出中有多少比重是依靠发行国债来实现的，表示中央支出对债务的依赖程度，表示间接偿还能力。当国债发行量过大，依存度过高，表明财政支出过分依靠国债收入，国家的财政处于脆弱的状态，会对未来的还本付息构成潜在的威胁，国债的风险加大。

（二）国债的结构管理

国债的结构是指一个国家各种性质的国债相互搭配、国债来源和发行期限的有机结合，主要包括国债的期限结构和国债的持有人结构。

1. 国债的期限结构

在市场经济发达的国家，国债的短期、中期、长期结构比较合理。财政部门发行不同期限的国债，虽然主要是考虑财政因素，但也为中央银行的公开市场业务创造了条件。如果缺少中央银行在国债二级市场上买卖国债，就会减少国债的流动性，反过来会影响财政在一级市场上发行国债。

短期国债可以用于经常性的财政支出和短期资金调剂，中期、长期国债可以弥补年度预算赤字，因此国家的国债发行应该有短期、中期、长期国债的不同搭配。由于各种期限的国债在某一点上都存在，就在二级市场上形成了一个连续不断的剩余年限的结构，为中央银行选择不同期限国债的公开市场操作创造了有利条件。

2. 国债的持有人结构

在市场经济比较发达的国家，商业银行、共同基金、社会保障基金和商业保险公司以及其他金融结构等机构投资者是国债的主要持有者，而个人持有的份额较小。由于国债主要由机构投资者购买和持有，因而不仅提高了国债发行效率，而且活跃了国债流通市场，有利于国债公开市场业务的发展。

第二节　国债的发行与偿还

一、国债的发行

（一）含义

国债的发行指国债售出或被个人和企业认购的过程。它是国债运行的起点和基础环节，其核心是确定国债售出的方式即国债发行的方式。

（二）发行方式

1. 固定收益出售方式

固定收益出售方式是一种在金融市场上按预先确定的发行条件发行国债的方式。其特点是认购期限较短，发行条件固定，发行机构不限，主要适用于可转让的中长期债券的发行。在金融市场利率稳定的条件下，采用这种方式是比较有利的。政府既可据此预测市场容量，确定国债的收益条件和发行数量，也可灵活选择有利的推销时间。在金融市场利率易变或不稳定的条件下，采用这种方式就会遇到一定的困难，主要是政府不易把握金融市场行情并据此确定国债的收益条件及发行数量；即使勉强确定，也会因金融市场行情在国债推销时发生变动而与市场需求不相适应，难以保证预定国债发行任务的完成。

2. 招标拍卖发行方式

招标拍卖发行方式是指通过招标、投标的方式来确定记账式国债的发行价格、票面利率和承销商。

记账式国债的发行通常采用"荷兰式""美国式"进行招标，招标标的为价格或利率等，通常短期贴现国债采取价格招标的方式，中长期附息国债采取利率招标的方式。下面以发行价格为例介绍这两种招标形式。

（1）"荷兰式"招标。

荷兰式"招标是指中标价格为单一价格，所有中标的承销者都按照这个单一价格分得各自的国债发行份额，全场最低中标价格为当期国债发行价格，各中标机构均按发行价格承销，然后在证券交易所自定价格向其他各类投资者进行分销和零售。

（2）"美国式"招标。

"美国式"招标是指中标价格为多个价格，中标方以自己报出的价格分得各自的国债发行份额，全场加权平均中标价格为当期国债发行价格，各中标机构按各自中标标位的价格承销，然后在证券交易所自定价格向其他各类投资者进行分销。

3. 连续经销方式

连续经销方式是指发行机构（包括经纪人）受托在金融市场上设专门的柜台经销，这是一种较为灵活的发行方式。其特点是经销期限不定，发行条件也不定，即不预先规定债券的出售价格，而由财政部或其代销机构根据推销中的市场行情相机确定，且可随时进行调整，主要通过金融机构和中央银行以及证券经纪人经销。这种方式主要适用于不可转让债券，特别是对居民家庭发行的储蓄债券。其主要优点是可灵活确定国债的发行条件及发行时间，从而确保国债发行任务的完成。

4. 直接推销方式

直接推销方式是一种由财政部门直接与认购者举行一对一谈判出售国债的发行方式。其主要特点是发行机构只限于政府财政部门，而不通过任何中介或代理机构；认购者主要限于机构投资者，其中主要是商业银行、储蓄银行、保险公司、各种养老基金和政府信托基金等；发行条件通过直接谈判确定。这种方式主要适用于某些特殊类型国债的推销，如比利时和瑞士的专门用于吸收商业银行资金的特殊可转让债券，以及有些国家对特定金融机构发行的专用债券等。这种方式的优点是可以充分挖掘各方面的社会资金。

5. 综合方式

综合方式是一种综合上述各种方式的特点而加以结合使用的国债发行方式。在某些国家的国债发行过程中，有时可能不单纯使用上述的任何一种方式，而是将这些方式的其中一些特点综合起来，取其所长，结合运用。例如，英国国债的发行往往采取先拍卖后连续经销的方式，即最初先将国债以招标拍卖的方式出售，由于拍卖期限较短，且附有最低标价规定，难以避免投标数量不足，拍卖余额由英格兰银行（中央银行）负责购入，然后再以连续经销的方式继续出售，直到完成预定的发行任务。英国的这种发行方式就是综合了招标拍卖和连续经销两种方式的特点，取各自之长，弥补各自的不足，具有相当的灵活性。

二、国债的偿还

国债到期之后，就要依发行时的规定，按期如数还本。国债偿还中的一个重要任务，就是慎重地选择偿还方式。国债本金的偿还数额虽然是固定的，但政府在偿还方式上却有很大的选择余地。不论采取什么偿还方式，国债的还本总是会形成财政的一个负担；同时，还本是否能如约进行，既会影响到期国债的行市，也会影响其他国债的行市，对国债持有者和政府都是利害攸关的。这就要求国债的偿还必须有较为稳定且充足的资金来源。国债发行之后，除短期国债外（已通过折价发行预扣利息），在其存在的期间内必须付息；由于国债在发行时已经规定了利息率，每年应付的利息支出是固定的，政府在国债付息方面的主要任务，便是对付息方式，包括付息次数、付息时间等做出相应的安排。

（一）还本方式

1. 分期逐步偿还法

分期逐步偿还法即对一种国债规定几个还本期，每期偿还一定比例，直至国债到期时，本金全部偿清。这种偿还方式，还本越迟，利率就越高，以鼓励国债持有人推迟还本期，但国债偿还工作的复杂程度和工作量将会因此而加大。

2. 抽签轮次偿还法

抽签轮次偿还法即在国债偿还期内，通过定期按国债号码抽签对号以确定偿还一定比例的国债，直至偿还期结束全部国债皆中签偿清为止。这种偿还方式的利弊与分期逐步偿还法大致类似。

3. 到期一次偿还法

到期一次偿还法即实行在国债到期日按票面额一次性全部偿清。其优点是国债还本管理工作简单、易行，且不必为国债的还本而频繁地筹措资金；缺点则是集中一次性偿还国债本金，有可能造成政府财政支出的急剧上升，给国库带来较大压力。

4. 市场购销偿还法

市场购销偿还法即在国债期限内通过定期或不定期地从证券市场上赎回（或称买回）一定比例的国债，赎回后不再卖出，使这种国债期满时，已全部或绝大部分被政府所持有。这种方式的优点是给投资者提供了中途兑现的可能性，并会对国债的价格起支持作用，其缺点是政府需为市场购销进行大量繁杂的工作，对从事此项业务的工作人员也有较高的素质要求，因而不宜全面推行。

5. 以新替旧偿还法

以新替旧偿还法即通过发行新国债来兑换到期的旧国债，以达到偿还国债的目的。

（二）还本资金来源

1. 设立偿债基金

设立偿债基金就是由政府预算设置专项基金用以偿还国债，即每年从财政收入中拨一笔专款设立基金，由特定机关管理，专门偿付国债之用，不用作其他用途。而且，在国债未还清之前，每年的预算拨款不能减少，以期逐年减少债务，故又称作"偿债基金"。从历史的经验看，设立偿债基金有利有弊。其利处在于：设有偿债基金的国债，较为投资者所欢迎，因而其发行的价格能高于条件相同或类似的同值债券。其弊端在于：偿债基金如被挪用则形同虚设。设置偿债基金的办法，虽然在一些西方国家中试行，但最后大多以失败而告终。

2. 预算盈余

当中央政府预算出现盈余，则盈余资金可以用于还债，成为偿债资金的一个来源。这种方法增强了中央政府还债的灵活性，中央政府可以根据财政状况来调整每年的偿债规模。由于偿还的前提条件是财政要有盈余，而且多盈余多还，少盈余少还，若财政出现困难而无盈余时，则债权人的利益就难以保证。

3. 通过预算列支

通过预算列支就是将每年的国债偿还数额作为财政支出的一个项目（如"债务还本"）而列入当年支出预算，由正常的财政收入（主要指税收）来保证国债的偿还。从表面上看，这似乎是确保国债按期偿还的稳妥办法，但在实践中也会遇到种种问题。这是因为，如果中央政府财政有能力每年拨出专款用作国债偿还支出，也就可能没有必要发行国债，或者没有必要每年发行那么多国债了。

4. 举借新债

举借新债就是中央政府通过发行新国债，为到期国债筹措偿还资金。这既有实践上的必然性，也有理论上的合理性。从理论上看，国债可以被看作储蓄的延长形式。在正常情况下，任何储蓄，从个体上看，有存有取；但从总体看，则是只存不取。国债也同样如此。从单项债务看，它有偿还期；但从债务总体看，它实际上并不存在偿还期，而是可以采用借新债还旧债的办法，无限期地延续下去。或许正因为如此，通过发新债还旧债，便成为各国中央政府偿还国债的基本手段。

（三）付息方式

1. 按期分次支付法

按期分次支付法即将国债应付利息，在国债存在期限内分作几次（如每一年或半年）支付，一般附有息票，国债持有者可按期剪下息票兑付息款，亦称"剪息票"的方式。

这种方式往往适用于期限较长或在持有期限内不准兑现的国债。这是因为，在较长的期限内，如能定期支付一定数额的利息，不仅能激发持券人认购国债的积极性，而且也可避免政府债息费用的集中支付，从而使债息负担均匀、分散化。

2. 到期一次支付法

到期一次支付法即将国债应付利息同偿还本金结合起来，在国债到期时一次支付的方法。这种方式多适用于期限较短或超过一定期限后随时可以兑现的债券。这是因为，在较短的期限内，债息的分次支付是没有必要的。如在国债到期时将息款连同本金一次支付，则可大大简化政府的国债付息工作，对国债持有者来说也是可以接受的。由于付息方式上的不同，政府在每一年度应付的利息和实际支付的利息并不完全一样。通常情况下，应付额会大于实付额而形成一笔利息上的债务。因此，在国债的付息工作中，中央政府要恰当地选择付息方式，安排好应付额和实付额的关系，以期与财政状况和经济形势的需要保持一致。

三、国债发行价格与国债利率

（一）国债发行价格

国债发行价格是指国债的出售价格或购买价格，即国债的发行价格不一定就是票面值，可以低于票面值发行，少数情况下也可以高于票面值发行，所以就有一个发行的行市问题。

按照国债发行价格与其票面值的关系，可以分为平价发行、折价发行和溢价发行三种发行价格。

1. 平价发行

平价发行就是国债按票面值出售，认购者按国债票面值支付认购金，中央政府按票面值取得收入，到期亦按票面值还本。国债按照票面值出售，必须有以下两个前提条件：一是市场利率要与国债发行利率大体一致。如市场利率高于国债利率，按票面值出售便无法找到认购者或承购者；如市场利率低于国债利率，按票面值出售，财政将遭受不应有的损失。二是中央政府的信用必须良好。唯有在中央政府信用良好的条件下，人们才会乐于按票面值认购，国债发行任务的完成才能有足够的保障。

2. 折价发行

折价发行就是国债以低于票面值的价格出售，即认购者按低于票面值的价格支付认购金，中央政府按这一折价取得收入，到期仍按票面值还本。国债的发行价格低于票面值，原因是多种多样的：压低行市（压低发行价格）比提高国债的利息率，更能掩盖财政拮据的实际情况，不致引起市场利息率随之上升而影响经济的正常发展；在发行任务较重的情况下，为了鼓励投资者踊跃认购而用折价的方式给予额外利益，是更重要的原因。

3. 溢价发行

溢价发行就是国债以超过票面值的价格出售，即认购者按高于票面值的价格支付认购金，中央政府按这一增价取得收入，到期则按票面值还本。国债能按高于票面值的价格出售，只有在两种情况下才能办到：一是国债利息率高，高于市场利息率以致认购者有利可图；二是国债利率原与市场利率大体相当，但当国债出售时，市场利率出现下降，以致中央政府有可能提高国债出售价格。

比较上述三种发行价格，从中央政府财政的角度看，第一种价格即平价发行可以说是最为有利的。首先，采用这种价格发行国债，中央政府可按事先规定的票面值取得预期收入，又按此偿还本金，除需按正常的利息率支付一定的债息外，不会给政府财政带来额外负担。其次，按照票面值出售国债，不会对市场利率带来上涨或下降的压力，抛开政府经济政策的因素不论，这是有利于经济稳定的。而且，国债面额与发行价格一致，还有助于避免国债的投机之弊。第三种发行价格即溢价发行，虽可在发行价格上为中央政府带来一些价差收入，但因溢价只有在国债利率高于市场利率的情况下才能办到，财政也要为此承受高利息支出。而且，由于其收入不规则，也不利于财政收支的计划管理。至于第二种发行价格即折价发行，则既不能为财政按票面值带来预期收入，偿还本金支出又大于实际国债收入，而且还有可能影响市场利率的稳定，对财政更为不利。

（二）国债利率

国家借债或发行国债到期时不仅要还本，而且还要付一定的利息，付息多少则取决于国债利率。国债利率的选择和确定也是国债制度建设的重要环节。国债利率的选择与国债的发行和偿还密切相关。一般来说，国债利率越高，发行也就越容易，但利率升高则意味着财政需要支付的利息增加。因此，利率的选择要考虑发行的需要，也要兼顾偿还的能力，权衡财政的经济承受力和发行的收益与成本的对比。通常的情况是，国债利率的高低以保证国债顺利发行为基准，而什么样的利率才能保证国债的顺利发行，则需根据市场利率、银行利率、政府信用和社会资金余缺的状况而定。

（1）在市场经济国家，市场利率是制约国债利率的主要原因。市场利率一般指证券市场上各种证券的平均利率水平。国债利率必须与市场利率保持大体相当的水平才能使国债具有吸引力，才能保证国债发行不遇到困难。当前，在我国经济运行中，由国家制定的银行利率起主导作用，市场利率是在银行利率的基础上受资金供求状况影响而有所浮动。国家制定利率水平，考虑了利息负担占成本和利润的适当比重，并体现了国家经济政策的要求。

（2）国债利率主要是以银行利率为基准，一般不低于或略高于同期银行存款的利率水平。

（3）中央政府信用的性质也是影响国债利率的一个重要因素。尽管国债利率在很大程度上受制于市场利率或银行利率，但两者并非是完全一致的，这是因为国债作为一种特殊的信用形式，还受中央政府本身信誉的影响。一般而言，国家信用的保证性强于私人信用，中央政府的信誉越高，国债的吸引力就越大，国债就有可能在利率低于市场利率的条件下顺利推销出去；但如果国债利率比市场利率低很多时，中央政府的信誉再高，持币人也会避国债而趋向私人借债。

（4）国债利率还受制于社会资金的供求状况。若社会资金比较充裕，闲置资金较多，国债利率可以适当降低；若社会资金十分短缺，国债利率则必须相应地提高。在正常的情况下，中央政府确定国债利率就是以上述几方面的因素为依据的。但是，有时中央政府为了实现特定的经济政策，打破常规，选择较高或较低的国债利率，以诱导社会资金流向，刺激或抑制生产与消费。在现代社会中，利用国债利率升降调节证券市场运行和资金运转是中央政府实现宏观经济管理的重要手段之一。

我国发行国债的历史较短，同时受客观经济条件的限制，对国债利率的选择还处于探索阶段，国债的利率水平和结构也不尽合理。国债利率的确定主要是依据国家制定的银行利率水平、其他证券的利率水平和物价水平，再考虑国家财政的需要，进行综合测定。我国的国债利率过去一直偏低，不仅低于其他证券的利率，甚至低于同期的银行储蓄利率。在社会资金严重短缺并存在通货膨胀的情况下，低利率必然造成国债发行的困难，也势必导致推销上的行政摊派和强制认购，从而影响了国债的声誉。1989 年以来，向个人发行的国库券提高了利率，甚至高出同期储蓄利率，但这又会增加发行成本，使中央政府债务负担加重。我国的利率结构也不够合理，不仅不同期限国债利率的差距不大，而且也缺乏弹性，与世界大多数国家国债利率多级化、弹性化的做法差距较大。近年来，我国逐步建立和完善资金市场、证券市场和国债市场，在此基础上确定国债利率水平并运用国债利率调节社会经济运行。在当前的情况下，一是要保持国债利率水平略高于同期银行储蓄利率，略低于其他证券利率，并坚持推行国债的自由认购；二是对不同期限、不同用途的国债规定差别较大的结构性利率，长期国债利率高于中期国债利率，中期国债利率高于短期国债利率，经济建设债券利率高于财政债券利率。

第三节　国债的流通

一、国债流通的含义

国债流通是指国债的转让、变现。作为一种有价证券，国债的转让、变现能为持有者带来一定的收益。但是国债要过一定期限才能偿还兑付，在未偿还兑付之前国债是一种"死钱"，要把"死钱"变成"活钱"，必须通过国债的流通来实现。

国债流通是通过专门的市场进行的。国债流通转让市场，也称国债二级市场，是以国债转让中介机构为媒介，在国债的买者与卖者之间形成的一种买卖关系。国债流通不仅可以满足国债持有者变现资金的需要，也为资金拥有者提供了新的投资对象，因而国债流通市场也是一种投资市场。

我国自 1981 年恢复国债发行后，在很长时间内没有形成国债流通市场，这在一定程度上限制了国债的发行。1988 年 4 月，国家决定在上海、深圳、广州、武汉、沈阳、哈尔滨、重庆七大中心城市建立国债流通市场的试点，后分两批将试点城市增加到 400 个。随着国债流通转让试点的成功，国家决定自 1991 年 3 月起，在全国地市级以上城市和地区所在的县级市全面开放国债转让市场，这标志着我国的国债流通市场初步形成。目前，国债除了可以在各证券金融机构进行柜台交易外，还可以在上海、深圳两家证券交易所进行交易。同时，国家还建立了银行间债券市场，并允许经批准的保险公司参与国债交易。可以说，我国真正的国债流通市场已经建立。

二、国债流通转让方式

（一）国债贴现

国债贴现是指国债持有者将未到期国债拿到原购买机构或国债服务机构贴现，这些机构将该国债再转售给其他购买者，从而完成国债流通。在这种流通方式下，国债的买卖不一定在同一时间或地点进行。

（二）国债现货交易

国债现货交易是指将持有的真实国债（包括实物债券和非实物债券）进行买卖转让的交易，是我国国债流通的最主要方式。国债现货交易必须在国家批准的证券交易场所和国债流通服务机构内进行，交易价格一般通过市场竞价的方式确定。

（三）国债期货交易

国债期货交易是指通过有组织的交易场所，按预先确定的买卖价格，在未来特定时间内进行券款交割的国债交易方式。即交易者只需支付一定数量的保证金，就可以通过交易场所按规定的标准化合约来买卖远期的国债。

我国于 1994 年开展国债期货交易的试点。由于国债期货合约的卖方不一定持有真实的国债，国债期货交易的结果极易导致国债的买空卖空，助长投机行为，引起金融秩序的混乱，因而需要有较完善的监管机制。但在我国实际试点中，国债期货市场屡次发生的严重违规交易表明我国尚不具备开展国债期货交易的基本条件。为了保证金融市场的健康发展，国家决定自 1995 年 5 月 18 日起暂停国债期货交易试点。时隔 18 年后，2013 年 9 月 6 日国债期货在上海重新上市交易。

（四）国债回购业务

国债回购业务是指国债的持有者在卖出一笔国债的同时，与买方签订协议，约定一定的期限和价格，将同一笔国债再购回的交易活动。国债回购业务使得国债的持有者在一定期限内取得了资金的使用权，因而属于一种融资活动。

三、国债的净价交易制度

目前在国债流通和交易市场均已实行了净价报价全价结算的交易制度。

净价是指国债交易的价格。全价是指国债交易与应计利息之和，由于全价用于国债结算，因此又称结算价格。

应计利息是指以债券票面利率计算的应计利息金额，计算公式为：

$$应计利息额 = \frac{面值 \times 票面利率}{365} \times 计息天数 \times 100\%$$

附息国债应计利息额是指本付息期起息日至交易日当日所含利息金额；已计息天数是指从本付息期起息日至交易当日的日历天数（1 年按 365 天计算，闰年 2 月 29 日不计算利息）。

净价交易是指以不含有应计利息的价格进行报价并成交的交易方式。即将国债价格与应计利息分解，价格只反映本金市值的变化，交易成功进行资金清算时，以国债净价加应计利息（全价）进行结算。

【课堂活动】净价交易案例分析

2018 年 2 月 27 日投资者以 98 元的价格卖出 10 张面值 100 元的 1 年期国债，票面利率为 4%，起息日是 2018 年 1 月 27 日。则资金清算后该投资者的证券账户收到的资金为卖出价与应计利息之和，即

$$结算金额 = \left(98 + \frac{100 \times 4\%}{365} \times 30 \times 100\%\right) \times 10 = 983.29\ 元$$

四、国债的收益率

（一）国债持有期收益率

国债持有期收益率是指投资者买入某种国债再卖出该国债，该时间段的投资年收益率。

（二）国债到期收益率

国债到期收益率是指投资者以某一价格买入某种国债并持有至该国债到期兑付时，该时间段的投资年收益率。

【课堂活动】国债投资收益率案例分析

2018 年 2 月 1 日 A 投资者以 96 元的价格买入 1 张面值 100 元的 1 年期国债，票面利率为 4%，起息日是 2018 年 1 月 27 日，该国债到期日是 2018 年 12 月 12 日，2 月 27 日将国债以 98 元的价格卖给 B 投资者。

A 投资者的持有期收益率为

$$\frac{(98 - 96) + 100 \times 4\% \times 30/365}{96 \times 30} \times 365 \times 100\% = 29.51\%$$

B 投资者持有到期，其到期收益率为

$$\frac{(100 - 98) + 100 \times 4\% \times 299/365}{98 \times 299} \times 365 \times 100\% = 6.57\%$$

习　题

一、名称解释

1. 国债　2. 无记名式（实物）国债　3. 凭证式国债　4. 记账式国债　5. 国债流通
6. 国债回购业务

二、简答题

1. 简述国债的特征。
2. 简述国债的种类。
3. 简述国债在国民经济中的作用。
4. 简述国债有哪些发行方式。
5. 简述国债是怎么样流通的，有哪些流通转让方式。

三、思考题

上网查询了解"327"国债事件，根据相关期货交易的特点和功能及规章制度谈谈你对此事件有些什么看法。

四、案例题

据美国政府 2015 年 5 月 15 日的数据显示，中国在 2015 年 3 月自 2014 年 8 月以来首次增持美国国债，重新成为美国最大的债权国，尽管海外央行持有的美债整体数量有所下降。美财政部数据显示，中国 2015 年 3 月持有 1.261 万亿美元的美国公债，为 2014 年 9 月以来最高。而日本跌回第二大债权国的位置，持有 1.227 万亿美元美债。此外，2015 年 2 月成为美国第三大债权国的比利时，3 月持有的美债大减 925 亿美元，至 2528 亿美元。有分析师此前曾表示，比利时持有的美债量增加，是因为设在比利时的结算中心托管账户中有大量其他国家持有的美债。

道明证券的一位利率策略师在研究报告中写道："这表明比利时美债持有量上升的趋势终于开始改变，中国的持有量 3 月大增了 373 亿美元。"

3 月外国央行持有的美债总量下滑的速度加快，减少 236.9 亿美元，创 2013 年 4 月到 2015 年 3 月最大月度降幅。

请思考：中国为什么要持有美国国债？

【实践课堂】

1. 教师把学生分成两组，分别代表国债的买方和卖方，通过参与国债模拟操作，理解国债交易流程和国债交易制度。

2. 登录上海证券交易所和深圳证券交易所的网站，查看国债发行公告和国债交易信息，分析国债投资价值。

第五章 ■ 财政支出

案例导入

据统计，2017 年，中央财政对地方税收返还和转移支付 65 218 亿元，占中央财政支出的 68.6%，比 2016 年提高 0.2 个百分点，其中一般性转移支付 35 168 亿元，占全部转移支付的 61.6%，比 2016 年提高 1 个百分点。同时，中央转移支付资金重点向经济发展落后和财政困难地区倾斜，增强了落后和困难地区保工资、保运转、保基本民生的能力。其中，老少边穷地区转移支付 1843 亿元，增长 19.7%；县级基本财力保障机制奖补资金 2239 亿元，增长 9.5%；资源能源型和东北地区阶段性财力补助 300 亿元，增长 50%。

全国一般公共预算中，科学技术支出 7286 亿元，增长 11%，培育壮大经济发展新动能。工业企业结构调整专项奖补资金 222 亿元，支持钢铁、煤炭行业化解过剩产能。全国节能环保支出 5672 亿元，增长 19.8%，主要是支持打好大气、水、土壤污染防治三大战役，加大生态系统保护力度……

——资料来源：财政部公布 2017 年财政收支及债券发行情况 [EB/OL].

(2008-01-29)[2019-01-16]. http://www.sohu.com/219653656_297494.

问题引入：

1. 什么是财政支出？财政支出有哪些支出形式？
2. 财政支出要遵循什么原则？
3. 购买性支出和转移性支出都包含哪些相关内容？

第一节 财政支出概述

一、财政支出的概念

财政支出是指国家为了实现其各种职能，由财政部门按照预算计划，将国家集中的财政资金向有关部门和方面进行支付的活动。从本质上看，财政支出是以国家为主体，以财政的事权为依据进行的一种财政资金分配活动，它集中反映了国家的职能活动范围及其所发生的耗费。财政支出是政府的重要宏观经济调控手段：一方面，财政支出直接构成和影响社会总需求，因而调节财政支出规模就可以达到调控社会总供需关系的目标；另一方面，财政支出结构的确立与调整，对社会经济结构、产业结构的形成和变动，对国家职能的履行，有着至关重要的作用和影响。

二、财政支出结构的确定

一般情况下，制约财政支出结构的因素包括下述几个方面：

（一）财政收入规模

财政收入规模是指财政收入总量大小，一般用财政收入总量占 GDP 的比重来衡量财政收入规模。该指标反映了政府掌握和参与国民收入分配的份额，体现了政府参与国民经济的深度和广度，同时它也是衡量财政活动规模的重要指标。一定时期内的财政收入的总量和增长情况首先对公共支出的数量与结构形成基本的制约。但是这种制约关系的存在，应以正常的税收和其他预算收入形式所形成的财政收入来衡量，而不能将政府举债、向银行透支及财政性货币发行作为认识这一条件的基础。

（二）国民生产总值

国民生产总值是指一个国家（或地区）的国民经济各部门在一定时期内（一般为一年），以货币表现的全部社会最终产品和劳务价值的总和。在正常情况下，国民收入增长，财政收支都会因此而增加。但通过中央政府的举债，也可以在一定程度内使国民收入的总量支持财政支出规模的扩大及支出结构的调整。

（三）国家社会的基本需要支出和发展性支出

在计划年度内，财政应保证国家社会经济运行所必不可少的最低限量支出。同时，随着社会经济的发展和财政收入的增加，中央政府对发展生产、提高社会共同消费水平等方面的支出也会影响财政支出结构的调整。

（四）经济发展规律与社会经济制度

国家实施不同的经济制度可能形成不同的财政支出结构，但在现代以混合经济制度为特征的市场经济制度下，要求在发挥市场配置资源的基础性作用的条件下，实现中央政府对经济的适当干预，这也是影响现代各国财政支出结构的基本原因。

三、财政支出的分类

财政支出分类是指将财政支出的内容进行合理的归纳，以便准确反映和科学分析支出活动的性质、结构、规模以及支出的效益。常用的分类方法有下列五种：

（一）按财政支出的经济性质分类

1. 购买性支出

购买性支出是指财政支出中用于直接表现为中央政府购买商品或劳务活动的支出，主要包括：购买用于进行日常政务活动所需的商品和劳务的支出，用于进行国家投资所需的商品和劳务的支出。

2. 转移性支出

转移性支出是指财政支出中用于直接表现为资金无偿、单方面转移的支出，主要包括：政府部门用于补贴、债务利息、失业救济金、养老保险等方面的支出。

（二）按财政支出在社会再生产中的作用分类

1. 补偿性支出

补偿性支出是指用于补偿生产过程中消耗掉的生产资料方面的支出，目前属于补偿性支出的项目只剩下企业挖潜改造支出一项。

2. 积累性支出

积累性支出是指最终用于社会扩大再生产和增加社会储备的支出，如基本建设支出、工业交通部门基金支出等，这部分支出是社会扩大再生产的保证。

3. 消费支出

消费支出是指用于社会福利救济等的支出，这部分支出对提高整个社会的物质文化生活水平起着重大的作用。

（三）按财政支出与国家职能的关系分类

1. 经济建设费支出

经济建设费支出包括基本建设支出、流动资金支出、地质勘探支出、国家物资储备支出、工业交通部门基金支出、商贸部门基金支出等。

2. 社会文教费支出

社会文教费支出包括用于文化、教育、科学、卫生、文物、体育、地震、计划生育等方面的经费、研究费和补助费等。

3. 行政管理支出

行政管理支出包括用于国家行政机关、事业单位、公安机关、司法检察机关、驻外机构的各种经费、业务费、培训费等。

4. 国防支出

国防支出包括各种武器和军事设备支出，军事人员给养支出，有关军事科研支出，对外军事援助支出，用于实行兵役制的公安、边防、武装警察部队和消防队伍的各种经费、防空经费等。

5. 债务支出

债务支出指由中央政府出面借入的国内外资金与发行的各类债券的本金和利息的支出。

6. 其他支出

其他支出包括财政补贴、对外援助支出等。

（四）按政府对财政支出的控制能力分类

1. 可控制性支出

可控制性支出指不受法律和契约的约束，可由政府部门根据每个预算年度的需要分别决定或加以增减的支出，即弹性较大的支出。

2. 不可控制性支出

不可控制性支出指根据现行法律、法规必须进行的支出，即刚性很强的支出，主要包括失业救济、养老金、食品补贴、债务利息支出、对地方政府的补贴等支出。

（五）按财政支出的受益范围分类

1. 一般利益支出

一般利益支出指全体社会成员均可享受其所提供的利益的支出，主要包括国防支出、司法支出、行政管理支出等。

2. 特殊利益支出

特殊利益支出指对社会中某些特定居民或企业给予特殊利益的支出，主要包括教育支出、医疗卫生支出、企业补贴支出、债务利息支出等。

四、财政支出的形式

财政支出的形式是指财政支出的方式和途径。在现代国家中，以财政支出安排后是否偿还为标准可将全部财政支出分为无偿性支出与有偿性支出。

财政支出的基本形式一般是无偿性的形式。对于国家各行政管理部门所需要的资金和国有非营利事业单位核定的支大于收的差额，通常采用无偿拨款的方式。有偿性财政支出形式的产生则以政府公共支出压力增大为最直接的原因；同时，为提高财政支出效益，国家也可以将一些财政支出以偿还的形式加以运用。在实践中，政府有必要根据具体情况考虑财政支出形式的选择，为政府职能的实现服务。

▶▶ 相关链接

财政赤字

财政，也就是一国政府的收支状况。一国政府在每一财政年度开始之初，总会制订一个当年的财政预算方案，若实际执行结果是收入大于支出，则为财政盈余，若支出大于收入，则为财政赤字。由此可见，财政赤字是指财政年度内国家财政支出大于财政收入的差额。财政赤字有预算赤字、决算赤字、赤字财政政策之分。预算赤字是指编制预算时就收不抵支，预算列有赤字，不代表预算执行的结果也一定有赤字。决算赤字是指预算执行结果支大于收。赤字财政政策是指国家有意识地运用赤字来调节经济的一种政策。财政赤字一般指决算赤字。

五、财政支出的原则

财政支出的内容非常广泛，国家在安排财政支出的过程中会遇到各种矛盾。这些矛盾主要有财政支出与财政收入的矛盾、财政支出中各项支出之间的矛盾、财政支出中如何讲求支出效益的矛盾。正确处理这些矛盾，必须遵循一定的准则，即财政支出的原则。

（一）效益原则

财政支出的效益原则首先强调的是宏观经济效益和社会效益，即要求通过公共支出对资源的配置，以促进相关部门的发展来影响整个社会经济，使国家宏观经济状况不断得到改善。但这并不意味着可以忽视公共支出应有的经济效益。对财政支出中可以计算其直接经济效益的部分，仍然应尽可能地提高经济效益。同时，确定合理的财政支出的结构、讲求厉行节约也是提高财政支出整体效益的重要组成部分。总之，财政支出的效益原则是指财政支出应能够有助于资源的配置，促进经济效率的提高。由于单纯靠经济规律自发调节市场存在失灵现象，市场的资源配置功能不够完善，不能有效提供全社会所需的公共产品和劳务，因而要求政府以其权威来对资源配置加以调节和管理。

（二）公平原则

财政支出所强调的公平原则是指实现社会公平，具体表现为促进社会财富分配的相对合理，使每一社会成员的基本生存需要和发展需要有相应的物质来满足。政府调整财政支出的结构和支持对象，建立政府转移支付制度、社会保障制度以及适当的财政补贴制度都是实现社会公平的重要手段。在市场经济条件下，财富的分配取决于财产所有权和财富积累的分布状况；而收入的分配则取决于能力、职业训练和技能的市场价格。如果单纯依赖市场，则不可避免地会出现贫者愈贫、富者愈富的"马太效应"，从社会稳定角度出发，就要求进行社会财富的再分配，实现社会的相对公平。

（三）稳定原则

财政支出的稳定原则是指国家安排财政支出应本着促进社会经济的稳定发展的原则。在市场经济条件下，单纯依靠经济规律的自发调整，市场体系无法有效协调其自身的所有活动并使之达到平衡，这样必然会出现经济周期的兴衰更迭、失业和通货膨胀等现象。因此需要政府利用财政措施进行调节，通过财政支出规模、结构的变化来调节经济，引导经济运行方向，使其实现平稳的发展。

第二节　购买性支出 ------------------------------------●

一、购买性支出的概念

购买性支出是政府利用国家资金在商品劳务市场中购买商品和劳务的支出，包括社会消费性支出和政府投资支出。购买性支出对国民收入的形成和增加具有重要影响。增加购买性支出，将直接增加个人收入，而个人收入增加的一部分将用于消费，使消费总量增加，消费的增加又引起国民收入的增加；反之亦然。

购买性支出是进行需求管理的有效办法。当社会总需求明显超过总供给，通货膨胀压力加大时，政府削减购买性支出，可以直接减少需求；当社会总供给大大高于总需求，资源不能得到充分利用时，政府扩大购买性支出，进行大规模采购，可直接增加需求。从最终用途上看，政府的购买性支出可分为社会消费性支出和政府投资支出两大部分。社会消费性支出是为了保证政府履行管理职能花费的资金；政府投资支出是由政府利用来源于税收或国债的资金，对市场机制难以有效进行资源配置的基础设施建设和事关国计民生的一些投资项目进行投资的开支。

二、社会消费性支出

社会消费性支出主要是指国家财政用于社会消费和非生产部门的个人消费的支出。它包括行政管理、国防开支、抚恤和社会救济、文教卫生事业费支出以及事业单位职工工资支出等。它在财政支出中占有较大的比重。社会消费性支出从性质上看属于非生产性的消耗性支出，并不形成任何资产，具有明显的外部效应。

社会消费性支出具有以下的特点：第一，支出的结果引起社会产品的消耗，价值丧失，不能收回或补偿；第二，支出具有连续性，只要消费单位存在，就得连续不断地支出；第三，支出同人们切身利益、眼前利益密切相关，增加容易减少难；第四，支出很少受到技术经济条件的制约。

社会消费性支出的主要内容介绍如下。

（一）行政管理支出

行政管理支出是指为保证国家权力机关和行政管理机关的正常运行而必须安排的经费开支。行政管理支出的数量和比重的变化，直接受国家政权组织结构和职能范围的影响，因此国家怎样设置政权机关和行政管理机关的构成与编制也就成为确定行政管理支出的基本依据。

1. 影响行政管理支出的主要因素

一是以政府应有的职责范围为前提而合理配备的行政机构的基本需要；二是国家在一定经济发展阶段可能为实现行政管理的需要。此外，国家财政收支总量及行政经费占财政收支的比重的历史数据比较，实现一定的行政效率所需要的行政支出的比较，行政支出占财政支出或国民生产总值的比重的比较，及一些客观因素的变化都可能影响一定年度内的行政管理支出的变动。

2. 我国行政管理支出的内容

我国行政管理支出包括用于国家行政机关、事业单位、公安机关、司法检察机关、驻外机构的各种经费、业务费、培训费等。

3. 我国行政管理支出的特点

行政管理支出属于非生产性支出，支出增长具有刚性。因此，支出所占比重应越少越好。

（二）国防支出

国防支出是指国家用于陆、海、空军及国防建设的各种费用。国防开支是与国家直接相关的一个特殊分配范畴，只要有国家存在，就有维护国家独立、保护国家领土不受外来侵犯、保证主权完整的需要。因此，国防开支在公共支出中有极为重要的地位，许多国家都将国防开支作为首要开支来安排。

（三）文教科卫事业支出

教育支出包括义务教育支出和非义务教育支出，义务教育支出由政府负担，非义务教育支出由政府与受教育者共同承担。

科学支出包括基础科研支出（政府支出）和应用科学支出（由微观主体交换取得补偿）。

医疗卫生支出包括卫生服务支出和医疗事业支出。卫生服务支出由财政支出，例如防疫站的各项开支；医疗事业支出由财政与享受者共同承担，例如公费医疗开支。

▶▶ **相关链接**

国防支出的常识

影响国防支出的主要因素：国家制度与对内对外政策；国家经济力量；国际环境；国防军事现代化的压力。

国防支出的特点：国防支出属于非生产性支出，该项支出连续性强；增长及其占财政支出比重变化波动较大，而且没有固定的增减变化趋势。相对其他国家而言，我国国防支出增长及其占财政支出比重的变化比较缓慢。

三、政府投资性支出

（一）政府投资性支出的特点

政府投资性支出是指以政府为投资主体、以财政资金为主要投资来源的政府投资支出。政府投资是社会总投资的重要组成部分。与部门投资相比，政府投资具有以下特点：

（1）政府居于宏观调控的主体地位，可以从社会效益和社会成本角度来评价和安排投资。政府投资可以不盈利或微利。但是，政府投资项目的建成，如社会基础设施等，可以极大地提高国民经济的整体效益。

（2）政府财力雄厚，而且资金来源大多是无偿的，可以投资于大型项目和长期项目。

（3）政府可以从事社会效益好而经济效益一般的投资。

总之，由于政府在国民经济中居于特殊地位，它可以而且应该将投资集中于社会基础设施以及农业、能源、通信、交通等有关国计民生的领域内。

（二）基础产业发展与财政投融资

无论是基础设施部门还是基础工业部门，都具有初始投资大、建设周期长、投资回收慢的共同特征，这些特征决定了基础产业仅靠自身的积累来发展，远远适应不了国民经济发展的需要。因此，在向市场经济体制转换的过程中，保持政府对基础产业部门的适度投资水平，对于调整产业结构、提高社会经济效益的作用不可低估。但是，政府投资并不意味着完全的无偿拨款。在我国市场经济发展的现阶段，构建财政投融资体制具有非常重要的现实意义。

财政投融资是采取将财政融资的良好信誉与金融投资的高效运作结合起来的办法进行的融资和投资，是发挥政府在基础产业部门投资作用的最佳途径。其他国家建立财政投融资制度，比较成功的经验是发展政策性银行。实际上政策性银行既不是银行，也不同于制定金融政策的国家机关，而是执行有关长期性投融资政策的机构。我国于1994年成立了三家政策性银行：国家开发银行、中国农业发展银行、中国进出口银行。

▶▶ 小贴士

财政投融资的基本特征

1. 它是在大力发展商业性投融资渠道的同时构建的新型投融资渠道。

2. 财政投融资的目的性很强，范围有严格限制。概括地说，它主要是为具有提供"公共物品"特征的基础产业部门融资。换句话说，它主要是为需要政府给予扶植或保护的产品或直接由政府控制定价的基础性产品融资。

3. 虽然财政投融资的政策性和计划性很强，但它并不完全脱离市场，而应以市场参数作为配置资金的重要依据，并对市场的配置起补充调节作用。

4. 财政投融资的方式和资金来源多样化，既可通过财政的投资取得资本金，也可通过信用渠道融通资金；既可通过金融机构获取资金，也可通过资本市场筹措资金，部分资金甚至还可以从国外获得。

（三）农业财政投资

财政对农业投资具有以下基本特征：

（1）以立法的形式规定财政对农业的投资规模和环节，使农业的财政投资具有相对稳定性；

（2）财政投资的范围具有明确界定，主要投资于以水利为核心的农业基础设施建设、农业科技推广、农村教育和培训等方面；

（3）财政投资虽然是必需的，但一般占农业投资总量的比例较低。

农业财政投资是我国财政支出的重点。根据我国目前的情况，政府从事农业投资十分必要，因为农业部门自身难以产生足够的积累，而且生产率较低，难以承受贷款的负担，更重要的是许多农业投资数额巨大、回收期长，牵涉面广，投资以后产生的效益不易分割，而且投资的成本及其效益之间的关系不十分明显，如大型水库和各种灌溉工程等，这些项目只适合于由政府来进行投资建设。因此，农业在国民经济中的基础产业地位及其特有的弱质性行业特征，决定了政府必须对农业的发展提供支持。

第三节 转移性支出

一、转移性支出的概念

转移性支出是指政府为了实现社会公平的目标单方面对居民或企业等微观经济主体进行的无偿财政拨款。该项支出不以获得同等价值的商品或劳务补偿为目的，受益者得到政府的转移资金后也不需要返还给政府。转移性支出包括各种社会保障支出、各项财政补贴支出、税式支出以及政府债务的利息支出和中央政府对地方政府的税收返还或补助等。这类支出的发生显示了政府在公平收入分配方面的作用。

二、转移性支出的特点

1. 非购买性

转移性支出不表现为对商品和劳务的直接购买，而是表现为为了实现社会公平与效率而采取的资金转移措施。

2. 无偿性

转移性支出是无偿的、单方面的转移，没有得到等价补偿，受益者也不予以归还。

3. 对社会影响的间接性

转移性支出作为再分配的一个重要手段，会对社会总供求、社会总储蓄以及经济总量和结构产生不同程度的影响。但是，这种影响往往是间接的，而且存在着一定的时滞。比如，企业及居民对某些财政补贴中有多少转化为现实需求、有多少转化为后续的消费和投资需求，从而将对当期和以后的社会需求总量及结构产生多大的影响，就很难直接反映和计算出来。

三、转移性支出的内容

（一）社会保障支出

1. 社会保障支出的性质

社会保障是指国家和社会依据一定的法律和规定，通过国民收入的再分配，对社会成员的基本生活权利予以保障的一项重大社会政策。社会保障支出则是指财政用于社会保障方面的支出。

2. 社会保障支出的基本特征

（1）覆盖范围的社会广泛性。

社会保障的范围覆盖整个社会，为全体社会成员提供。因此，它只能由代表社会的政府组织通过立法来实现，而不能由商业组织举办。

（2）参与上的强制性。

社会保障制度在任何国家都是以立法的形式加以保证的。

（3）目的的互济性。

社会保障制度建立的目的是将个人的风险分散给社会。在现代商品经济社会中，每个社会成员都承受着各种风险，但承受的程度各不相同，因此有必要依靠全社会的力量举办社会保障，以分散风险。

（4）本质的福利性。

社会保障从性质上说属于社会公益事业，目的是造福社会，而不是盈利。因此，社会保障绝不能商业化。社会保障基金必须专款专用，不能挪用。

3. 我国社会保障制度的主要内容

（1）社会保险。

社会保险是国家通过立法的形式，由社会集中建立基金，以使劳动者在年老、患病、工伤、失业、生育等丧失劳动能力的情况下能够获得国家和社会补偿、帮助的一种社会保障制度。社会保险是国家根据宪法所制定的基本社会政策，具有法定性、保障性、互济性、福利性、社会性的特征。社会保险不以营利为目的，是国家强制性地要劳动者为自己的将来作一定的准备，以维持其基本的生活保障。目前，我国的社会保险是通过国家、企业、个人三方或企业和个人双方来共同承担的，在正规的、签订劳动合同的企业中的职工，每个月的工资中有一部分是被扣缴社会保险的。

▶▶ 小贴士

我们以前所说的"三险"和现在所说的"四险""五险"就是对社会保险的一个概括。"三险"即"养老、医疗、失业"三项保险，"四险"即"养老、医疗、失业、工伤"四项，"五险"即"四险"加上生育险。

简单地说，社会保险是国家给劳动者的一种保障，保障劳动者在不能劳动时有一些生活保障，在什么时候不能工作劳动呢？老了的时候、患病的时候、失业的时候、工作中受到人身伤害、女性生育的时候。这些保障是一个人生存的基本保障，是"广覆盖、低保障"。

（2）社会福利。

社会福利是指国家和社会有关部门为社会成员提供的各种福利。它分为一般社会福利和特殊社会福利。一般社会福利是指国家和社会有关部门及团体举办的面向全社会的服务事业和兴建的社会服务设施。例如，国家体育部门兴建的全民性的社会健身设施就属于一般社会福利。特殊社会福利是指政府民政部门或社会团体为残障人士和无劳动能力的人举办的福利事业，这项服务面向特定的受益对象，主要包括兴办孤儿院、敬老院等社会福利院，以及开办特殊教育学校等项目。为老人、儿童、残障人士提供的免费或低费的社会服务，也包括在社会福利之列。目前社会福利在我国基本上是财政拨款兴办，社会福利支出是国家以及各种社会群体兴建各种公共福利设施、发放津贴补助、进行社会服务及兴办集体福利企业的支出，它是社会保障的最高层次。

（3）社会救助。

社会救助是最低层次的社会保障，保障最低生活是社会保障体系的最低目标、最低纲领。社会救助是由政府对生活在社会底层的人给予财物接济和生活扶助，以保障其最低生活需要的制度。社会救助的项目如灾民救助、城市贫民救助、农村五保户救助、城乡特殊对象救助、流浪乞讨人员救助等。

（4）社会优抚和安置。

社会优抚和安置包括军人抚恤、军人福利、军属社区援助和退役军人就业保障等内容，也称优抚安置。新型军人社会保障体系既照顾了军人的特殊性，如军属社区援助和军人退役安置，又保证了与整个社会保障制度接轨，因而是中国军人社会保障制度的发展方向。

（二）政府债务利息支出和捐赠支出

债务利息支出是指财政用于偿还国内、国外债务的利息支出。目前，我国财政的债务利息支出主要包括国家发行国债的利息支出，以及向国外政府、国际金融组织等的借款利息支出等。捐赠支出是指中央财政用于国外医疗、科技优惠贷款等方面的援助支出。我国目前财政捐赠支出的形式主要包括成套项目支出、一般物资支出、医疗援助支出、科技合作援外支出和其他支出等。该项支出对加强各国之间的政治经济往来，提升我国的国际地位以及维护世界和平具有重要意义。

（三）财政补贴支出

1. 财政补贴的概念

财政补贴是指国家为了实现特定的政治经济目标，由财政安排专项基金向国有企业或劳动者个人提供的一种资助。中国现行的财政补贴主要包括价格补贴、企业亏损补贴等。补贴的对象是国有企业和居民等。补贴的范围涉及工业、农业、商业、交通运输业、建筑业、外贸等国民经济各部门和生产、流通、消费各环节及居民生活各方面。

2. 财政补贴的特点

（1）政策性。

财政补贴的依据是国家在一定时期的政策目标，其规模、结构、期限等都必须服从政府的政策需要，体现较强的政策性。同时，由于财政补贴由财政部门统一管理，一切财政补贴事宜都必须经过财政部门的同意和批准，因而财政补贴的政策性还包括了严肃性的含义。

（2）灵活性。

财政补贴的对象具有针对性，补贴的支付具有直接性，它是国家可以掌握的一个灵活的经济杠杆。根据国家的政治经济形势的变化和国家政策的需要，可以适时地修正、调整和更新财政补贴的规模和结构。与其他财政杠杆相比，其作用来得更直接、更迅速。

（3）可控性。

财政补贴的对象、规模、结构，以及在哪个环节补，何时取消补贴等具体内容，都是由财政部门根据国家的政策需要来决定的。因此，财政补贴是国家可以直接控制的经济杠杆，具有可控性。

（4）时效性。

时效性是指财政补贴是根据国家一定时期的政策需要而进行的，它需要不断地修正、更新和调整。

（5）专项性。

专向性政府补贴是指政府有选择或有差别地向某些企业提供的政府补贴。

3. 财政补贴的构成

（1）价格补贴。

价格补贴是指国家为了弥补因价格体制或政策原因造成价格过低而给市场经营带来的损失而给予的补贴。价格补贴是财政补贴的主要组成部分。按补贴的对象分，价格补贴包括生产资料价格补贴、消费品价格补贴和进出口商品价格补贴。在我国，生产资料价格补贴主要是农产品价格补贴，其目的是为了扶持农业，保证农业的稳定增长，有利于农业生产的发展；消费品价格补贴主要通过控制那些直接影响人民基本生活的消费品的价格，以实现对消费者的收入补偿，间接地提高消费者的货币购买力。进出口商品价格补贴则主要是为了缓解国内市场某些商品的供需紧张状况，同时也有利于提高出口企业的国际竞争能力，增加国家外汇。

在我国，价格补贴的项目主要有：第一，农副产品价格补贴；第二，农业生产资料价格补贴，即政府向生产化肥、农药、农业用电、农用塑料薄膜的企业拨付的价差补贴；第三，日用工业品价格补贴，即向商业企业支付的补贴，目的是保证工业品的批发、零售价格在成本和出厂价格上升的情况下保持稳定；第四，工矿产品价格补贴，即国家对统配煤、黄金、白银等工矿产品，因调出或收购价格较低而给予的财政补贴。

（2）政策性亏损补贴。

政策性亏损补贴是指由于国家政策的原因给生产经营的企业带来损失而进行的补贴。企业的亏损有两种，一是由于企业本身生产经营不善而造成的亏损，二是国家政策原因所造成的亏损。第一种情况与企业的主观努力程度或经营管理水平有关，其亏损应由企业自己负责；第二种情况则是企业为了贯彻国家政策、体现政府的意志而造成的亏损，与企业的主观努力无关，因此其亏损不应由企业承担。

由于经营性亏损是由于企业自身经营管理不善造成的，与企业的主观努力程度有很大关系，而政策性亏损是因为企业执行国家的某项经济政策的影响而造成的，与企业的主观努力关系不大，因此，应当只对政策性亏损进行补贴。但是，由于在实践中，政策性亏损和经营性亏损难以真正区分清楚，所以我国还保留了对部分经营性亏损进行补贴。

（3）财政贴息。

所谓财政贴息，是指为了国家宏观调控的需要，政府财政对使用某些规定用途银行贷款的企业，就其支付的贷款利息提供的一种补贴。其实质是政府财政代替企业向银行支付全部或部分利息，是政府财政支持有关企业或项目发展的一种有效方式。在我国，目前财政贴息主要用于支持国有企业技术改造、发展高新技术产业、开展区域开发等方面。在具体做法上，财政贴息有部分补贴和全补贴两种。财政贴息在我国政府预算中列为财政支出。

财政贴息是国家财政对某些行业、企业或项目的贷款利息，在一定期限内按利息的全部或一定比例给予的补助。财政贴息主要的目的在于鼓励开发高新技术产品或名特优产品，引进国外先进的技术设备，实现经济的健康协调发展。此外。目前我国针对贫困大学生的助学贷款也采取财政贴息的方式。

（4）税式支出。

税式支出是各种各样税收优惠的总称，包括免税、减税、退税、税收抵免和延期纳税等。从严格意义上说，税式支出也属于财政补贴的形式，理由是：一是各种各样的税收优惠从最终结果看都是财政资金的减少，是一种间接的财政支出；二是政府在决定各种税收优惠时，是从支出角度考虑问题的，是政府实现政策目标的一种手段，也就是说，是那些决定政府支出政策的因素而不是政策收入政策的因素，影响着政策的税收优惠政策；三是税收减免活动实际上意味着政府的两项方向相反的政策活动的统一，一项是政府按统一的税法不加区分地向所有纳税人征税，另一项是政府根据特定的政府目标，将某种税收收入全部或部分地返还给在政策目标范围内的纳税人。因此，各项税收优惠所形成的税式支出在资金安排上与其他财政补贴支出是相同的。

（5）进出口补贴。

进出口补贴是国家为体现产业政策，给予进口商和出口商或出口商品生产者的补贴。

4. 财政补贴的作用

财政补贴是指在特定的条件下，为了发展社会主义经济和保障劳动者的福利而采取的一项财政措施。它具有双重作用：一方面，财政补贴是国家调节国民经济和社会生活的重要杠杆，运用财政补贴特别是价格补贴，能够保持市场销售价格的基本稳定，保证城乡居民的基本生活水平，有利于合理分配国民收入，有利于合理利用和开发资源；另一方面，如果补贴范围过广、项目过多，会扭曲比价关系，削弱价格作为经济杠杆的作用，妨碍正确核算成本和效益，掩盖企业的经营性亏损，不利于促使企业改善经营管理；如果补贴数额过大，超越国家财力所能，就会成为国家财政的沉重负担，影响经济建设规模，阻滞经济发展速度。

习　题

一、名称解释

1. 财政支出　2. 购买性支出　3. 转移性支出　4. 财政补贴　5. 财政赤字

二、简答题

1. 简述财政支出的分类。

2. 简述财政支出的原则。

3. 简述购买性支出的内容。

4. 简述转移性支出的内容。

5. 简述财政补贴的内容。

三、案例题

1.

《光明日报》2013 年 7 月 17 日刊登刘白的文章说，全程 2 元的地铁、4 角的公交——北京的票价一直被沪深等地市民所羡慕。不过，北京的地铁、公交可能也要按里程计价了。据报道，一项由北京市交通委开展的"北京交通运输业经济统计专项调查"正在进行，这项年底出结果的调查将成为北京地铁、公交涨价的依据。北京地铁、公交线路的票价政策已实行六年有余，六年间，深沪等地地铁票价多次随市场浮动，最高价格已超过 10 元。一直保持 2 元标准为北京交通带来了"惠民""公益"的名头，也带来了每年十几亿元的亏损、170 亿元财政补贴的承重包袱。

在深沪地铁票价讨论的高潮阶段，曾有许多记者援引北京地铁的例子，力证即便交通运营考虑市场损益，仍应充分体现交通资源"公共性"的运营模式。顶着普惠全民的帽子，北京交通每次微有涨价动向都会受到一种"道义"式的掣肘，这使得地铁价格脱离了市场，进入了一种事实上的计划控制。

北京地铁、公交涨价受到围观，一个重要原因是这件事背后隐藏着如何处理市场规则和社会福利关系的问题。

请思考：从财政补贴的作用角度分析地铁票价该不该补贴？应该如何减轻财政补贴压力？

2.

2003 年第一季度中国经济 9.9% 的高位增长让世界为之击掌，但一场突如其来的 SARS 却无情地吞噬着中国经济的健康肌体，但是 2003 年全年我国的国民经济增长率并没有出现意料中的下滑趋势，而依然保持在一个相对较高的水平，国内生产总值比 2002 年增长 9.1%。在此期间国家财政政策的调整起到了至关重要的作用。

SARS 时期相关财税政策：

4 月初，中央财政紧急安排专项经费用于 SARS 防治的科研攻关等工作，安排专项资金 3.1 亿元用于第一阶段应急反应机制建设。

4 月 23 日，国务院常务会议决定，从中央预算总预备费中安排 20 亿元设立基金，专项用于 SARS 防治有关工作。

4 月 29 日，财政部与卫生部联合下发紧急通知，明确规定对这部分人员中的 SARS 患者实行免费医疗救治，所发生的救治费用由政府负担。

4 月 30 日，财政部下发紧急通知，要求中央各部门根据党中央、国务院关于防治 SARS 工作的要求，压缩会议费、差旅费、培训费和出国费等一般性公用经费支出，以保证 SARS 防治工作需要。同时，为便于中央财政及时了解各地 SARS 防治经费安排情况，督促各地财政部门落实资金，建立了资金调度机制和 SARS 防治经费投入情况统计制度。

5 月 6 日，中央财政再次预拨 SARS 防治专项经费 9000 万元，对山西、内蒙古自治区、河北等 9 个中西部省、自治区给予补助。据了解，这是中央财政自 4 月 23 日以来第三次下拨对地方的 SARS 防治补助经费。

5 月 11 日，财政部、国家税务总局发出紧急通知，对受 SARS 疫情直接影响比较突出的部分行业实行税收优惠政策，在 2003 年 5 月 1 日至 9 月 30 日期间对餐饮等行业减免城镇公用事业附加、地方水利建设基金、文化事业建设费等 15 项政府性基金。

SARS 疫情发生之后，中央财政安排了 20 亿元 SARS 防治基金。在防治基金的运用中，我们可以明显看到财政对公共卫生事业的支持。到 5 月上旬，20 亿元中用于支持地方 SARS 患者和相关医疗设备、仪器购置 3.9 亿元，支持卫生部科研攻关、疫情监测等工作 2000 万元，建立突发性公共卫生事件应急反应机制。此外，在相继出台的减免困难群众 SARS 病人医疗费用的紧急通知中，在一系列类似的措施里，财政对于公共卫生的支持落在实处。与此同时，地方各级财政在公共卫生事业方面的支出也有显著增长。

请思考：对于财政扮演应对公共卫生风险的"急先锋"角色你有何看法？

【实践课堂】

1. 课堂分组讨论分析目前财政支出对国民经济发展的影响。

2. 登录中华金融学习网，了解财政支出效益各项信息内容，分析财政支出效益评价方法的价值。

第六章 ■ 国家预算

案例导入

2015 年 3 月 5 日在第十二届全国人民代表大会第三次会议上，财政部受国务院委托，将 2014 年中央和地方预算执行情况与 2015 年中央和地方预算草案提请十二届全国人大三次会议审议，并请全国政协各位委员提出意见。报告中指出，"每个家庭都有一本记录家庭成员开支的'家庭账单'，每个国家也都有一本关乎国计民生的'国家账本'。预算是财政的核心内容，是治国理政的重要手段。预算安排直接体现着政府的政策意图，关系到千家万户的民生福祉。"

问题引入：

1. 什么是国家预算？
2. 国家预算怎样制定？如何进行管理？

第一节　国家预算概述

一、国家预算的概念

在市场经济条件下，国家预算是根据法律法规的要求审批的国家年度公共财政收支计划，是国家筹集和分配集中性财政资金的重要工具，是调控国民经济运行的重要杠杆。国家预算包括预算报表和预算说明书两部分。

国家预算的含义可以从以下两个方面进行理解。

（1）国家预算是公共财政资金筹集和分配的重要工具。公共财政资金筹集时，通过预算的制定，可以预计筹集总额并预计资金筹集结构；通过预算，可以预先确定公共财政资金的支出分配。

（2）国家预算是政府进行宏观调控的重要杠杆。我国要实现经济又好又快地发展，需要国家经济环境稳定，在市场经济环境下，政府通过国家预算对经济进行宏观调控，能够保证经济社会的和谐、稳定和可持续发展。

二、国家预算的种类

（一）按国家预算内容的分合，可分为总预算和部门单位预算

1. 总预算

总预算是指政府的财政汇总预算，由政府本级预算和汇总的下一级总预算汇编而成。

2. 部门单位预算

部门单位预算是指部门、单位的收支预算。各部门预算由本部门所属各单位预算组成。部门预算是一项综合预算。部门预算是由各级政府部门编制的，由部门所属单位预算汇编而成的预算。单位预算是指归属于部门的政府机关、事业单位、社会团体和其他单位的年度收支计划。

（二）按国家预算的分级管理组织体系，可分为中央预算和地方预算

（1）中央预算。中央预算是"中央总预算"的简称，是由中央各部门（含各直属单位）的预算组成，是指经法定程序批准的中央政府年度公共财政收支计划。

（2）地方预算。地方预算是"地方总预算"的简称，是指经法定程序批准的地方各级政府年度公共财政收支计划的统称，由地方各级政府预算组成。

（三）按国家预算的编制形式，可分为单式预算和复式预算

1. 单式预算

单式预算是指在预算期内，将国家财政收支统一制成一个预算收支表。单式预算编制简单，能综合全面地反映财政收支情况，但是只能反映财政收支总额，不利于分别管理，难以反映各项收支的差异，容易掩盖赤字原因。

2. 复式预算

复式预算是指将国家财政收支编制在两个或两个以上预算收支表中的编制形式，通常包括经费预算和资本预算。复式预算较为容易掌握国家资金收支的流向，方便进行资金性质和收支结构的分析，但是编制较为复杂。

（四）按国家预算编制方法，可分为增量预算和零基预算

1. 增量预算

增量预算是指以预算基期的财政收支情况为基数，结合预算期年度影响因素，将基期数据加以调整后编制预算的方法。增量预算的编制是以基期数据为标准进行的，易于获得且数据操作性强，考虑到了管理中经济情况的连续性，

但是不能够考虑到基期情况的变化对预算期的影响，使得预算期预算的编制脱离实际情况。

2. 零基预算

零基预算是将基期财政收支情况归零，在编制预算期财政收支计划时，仅考虑预算期的影响因素。零基预算编制的财政收支计划可以使其很好地符合国家预算期的情况，不会脱离实际情况，但编制时需对每项预算项目进行考虑，编制工作量较大。

三、国家预算的原则

国家预算的原则是国家制订财政收支计划时应遵循的指导思想，主要包括以下几点。

（一）公开性

国家预算制定时应遵循法律法规的要求并接受立法机关审查批准，制定完成后应向社会及时、合理公布，国家预算执行应让民众了解执行情况，使预算的管理和执行于民众的监督之下。

（二）统一性

中央预算和地方预算都归属于国家预算，各种预算在编制时应遵循统一方法和统一口径。

（三）完整性

国家预算包含的财政收支计划应包含国家所有的财政收支内容，不能有遗漏，不准少列收支、造假账、另列预算。针对国家预算外财政收支，也应包含在预算管理中。

（四）可靠性

国家预算编制时使用的编制依据应真实可靠，并运用科学的编制方法分析数据、得出结果，不能假定、估计或者任意编造。

（五）年度性

任何预算的编制都要界定时间跨度，国家预算也不例外。国家预算编制时必须按法定预算年度编制，将预算期财政收支计划全部列支，非预算期内的财政收支不应包含在预算年度内。我国国家预算年度通常为公历年度。

四、国家预算管理程序

国家预算管理程序包括国家预算编制和审批、国家预算执行和国家决算三个环节。

（一）国家预算编制和审批

国家预算编制由各级政府行政机关负责，是国家预算管理的第一步，具体负责编制工作的部门是财政部门。中央预算由国务院负责组织管理，财政部具体执行编制工作；地方预算由各级政府负责组织管理，地方财政部门负责具体编制工作。

编制国家预算时需要遵循及时性、连续性、真实性、平衡性、效率性和合理性的原则。各级政府通过执行"自下而上、自上而下、两下两上、逐级汇编"的程序进行编制。

1. 国家预算编制内容

国家预算包括中央预算和地方预算，各级政府在编制预算时需要编制本级预算和总预算。中央预算包括一般预算、基金预算、债务预算和国有资产经营预算。地方预算包括一般预算、基金预算和国有资产经营预算。其中一般预算是国家预算编制的主要内容。

按照我国财政体制规定和各级预算收支实际，一般预算收支具体包括当年本级预算收支（合计线以上部分）和转移性收支（合计线和总计线之间部分）两部分。

（1）当年本级预算收支是指各级政府在经济社会发展的基础上当年本级依法组织和安排的预算收支。具体来说，收入包括税收收入、非税收入和贷款转贷回收本金收入三类。支出包括一般公共服务、外交、国防、公共安全、教育、科学技术、文化体育与传媒、社会保障和就业、医疗卫生、环境保护、城乡社区事务、农林水事务、交通运输、工业商业金融等事务和其他支出等。

（2）转移性收支是体现政府间财政分配关系的项目，反映了财政资金在上下级政府间的转移关系，并在上下级政府间存在着一定的对应关系。其编制方法主要是按照预算管理体制的规定进行计算。

上级对下级政府的转移支付（包括税收返还）就是下级政府的转移性收入，下级对上级政府的上解支出就是上级政府的转移性收入（中央预算为简化中央与地方财政结算关系，从2009年起，将地方上解与中央对地方税收返还作对冲处理）。

以中央与省级政府预算的分配关系为例，转移性收入一般包括税收返还收入、各种转移支付补助收入、上年结余收入和调入资金等；转移性支出一般包括上解支出、调出资金和年终结余等。

2. 国家预算审批

按照《中华人民共和国预算法》的相关规定，政府预算审批应该包括初审和权力机关的审批。政府预算审批后，还要进一步做好预算备案和批复工作。因此，广义的政府预算审批应该是一个过程，具体包括初审、审批、备案和批复四项内容。

（1）初审。各级政府财政部门应在本级人民代表大会举行的一个月前，将本级预算草案的主要内容提交本级人民代表大会的专门委员会，或者根据本级人大常委会主任会议的决定提交本级人大常委会有关的工作委员会，或者提交本级人大常委会进行初步审查。

（2）审批。各级政府在本级人民代表大会举行会议时，向大会作关于预算草案的报告。中央预算草案由全国人民代表大会审查和批准。地方各级政府预算草案由本级人民代表大会审查和批准。

（3）备案。地方各级政府应及时将经本级人民代表大会批准的预算及下一级政府报送备案的预算汇总，报上一级政府备案。县级以上各级政府还要将汇总后的预算，报本级人大常委会备案。

（4）批复。各级政府预算经本级人民代表大会批准后，本级政府财政部门应当及时（县级以上是自人民代表大会批准预算之日起 30 日内）向本级各部门批复预算；各部门应当自本级财政部门批复本部门预算之日起 15 日内，批复所属各单位预算。

（二）国家预算执行

1. 组织体系

预算执行阶段是政府预算管理过程的中心环节。其组织体系包括行政领导机关和职能机构。中国国家预算的执行机关是国务院和各级地方人民政府，财政部和地方各级财政部门是具体执行机关。财政部在国务院的领导下，负责组织实现中央预算，并指导监督地方预算的执行。地方各级财政部门在各级人民政府领导下，负责本级预算的执行，并指导和监督下级预算的执行。中央和地方各主管部门负责执行和监督本部门的财务收支计划和单位预算。此外，国家还指定专门的管理机构参与预算执行工作，如税务机关负责征税，中国人民银行经理国库，办理基本建设拨款和贷款等。

2. 任务

在政府预算执行阶段，所有参与预算管理的各主体应当共同完成的任务主要包括：组织预算收入、拨付预算资金、预算调整、预算执行的检查分析等。

预算调整是预算执行的中心任务，是在预算执行中按照规定方式通过改变预算收支总额组织新的预算收支平衡的重要方法。其方式包括追加追减预算和预算划转。

应该注意的是，追加预算必须有相应的收入来源，追减预算必须相应压缩支出。进行预算调整，应当提请本级人大常委会或本级人民代表大会审批；未经批准，不得调整预算。地方各级政府预算的调整方案经批准后，报上一级政府备案。

（三）国家决算

我国决算分为中央决算和地方各级政府决算。按照《中华人民共和国预算法》的规定，编制决算草案的具体事项，由国务院财政部门部署。决算草案由各级政府各部门、各单位，在每一预算年度终了后按照国务院规定的时间编制。国务院财政部门编制中央决算草案，经国务院审计部门审计后，报国务院审定，由国务院提请全国人民代表大会常务委员会审查和批准。县级以上地方各级政府财政部门编制本级决算草案，经本级政府审计部门审计后，报本级政府审定，由本级政府提请本级人民代表大会常务委员会审查和批准。乡、民族乡、镇政府编制本级决算草案，提请本级人民代表大会审查和批准。

第二节　国家预算管理体制 ------------------------------●

一、国家预算管理体制的基本内容

（一）国家预算管理体制的概念

国家预算管理体制是处理中央与地方政府以及地方各级政府间财政关系的基本制

度。国家预算管理体制规定了预算资金的使用范围、方向和权限，是地方各级政府预算管理权限和预算收支的划分及地方各级政府相互之间的协调和制衡，主要确定多级政府架构下各级预算主体的独立自主程度以及中央与地方集权和分权的关系。

（二）国家预算管理体制的内容

国家预算管理体制的内容包括政府预算管理级次和权限划分、国家预算收支划分和国家预算调节制度三个方面。

1. 政府预算管理级次和权限划分

政府预算管理级次与一国的政权结构和行政区划存在着密切的联系，通常有一级政权就要建立一级预算。在我国，按现行的政权结构，政府体系由中央政府、省（自治区、直辖市）政府、设区的市（自治州）政府、县（自治县、不设区的市、市辖区、旗）政府、乡（民族乡、镇）政府五级，相应的政府预算也分为五个级次。政府预算管理权是指政府预算政策和预算管理法律法规的制定权、解释权和修订权，政府预决算的编制和审批权，预算执行、调整和监督权等。

2. 国家预算收支划分

预算收支划分是指国家预算收入和支出在中央预算和地方预算之间进行的分配。它确定哪些预算收入和支出列入中央预算，哪些预算收入和支出列入地方预算。在各级预算之间，正确地划分收支范围，是预算管理体制中比较重要的和复杂的一项任务，是具体贯彻统一领导、分级管理原则的重要问题。

国家的政治经济体制、历史传统、税制结构等会影响国家预算收支划分的方法。计划经济体制下我国曾采用统收统支、收支包干等收支划分方法。市场经济体制下通常采用分税制收支划分。

分税制财政管理体制的主要内容包括：（1）划分中央、地方的支出范围，中央财政主要承担国家安全、外交和中央国家机关运转所需经费、调整国民经济结构、协调地区发展、实施宏观调控所必需的支出以及由中央直接管理的事业发展支出；地方财政主要承担本地区政权机关运转所需支出以及本地区经济、事业发展所需支出；（2）按税种划分中央与地方收入，将维护国家权益、实施宏观调控所必需的税种划为中央税，将同经济发展直接相关的主要税种划为中央与地方共享税，将适合地方征管的税种划为地方税；（3）确定中央财政对地方税收返还数额。

3. 国家预算调节制度

国家预算并不能完全解决各级次及各地方政府财政收支预算均衡的所有问题，因此，在制定好的预算基础上进行适当调节是非常必要的。国家预算调节包括上下级政府间的纵向调节和各地区同级政府间的横向调节。

（三）国家预算管理体制的特征

1. 实现财权和事权相统一

财权和事权是依据不同规则、按照不同的方法进行划分的，因此财权和事权完全一致只能是极其偶然的状态，不完全一致才是常态，特别是在一个经济发展不平衡、地区间支出成本差异较大的大国经济中，实现各级政府的财权和支出责任完全匹配几乎是不可能的。对于存在财力缺口的政府，上一级政府有义务给予其必要的转移支付补助，以确保其行使法定职责。通过转移支付实现财力和事权相统一才是正确而理性的选择。

2. 财政分权与政治架构相统一

由于我国长期实行的是单一的中央集权体制，在这种体制下，中央政府具有绝对优势。改革开放以来，政治民主化进程虽然不断加快，但也还有相当长的路要走。因此，发展中国家需综合考虑本国的现实国情，使财政分权程度与国家政治架构相适应。

3. 法制性和稳定性相统一

国家预算管理体制要求以法律来作为保障，因而表现出典型的法制性。通过制定一系列的法律、法规及规章制度，对中央及地方各级政府之间的财政关系进行规范，包括各级政府是否有各自的税收立法权，是否有税收减免权和调整权，以及上级政府如何对下级政府进行政府间转移支付等。

二、国家预算管理体制的建立原则

（一）公开性原则

国家预算管理体制的公开性原则是指各级政府间的财政关系应以制度或法规形式加以规定，并公之于众，使这种财政关系的运作具有明确的依据及预见性和透明度，减少随意性，其基础是制度化和法规化。通常，中央政府代表国家的总体利益，地方政府代表各地方的局部利益，国家总体利益和地方局部利益之间既有一致性，也有矛盾性。中央政府和各级地方政府的行为方式与运作手段也不尽相同，因此需要以一定形式将相互之间的利益划分确定下来，使之具有较强的稳定性，以利于财政预算体系的有效运行。在以法律形式确定政府预算管理体制的基本框架和内容的情况下，公开性的特征最为明显，因为立法的过程是公开的，法律的实施也就有很强的透明度。

（二）均衡性原则

国家预算管理体制的均衡性原则是指中央与地方各级政府的支出与财力划分应相对平衡。通常，均衡包括上下级政府间的纵向均衡和同级政府间的横向均衡。上下级政府间的纵向均衡指各级政府的财力与各自的支出相对称，使各级政府在行使各自的职责时有必要的财力作为保障。同级政府间的横向均衡指基本公共产品的供给标准和数量在各地区的均等化，即作为一国公民，其不因居住地的不同而在所享有的基本公共服务上有差异。这种横向均衡是社会公平正义在公共产品和服务提供上的体现。

（三）效率性原则

国家预算管理体制的效率性原则是指各级政府财政收支划分，应有利于优化公共资源配置和加强宏观调控。效率性原则包括收支划分效率和财政转移支付效率。收入划分效率要求按不同税种的性质、征管难度和征收效应等，合理划分中央以及地方各级政府的税收征管权，以在既定税制框架内防止收入流失，避免地方间的利益冲突，充分发挥税收应有的功能。财政转移支付效率要求在安排财政转移支付时，必须选择合理的转移支付方式，确定恰当的转移支付规模，健全转移支付制度，减少资金调拨过程中的渗漏，提高资金的使用效果，使补助的转移支付资金尽可能等于受援地区社会成员的得益。

三、国家预算管理体制的模式

从集中和分散程度上看，国家预算管理体制模式可分为联邦制、单一制、混合式。

（一）联邦制模式

联邦制模式，指各级政府的财权财力由宪法或相关法律予以确定，各级政府独立行使法律赋予的权限，自行管理、自成一体，各级财政具有很强的独立性。中央预算以及地方各级预算相互间没有整体关系，主要依靠分税制和转移支付制度来实现政府间的财政联系。

（二）单一制模式

单一制模式，指各级政府在中央统一领导下，依据事权划分财权、财力，实行统一财政预算和分级管理。中央决定财政方针政策和各项财政税收规章的制定和实施，确定预算安排、收支规模和结构；在中央集权统一决策，或在中央授权下，地方仅拥有预算管理的责任和权力，这种模式又称为中央集权制。

（三）混合式模式

混合式模式包括联邦制和单一制两种模式的主要特征，目前正成为世界性发展趋势。

四、我国国家预算管理体制的演变

（一）萌芽及发展阶段

1950 年以前是我国国家预算管理体制的萌芽阶段。我国政府预算管理体制的起源，最早可追溯到奴隶社会。据《左传》记载，禹之子启即位以后，将夏的统治地区"划为九州，经启九道"，出现了中央与地方分级管理的体制。到汉代，这种管理办法进一步规范化、明确化和制度化，并对国家财政收入来源和支出方向作了原则规定。唐代的行政体制略有变化，即在中央政府以下设道、州（郡）、县和乡里村四级。元代首创行省制度，在中央政府之下，共设有省、路、府、州、县、基层六个地方行政层次，五级地方政府，实行以省领路、以路领府、以府领州、以州领县。清代的预算形式已接近近代预算制度形式，每年年初，国家预定各项收入、支出之数，年终则分门别类编造奏销册核销。国民政府时期进行了分税制尝试，在财政收支划分上有了长足进步，奠定了省、县两级地方财政，初步建立了分税制财政体制，但分税制建立后省财政仍然薄弱，县财政也有财力不足问题。

（二）统收统支阶段

自中华人民共和国成立至改革开放时期国家预算是统收统支体制。

1950 年实行高度集中、统收统支管理体制，将全国财政管理权限、各项财政收支集中由中央统一管理。1951—1957 年实行划分收支、分级管理体制。国务院对财政收支系统进行了调整，设立了中央、大行政区和省（市）三级财政，并规定地方财政收支须由中央一年一定。1958 年实行以收定支、五年不变的管理体制，中央决定把一大批企业下放地方管理，财政体制也相应进行了改革。收入实行分类分成，地方支出由正常支出和中央专项支出构成，全国财政以收定支。1959—1970 年实行总额分成、一年一变的管理体制。1971—1973 年实行收支包干管理体制，定收定支、收支包干、结余留用、一年一定。1974—1975 年实行收入按固定比例留成、支出包干管理体制，收入按固定比例留成、超收另定分成比例、支出按指标包干。1976—1979 年实行收支挂钩、总额分成、增收分成体制。

（三）分灶吃饭阶段

我国改革开放至 1994 年之前，国家预算管理体制实行包干制。1980—1984 年实行划分收支、分级包干体制，财政管理体制实行划分收支，分级包干办法。即按照行政隶属关系，明确划分中央和地方财政收支。1985—1987 年实行划分税种、核定收支、分级包干体制。1988—1993 年实行包干体制。

（四）分税制阶段

1994 年以来我国国家预算体制实行分税制。我国于 1994 年始，全面实行分税制管理体制。

中央与地方事权及支出划分。中央财政主要承担国防、外交、中央行政支出和调整经济结构、协调地区发展、实现宏观调控的必需支出以及中央直管的事业发展支出。地方财政主要承担本地区行政机关运转及本地区经济、事业发展所需支出。

中央与地方收入划分。对与税收相关的税种进行了划分，有中央税、同经济发展直接相关的主要税种划为中央与地方共享税、适合地方征管的税种划为地方税。同时，充实地方税税种，增加地方收入。

分税制制度的另外一项重要内容是政府间转移支付制度。它主要是针对中央政府（或上级政府）对地方政府（或下级政府）进行无偿的财政资金转移所制定的制度。根据上述中央与地方政府间事权划分原则进行的职责分工及收入划分原则进行的财力分配，并不一定能达成政府间的财政均衡分配，很可能会造成政府间财政纵向和横向不均衡，因此需要财政转移支付来实现事权与财权相统一。

第三节　预算外资金

▶▶阅读材料

关于预算外资金管理

国务院为加强预算外资金的管理，于 1986 年发布《国务院关于加强预算外资金管理的通知》，通知要求对预算外资金实行规范管理，各级政府和财政部门据此相继实行了"计划管理，财政审批，专户储存，银行监督"的管理办法。1996 年 7 月国务院针对预算外资金制度与管理中存在的问题，颁布了《国务院关于加强预算外资金管理的决定》，系统地规定了预算外资金管理的政策措施。之后财政部又制定了《预算外资金管理实施办法》《中央预算外资金财政专户管理暂行办法》等配套文件，并在《事业单位财务规则》中增加了预算外资金财务管理的规定。2010 年财政部发布了《财政部关于将按预算外资金管理的收入纳入预算管理的通知》，通知中指出：从 2011 年起，除教育收费纳入财政专户管理外，其他预算外资金全部纳入预算管理。此举意味着从 2011 年开始，预算外资金全部纳入预算管理，国家财政管理进入了全面综合预算管理的新阶段。

一、预算外资金的概念

预算外资金是根据国家财政制度和财务制度的规定，不纳入国家预算，由地方各部门、各企事业单位自收自支的资金。

对预算外资金的含义可以从以下几点理解：

（1）获得预算外资金需经过国家的认可，预算外资金的收取需要经过法定程序审批；

（2）预算外资金需设置财政专户进行管理，不能记作单位收入，只有经过财政专户拨款后的资金才可以纳入单位收入；

（3）预算外资金使用时需经过规定程序审批后方可执行；

（4）现阶段我国预算外资金的收支计划纳入预算管理。

二、预算外资金的范围

预算外资金属于国家财政资金的范畴，它是与预算资金相对而言。在我国，预算外资金主要包括以下内容：法律、法规规定的行政事业性收费、基金和附加收入等；国务院或省级人民政府及其财政、计划（物价）部门审批的行政事业性收费；国务院以及财政部审批建立的基金、附加收入等；主管部门从所属单位集中的上缴资金；用于乡镇政府开支的乡自筹和乡统筹资金；其他未纳入预算管理的财政性资金。

三、预算外资金的特点

（一）财政性

预算外资金虽然不是由中央财政集中分配，但其属于国家财政性资金的一部分。预算外资金的收支权利归属于各地方财政和有关行政事业单位，采取收支两条线的财政专户管理办法。

（二）专用性

预算外资金设置主要是为了保证某些专项支出，因此预算外资金的使用具有专用性，如养路费就是用于养路。

（三）分散性

预算外资金是为专项支出设置，本身不是集中性管理的资金，它由多种项目构成，从其本质看具有分散性；同时，预算外资金的管理是由各级地区、行政事业单位自收自支，并非国家统一管理，具有分散性。

习 题

一、名称解释

1. 国家预算　2. 国家预算管理体制　3. 预算外资金　4. 总预算　5. 单式预算
6. 复式预算

二、简答题

1. 简述国家预算的种类。

2. 简述预算外资金的特点。

3. 简述我国国家预算管理体制的演变。

4. 简述国家预算管理体制的建立原则。

5. 简述国家预算管理体制的特征。

三、思考题

1. 上网了解我国零基预算改革的相关资料，思考零基预算在我国未来的实施前景如何。

2. 上网了解我国农村公路建设的投资渠道相关信息，思考应该如何解决农村公路建设资金来源问题。

【实践课堂】

1. 国家预算是反映政府活动的一面"镜子"。请结合你的学习和观察，试分析如何才能做到"阳光预算"，以推动公共财政建设。

2. 登录我国财政部网站，查看去年年财政预算、决算执行情况报告，了解财政部近期出台的与预算相关的政策法规。

Two

2

下篇　**金融篇**

第七章 ■ 金融导论

知识目标

1. 了解金融的概念、特征、构成要素，金融与经济的关系。
2. 掌握货币的概念、性质、职能、层次，了解货币制度的要素及中国的货币制度。
3. 了解信用的产生与发展，掌握信用的构成要素、基本特征及形式。
4. 理解利息和利息率的概念、分类，了解利率的决定因素和影响因素。

能力目标

1. 初步掌握有关货币和货币制度的基本理论。
2. 能熟练应用货币相关理论，分析日常工作中的金融问题。
3. 能熟练应用利率相关理论，分析中国的利率市场化问题。
4. 初步掌握信用的作用，分析信用风险问题。

案例导入

不少人会有这样的疑问：金融是如何创造财富的呢？财富被产生出来的标志就是用少量成本或者不用成本创造出更多价值。这种所谓不花成本的东西，我们称之为生产要素，主要包括自然资源、劳动力以及资本。很显然，用钱（资本）生钱似乎比用其他两种要素效率更高，这就是金融业的作用。

我们都知道，同样的财富，在不同的时间和不同的地点，它带来的效益是不一样的。例如，同样是100元，有些人可能拿来买食物，消费掉；而有些人则有可能拿来投资，放到股市里赚来更多的钱。在没有金融的时候，人们只能把多余的钱存起来，而有了金融以后，人们则有很多选择，可以放在银行里拿利息，可以放到证券市场上去投资，也可以购买保险、国债等。

——资料来源：张卉妍. 北大金融课 [M]. 北京：
北京联合出版公司，2016. 有删改.

问题引入：

你如何正确看待金融的作用？

第一节　金融概述

一、金融的概念

金融就是资金的融通。金融是货币流通和信用活动以及与之相联系的经济活动的总称。广义的金融泛指一切与信用货币的发行、保管、兑换、结算、融通有关的经济活动，甚至包括金银的买卖；狭义的金融专指信用货币的融通。金融还可以理解为对现有资源进行重新整合之后，实现价值和利润的等效流通。

金融的本质是价值流通。金融行业的种类有很多，其中主要包括银行、证券、基金、保险、信托等。金融所涉及的学术领域很广，其中主要包括：会计、财务、投资学、银行学、证券学、保险学、信托学等。

▶▶ 小贴士

金融与黄金的联系

黄金曾一度成为国际贸易中唯一的媒介。在易货经济时代，商人只能进行对口的交易，以物易物。因此，人类的经济活动受到巨大制约。然而，作为价值流通的载体，黄金不利的一面如搬运、携带、转换等不便的物理条件限制，使它又让位于更为灵活的货币，也就是通常意义上人们所说的纸币。

金融就是对现有资源进行重新整合之后，实现价值的等效流通。在历史的各个时代，黄金是世人公认的最好的价值代表。金，指的是金子；融，最早指固体融化变成液体，也有融通的意思。所以，金融就是将黄金融化分开交易流通，即价值的流通。如今黄金已很大程度上被更易流通的纸币、电子货币等所取代，但是黄金作为价值的流通并没有变。离开了价值流通，金融就成为"一潭死水"，价值就无法转换。价值无法转换，经济就无法运转。

二、金融的特征

（一）金融是信用交易

经济学上的信用，是一种商品交易的形式，对应于现货交易。信用是金融的基础，金融最能体现信用的原则与特性。在发达的商品经济中，信用已与货币流通融为一体。金融的交易体现在以对方偿还为条件，向对方先行移转商品（包括货币）的所有权，或者部分权能；对商品所有权或其权能的先行移转与另一方的相对偿还之间存在一定的时间差；先行交付的一方需要承担一定的信用风险，信用交易的发生基于信任。

（二）金融原则上必须以货币为对象

准确地说，货币市场的交易对象才是货币资金，金融市场交易的还应包括有价证券、债券等，在货币市场中参与者的关系就是资金使用权和所有权的分离，这里的资金就是货币资金。

（三）金融交易可以发生在各种经济成分之间

金融学发端于经济学，如今已经成为经济学的一个分支，有了比较系统的研究方法。同时，现代金融学依然停留在现代经济学的新古典分析框架内，其特点是从微观主体的理性行为入手，构建考虑时间和不确定因素的市场均衡体系，考察金融系统在资源跨期配置中的机制和作用。金融学开创了经济学中比较独特的研究方法，因此金融交易可以出现在各种经济成分的交易中。

三、金融的构成要素

（一）金融市场主体

金融市场主体就是参与金融市场活动的各类参与者，其中，各类银行和非银行金融机构是构成金融活动主体的最主要部分。此外，政府、企业以及居民也是构成金融活动主体的重要部分。

（二）金融市场客体

金融市场客体是指各种金融活动指向的对象，即货币（资金）、各种金融工具。金融工具主要包括在金融市场中可交易的各类金融资产，用来证明贷者与借者之间融通货币余缺的书面证明。

（三）金融交易场所

金融交易场所即进行金融工具交易的地方。金融交易场所可以是有形的，也可以是无形的。有形的金融交易场所通常有固定的地方和设施，如证券交易所、银行等；无形的金融交易场所通常没有固定的场所，形式灵活，如利用电脑、手机等信息化手段实现资金融通活动，这种形式可以跨越不同的城市和国家。

（四）金融市场的融资方式

金融市场的融资方式以以借贷为主的信用方式为代表。金融市场上交易的对象，一般是信用关系的书面证明、债权债务的契约文书等。金融市场的融资方式主要包括直接融资方式和间接融资方式两种，直接融资是指没有金融中介机构介入的资金融通方式，直接融资是资金直供方式，与间接金融相比，投融资双方都有较多的选择自由；间接融资指以金融机构为中介来实现的金融，如企业向银行、信托公司进行融资等。

（五）金融制度

金融制度是各种金融制度构成要素的有机综合体，主要指有关金融交易的规则、惯例和组织安排。这些规则和组织安排界定了人们在金融交易过程中的选择空间，约束和激励人们的金融行为，降低了金融交易费用和竞争中的不确定性所引致的金融风险，进而保护债权债务关系，促进金融交易的顺利进行，提高金融资源的配置效率。

（六）金融监管

金融监管是金融监督和金融管理的总称，金融监管本质上是一种具有特定内涵和特征的政府规制行为。金融监管是指面对金融市场失灵，政府不得不依据金融经济法规，通过特定的机构（如中央银行）用行政手段、法律手段、市场化手段对金融交易行为主体进行监管。

（七）金融风险

金融风险是与金融有关的风险，是指金融变量的变动所引起的资产组合未来收益的不确定性。金融是现代经济的核心，金融市场是整个市场经济体系的动脉。而金融本身的高风险性及金融危机的多米诺骨牌效应，使得金融体系的安全、高效、稳健运行对经济全局的稳定和发展至关重要。

四、金融学与经济学

金融学发端于经济学，但如今已经从中独立出来，有了自己的研究方法，成为独立的学科。现代金融学也像经济学一样，从微观主体的理性行为入手，构建考虑时间和不确定因素的市场均衡体系，考察金融系统在资源跨期配置中的机制和作用。但是金融学的研究方法又区别于经济学的研究方法，比如说金融资产定价中常用的无套利分析，实际上比经济学中的供求定价分析更具有一般性，在市场中更容易实现。金融学区别于经济学的另一个的特点是前者考虑了市场中的随机因素，因此市场主体的预期在其中起了重要作用。

经济学概念比金融学广得多，金融学是经济的一小个分支，有自己的侧重点。经济学是一个一级学科，金融学是一个二级学科，在经济学之下；经济学研究的是一个国家地区的经济发展状况、方式、道路等，侧重于宏观；金融学只是对一个国家经济领域中的金融方面进行研究，比如货币、证券、金融市场等。

▶▶ 相关链接

怎样理解金融是"现代经济的核心"？

金融在现代经济中的核心地位是由其自身的特殊性质和作用所决定的。现代经济是市场经济，市场经济从本质上讲就是一种发达的货币信用经济或金融经济，它的运行表现为价值流导向实物流，货币资金运动导向物质资源运动。金融运行得正常有效，则货币资金的筹集、融通和使用就充分而有效，社会资源的配置也就合理，对国民经济走向良性循环所起的作用也就明显。

金融是现代经济中调节宏观经济的重要杠杆。现代经济是由市场机制对资源配置起基础性作用的经济，其显著特征之一是宏观调控的间接化。而金融在建立和完善国家宏观调控体系中具有十分重要的地位。金融业是联结国民经济各方面的纽带，它能够比较深入、全面地反映成千上万个企事业单位的经济活动，同时，利率、汇率、信贷、结算等金融手段又对微观经济主体有着直接的影响，国家可以根据宏观经济的需求，通过中央银行制定货币政策，运用各种金融调控手段，适时地调控货币供应的数量、结构和利率，从而调节经济发展的规模、速度和结构，在稳定物价的基础上，促进经济发展。

——资料来源：黎诣远. 宏观经济学［M］. 北京：高等教育出版社，2008.

第二节　货币与货币制度

一、货币的产生

人类社会起初并无货币存在。货币是商品交换的长期发展过程中分离出来的特殊商品，是商品交换发展的自然结果。原始社会后期，由于社会生产力的发展，产品在满足生产者自身需要后有了一些剩余，于是，在原始公社之间出现了最初的实物交换。随着生产的发展，商品交换逐渐变成经常的行为，交换数量日益增多，范围也日益扩大。但是，直接的物物交换中常会出现商品转让的困难。因为被交换商品必须对双方都具有使用价值，且商品价值又必须等量，而物物交换不可能永远同时满足这两个条件，必然要求有一个一般等价物作为交换的媒介。最初充当一般等价物的商品是不固定的，它只在狭小的范围内暂时地、交替地由这种或那种商品承担，当一般等价物逐渐固定在特定种类的商品上时，它就定型化为货币。

货币是商品交换长期发展的必然结果。要了解货币的产生过程，就必须研究价值形式发展的过程。商品的使用价值和价值的二因素决定了商品具有二重表现形式，即商品的自然形式和价值形式。商品的自然形式是商品自身，就是使用价值的存在形式，使用价值是看得见、摸得着的。商品的价值作为一般人类劳动的凝结，是商品的社会属性，体现着商品生产者之间的经济关系，虽然这种经济关系是客观存在的，但却是掩藏在交换现象背后的，往往是看不见、摸不着的。而且，孤立的一个商品，不能表现出自己的价值。商品的价值只有在交换过程中，通过与其相交换的另一个商品表现出来。一个商品通过与其他商品交换表现出自身的价值大小，就是价值的表现形式。

货币是商品交换过程中矛盾发展的结果，是从商品世界中分离出来的固定充当一般等价物的特殊商品，是商品生产者之间经济关系的体现，这就是货币的本质。马克思说"金银天然不是货币，但货币天然是金银"，便是将货币定义为固定充当一般等价物的特殊商品。

▶▶ 阅读材料

战俘营里的货币

第二次世界大战，在纳粹的战俘集中营中流通着一种特殊的商品货币：香烟。当时的红十字国际委员会设法向战俘营提供了各种人道主义物品，如食物、衣服、香烟等。由于数量有限，这些物品只能根据某种平均主义的原则在战俘之间进行分配，而无法顾及每个战俘的特定偏好。但是人与人之间的偏好显然是有所不同的，有人喜欢巧克力，有人喜欢奶酪，还有人则可能更想得到一包香烟。因此这种分配显然缺乏效率，战俘们有进行交换的需要。

但是即便在战俘营这样一个狭小的范围内，物物交换也显得非常不方便，因为它要求交易双方恰巧都想要对方的东西，也就是所谓的需求的双重巧合。为了使交换能够更加顺利地进行，需要有一种充当交易媒介的商品，即货币。那么，在战俘营中，究竟哪一种物品适合做交易媒介呢？许多战俘营都不约而同地选择香烟来扮演这一角色。战俘们用香烟来进行计价和交易，如一根香肠值 10 根香烟，一件衬衣值 80 根香烟，替别人洗一件衣服则可以换得两根香烟。有了这样一种记账单位和交易媒介之后，战俘之间的交换就方便多了。

香烟之所以会成为战俘营中流行的"货币"，是和它自身的特点分不开的。它容易标准化，而且具有可分性，同时也不易变质。这些正是和作为"货币"的要求相一致的。当然，并不是所有的战俘都吸烟，但是，只要香烟成了一种通用的交易媒介，用它可以换到自己想要的东西，自己吸不吸烟又有什么关系呢？我们现在愿意接受别人付给我们的钞票，也并不是因为我们对这些钞票本身有什么偏好，而仅仅是因为我们相信，当我们用它来买东西时，别人也愿意接受。

——资料来源：殷孟波. 货币金融学［M］. 北京：中国金融出版社，2006.

二、货币的定义

货币是用作交易媒介、贮藏价值和记账单位的一种工具，是专门在物资与服务交换中充当等价物的特殊商品。任何一种能执行交换媒介、价值尺度、延期支付标准和财富贮藏手段等功能的商品，都可被看作是货币。狭义的货币包括硬币和纸币，其中，纸币是一种法定货币，是政府强制流通的货币。纸币发行的基本权力为政府所有，具体由中央银行掌握。纸币和硬币的总和称为通货或现金。广义的货币还包括存款货币，如可以随时在商业银行提取的活期存款、定期存款和储蓄存款。

▶▶ 小贴士

商品与货币的关系

货币是从商品中分离出来固定充当一般等价物的商品，商品是用于交换的劳动产品；两者产生的时间不同，货币是商品交换发展到一定阶段的产物，商品的产生早于货币；两者的本质不同，货币的本质是一般等价物，商品只能满足人们的某种需要；商品和货币都有使用价值和价值，都体现了人与人相互交换劳动的关系，两者都是历史范畴。

三、货币的形式

随着金融市场的发展，货币形式经历的演进过程大体可以划分为实物货币、金属货币、纸币、信用货币、存款货币、电子货币。

1. 实物货币

实物货币指作为货币用途的价值与其非货币用途的商品价值相等的货币。如在中国历史上，龟壳、海贝、蚌珠、皮革、齿角、米粟、布帛、农具等都曾作为实物货币被使用过。由于充当货币的物体一般须具备普遍接受性、价值稳定性、统一性、可分性、耐久性、轻便性等特点，因此随着商品经济的发展，实物货币逐渐为金属货币所取代。

2. 金属货币

以金属如铜、银、金等作为材料的货币称为金属货币。中国是最早使用金属货币的国家之一，早在殷商时代，金属货币就已成为货币的主要形式。金属货币指以金属为材料并铸成一定形状的货币，金属货币经历了从贱金属向贵金属的演变。金属货币较实物货币更具有充当货币物体的特征，是商品经济发展到一定阶段的产物，金属货币具有价值稳定、易于分割、易于储藏等优势，更适宜于充当货币。由于金属货币在流通中会磨损减重，加上人为实行的铸币变质政策，以及随着商品交换规模不断扩大，金属货币特别是贵金属货币流通量的增长已远远不能满足生产、贸易、金融等交易量巨大增长的需要，于是金属货币逐渐被纸币或信用货币所取代。

3. 纸币

纸币产生于货币的流通手段职能，货币在流通中充当商品交换的媒介。纸币是国家发行和强制流通的价值符号，也称作代用货币。它本身的价值大大低于它作为价值符号所表示的货币价值，所以习惯上认为纸币本身没有价值。作为媒介物的铸币，在流通中会发生磨损，成为不足值的铸币。但这种不足值的铸币在一定限度内仍然可以像足值铸币一样充当流通手段，从而使铸币有了可用其他材料制成符号来代替的可能性。由于统治者有意识地利用这种特点，降低铸币成色或重量，甚至用贱金属取代原来的铸币，进而利用国家政权发行并强制流通没有内在价值的纸币来代替铸币，强制流通使纸币作为货币象征或符号得到了社会公认。中国是世界上最早使用纸币的国家。公元 11 世纪，北宋的交子是典型的纸币，它是由国家印制、强制行使的不兑现的货币符号。其后元朝、明朝、清朝发行的宝钞，也属于典型的纸币。

纸币较实物货币有明显的优点：印制纸币的成本比铸造金属币低、避免了金属币在流通中的磨损和有意切割、降低了运送的成本和风险。

4. 信用货币

信用货币广义上是指充当支付手段和流通手段的各种信用凭证，包括银行券、汇票、期票、银行支票等；狭义上是指银行信用货币，即银行券和银行支票。信用货币以票据流通为基础，直接产生于货币的支付手段职能。信用货币是商品货币经济发展的必然产物，是金属货币制度崩溃的直接后果。随着商品经济的发展，信用制度日益发展，货币作为支付手段的职能日益深化，各种形式的信用货币遂得以产生和发展。尤其是 20 世纪 30 年代，由于世界经济危机的发生，各主要资本主义国家先后被迫放弃金本位和银本位货币制度，纸币不再兑换金属货币，信用货币更有了长足发展。信用货币已成为当代几乎所有国家所采用的货币形式之一。

5. 存款货币

存款货币指金融机构的存款。由于存款人可以根据银行活期存款或支票存款开出支票，支票又可以在市场上转让流通，具有流通手段和支付手段职能，使银行存款起到了货币作用，故在西方国家一般将银行活期存款和支票存款称为存款货币或存款通货。但支票本身并不是货币，只是出票人向银行发出并要求银行付款的票据。活期存款才是真正的货币，只要存款人在银行活期账户上仍有余额，可随时提取，开出支票即可当现金使用，是成本最低的交易媒介和支付手段。西方国家在计算货币供应量时，根据资产流动性的标志，都把商业银行活期存款视同现金，并加在一起计算，称为 M_0，作为狭义的货币供应量。

6. 电子货币

电子货币指用一定金额的现金或存款从发行者处兑换并获得代表相同金额的数据，通过使用某些电子化方法将数据直接转移给支付对象，从而清偿债务。

▶▶小贴士

电子货币的种类

1. 储值卡是指某一行业或公司发行的可代替现金用的 IC 卡或磁卡。如电话充值卡等。

2. 信用卡是银行或专门的发行公司发给消费者使用的一种信用凭证，是一种把支付与信贷两项银行基本功能融为一体的业务，同时具备信贷与支付两种功能。

3. 电子支票是一种电子支付方法，通过计算机通信网络安全移动存款以完成结算。电子支票方式的付款可以脱离现金和纸张进行。

4. 电子现金是一种表示现金的加密序列数，它可以用来表示现实中各种金额的币值。随着基于纸张的经济向数字经济的转变，电子现金将成为主流。

电子货币带来便利的同时也带来新的问题。电子货币可被认为是以既有货币为基础的二次货币，还不能完全独立地作为通货的一种。价值均是以既有的现金、存款为前提的，电子货币是其发行者将既有货币的价值电子化的产物。

四、货币的职能

1. 价值尺度

价值尺度即货币以自己为尺度来表现和衡量其他一切商品的价值。为什么货币能衡量其他商品的价值呢？因为货币本身也是商品，也有价值。这就如同尺子所以能衡量其他一切物品的长度，是因为尺子自身也具有尺度一样。自身没有价值的东西，是不能衡量其他商品的价值的。本来，商品价值的大小，乃是由凝结在该商品中的劳动时间来测量的，商品中包含的劳动时间越多，它的价值便越大。因此，劳动时间是商品的内在价值尺度，而货币不过是商品的外在价值尺度。商品的价值表现在货币上，就是商品的价格。

2. 流通手段

流通手段即货币充当商品交换的媒介。我们平常从商品买卖过程中所看到的货币的作用，就是属于这一种，所以这种职能又叫作购买手段。作为流通手段的货币，不能是观念上的货币，而必须是现实的货币。任何一个资本家都不会允许有人用空话来拿走他的商品。

在货币执行流通手段这一职能的情况下，商品与商品不再是互相直接交换，而是以货币为媒介来进行交换。商品所有者先把自己的商品换成货币，然后再用货币去交换其他的商品。这种由货币作为媒介的商品交换，叫作商品流通。由物物交换过渡到商品流通，意味着商品经济的内在矛盾有了进一步的发展。因为在这种条件下，卖与买被分成了两个独立的过程，如果出卖了商品的人不立刻去买，就会使另一些人的商品卖不出去。即货币作为流通手段的职能，就已经包含了经济危机的形式上的可能性。

作为流通手段的货币，起初是贵金属，后来发展成铸币，最后发展为纸币。纸币是从货币作为流通手段的职能中产生的。

3. 贮藏手段

贮藏手段即可以作为财富的一般代表被人们储存起来。作为贮藏手段的货币，既不能像当价值尺度时那样只是想象的货币，也不能像充当流通手段时那样用货币符号来代替，它必须既是实在的货币，又是足值的货币。因此，只有金银铸币或者金银条块等才能执行贮藏手段的职能。

货币作为贮藏手段，具有自发调节货币流通量的作用。当流通中所需要的货币量减少时，多余的金属货币便会退出流通，成为贮藏货币；反之，当流通中所需要的货币量增多时，一部分贮藏货币又会重新进入流通，成为流通手段。由于贮藏货币具有这种作用，所以在足价的金属货币流通的条件下，便不会产生流通中货币量过多的现象，不会发生通货膨胀。

4. 支付手段

在放债、还债、支付工资以及交纳税款等场合，货币就执行着支付手段这种职能。在货币作为支付手段的情况下，由于很多商品生产者互相欠债，他们之间便结成了一个债务锁链。例如，甲欠乙的钱，乙欠丙的钱，丙又欠了丁的钱，等等。如果有其中某一个商品生产者因为生产和销售的困难而不能按期支付欠款时，就会引起一系列的连锁反应，造成全线崩溃的局面。因此，货币作为支付手段的职能，使经济危机的可能性有了进一步的发展。

5. 世界货币

世界货币即在世界市场上发挥作用的货币。能够作为世界货币的只有黄金或白银，铸币和纸币是不能充当世界货币的，因为后者一超出本国范围便失去原来的法定意义。世界货币的作用是：第一，作为一般的支付手段，用来支付国际收支的差额；第二，作为一般的购买手段，用来购买外国的商品；第三，作为社会财富的代表，由一国转移到另一国，如支付战争赔款、对外贷款以及转移财产等。

【讨论】货币、财富、资本的区别。

五、货币层次的划分

货币层次是指各国中央银行在确定货币供给的统计口径时，以金融资产流动性的大小作为标准，并根据自身政策目的的特点和需要划分的货币层次。其粗略的分类为：M_0（现金流通量），M_1（M_0＋各种活期存款），M_2（M_1＋各种定期存款）。货币层次的划分有利于中央银行进行宏观经济运行监测和货币政策操作。

目前，各国通行的做法是以金融资产的流动性作为货币层次划分的标准，即以各种货币资产转化为通货或现实购买力的能力来划分不同的货币层次，进而有了不同口径的货币供应量。各国政府对货币层次的划分各有不同，这里我们主要了解国际货币基金组织和中国人民银行是怎样来划分货币层次的。

1. 国际货币基金组织的货币层次划分

国际货币基金组织把货币层次划分为以下三类，分别是 M_0，M_1，M_2。

M_0（流通在外通货，outstanding currency）：M_0 的货币层次最高，它是指流通于银行体系以外的现金，包括居民手中的现金和企业单位的备用金，不包括商业银行的库存现金。由于 M_0 可随时作为流通手段和支付手段，因而具有最强的购买力。

M_1（狭义货币，narrow money）：M_1 的货币层次次于 M_0，但又高于广义货币 M_2。M_1 由 M_0 加上商业银行活期存款构成。由于活期存款随时可以签发支票而成为直接的支付手段，因此它同现金一样是最具流动性的货币。

M_2（广义货币，broad money）：广义货币的流动性最低，因此其货币层次也最低。M_2 由狭义货币加准货币（quasi-money）构成。准货币是指流动性较差，但在短期中可转换成现金的账户，故又称为近似货币（near money）。它包括储蓄存款、定期存款、银行承兑汇票、政府短期债券等。M_2 不仅反映了现实的购买力，也反映了潜在的购买力。

2. 中国人民银行的货币层次划分

M_0 ＝现金；

M_1 ＝M_0 ＋单位活期存款；

M_2 ＝M_1 ＋个人储蓄存款＋单位定期存款；

M_3 ＝M_2 ＋商业票据＋大额可转让定期存单。

在这三个层次中，M_0 与消费变动密切相关，是最活跃的货币；M_1 反映了居民和企业资金松紧变化，是经济周期波动的先行指标，流动性仅次于 M_0；M_2 流动性偏弱，但反映的是社会总需求的变化和未来通货膨胀的压力状况，通常所说的货币供应量，主要指 M_2。我国把流通中的现金单独列为一个层次的原因是：与西方国家相比，我国的信用制度还不够发达，现金在狭义货币供应量 M_1 中占30%以上，流通中现金的数量对我国消费品市场和零售物价的影响很大，现金的过度发行会造成物价上涨。

六、货币制度的内涵

货币制度又称币制，是一国、一个区域组织或国际组织以法律形式规定的相应范围内货币流通的结构、体系与组织形式。换句话说，货币制度是国家为保障货币流通的正常进行而制定的货币和货币运动的准则和规范。

历史上，按照货币特性来分类，主要存在两大货币制度：金属货币制度和不兑换信用货币制度。由于各国经济、社会及各种习惯上的原因，一个社会究竟如何选择一种货币制度，以实现货币的各种功能，在经济史上，往往存在着巨大差异。

由于实施范围不同，形成了不同适应范围的货币制度。如在一国范围内，形成国家货币制度；如在国际范围内，形成国际货币制度，比如布雷顿森林体系；也有区域性的货币制度，如欧洲货币体系。

▶▶ 小贴士

不同国家的货币制度的共同趋势

第一，不同的货币制度的安排都与相应的经济发展水平和阶段相适应。

第二，人类社会随着经济的发展，逐渐摆脱金属货币，特别是贵金属货币的束缚，而通过国家宏观制度来自发调节货币供应量，以满足经济发展的需要。

第三，货币制度的统一与商品市场的统一相伴随，可以预言，单一的货币制度的出现，需要更加广泛统一市场的形成。

七、货币制度的要素

1. 规定货币单位

货币单位是指货币制度中规定的货币计量单位。货币单位的规定主要有两个方面：一是规定货币单位的名称，在国际习惯上，一国货币单位的名称，往往就是该国货币的名称，如美元、英镑、日元等；二是确定货币单位的"值"。

在金属货币条件下，货币单位的值就是每一货币单位所包含的货币金属重量和成色。在不兑现的信用货币尚未完全脱离金属货币制度时，确定货币单位的值主要是确定货币单位的含金量。当黄金非货币化后则主要表现为确定或维持本国货币与他国货币或世界主要货币的比价，即汇率。

2. 确定货币材料

货币材料（简称币材）是指用来充当货币的物质。确定不同的货币材料，就构成不同的货币本位，如果确定用黄金充当货币材料，就构成金本位。确定以何种物质作为币材，是一国建立货币制度的首要步骤。

3. 规定流通中的货币结构

货币制度要规定主币和辅币。主币就是本位币，是一个国家流通中的基本通货，一般作为该国法定的价格标准，主币的最小规模通常为一个货币单位，如 1 美元、1 英镑等。辅币就是本位货币单位以下的小面额货币，其面额多为货币单位的 1%、2%、5%、10%、20%、50% 几种。

4. 对货币法定支付偿还能力的规定

货币法偿性是指法律赋予货币一种强制流通的能力，任何人不得拒绝接受，包括无限法偿和有限法偿。前者是对主币而言，即不论支付数额多大，不论这种支付是购买商品、支付劳务、结清账款、交纳账款等，收款人都不得拒绝接受；后者是对辅币而言，仅限于零星小额支付和找零使用。

5. 货币铸造与货币发行的规定

金属货币存在铸造和发行问题，而不兑现货币则主要存在发行问题。在古代，本位币的铸造有的由国家完全垄断，有的则由人民自由铸造，辅币铸造一般由国家垄断。信用货币是由国家法律规定的，不以任何资金为基础的独立发挥货币职能的货币。信用货币首先由私人银行发行，现在逐渐集中在中央银行或指定发行机构。

6. 货币发行准备制度的规定

货币发行须以某种金属或某几种形式的资产作为其发行货币的准备，从而使货币的发行与某种金属或某些资产建立起联系和制约关系。

▶▶ 小贴士

在不同货币制度下，货币发行的准备制度是不同的

在金属货币制度下，货币发行以法律规定的贵金属金或银作为准备；在现代信用货币制度下，货币发行的准备制度已经与贵金属脱钩，多数国家都采用以资产作为准备，也有以物资作为准备或与其他国家的货币直接挂钩作为准备的方式。

八、中国的货币制度

我国现行的货币制度是一种"一国多币"的特殊货币制度，即在大陆地区实行人民币制度，而在我国香港、澳门、台湾地区实行不同的货币制度。

1. 人民币制度

（1）人民币是我国的法定货币。以人民币支付我国境内的一切公共的和私人的债务，任何单位和个人不得拒收，人民币没有法定含金量，也不能自由兑换黄金。

（2）人民币的单位是"元"。元是主币，辅币的名称是"角"和"分"，1 元等于 10 角，1 角等于 10 分。人民币的符号为"￥"。

（3）人民币由中国人民银行统一印制、发行。国务院每年在国民经济计划综合平衡的基础上，核准货币发行指标，并授权中国人民银行发行。

（4）禁止伪造、变造人民币。禁止出售、购买伪造、变造的人民币；禁止故意毁损人民币。禁止宣传品、出版物或其他商品非法使用人民币图样。

（5）任何单位和个人不得印制、发售代币票券以代替人民币在市场上流通。

（6）残缺、污损的人民币，按照中国人民银行的规定兑换，并由中国人民银行负责收回、销毁。

（7）中国人民银行设立人民币发行库，在其分支机构设立分库。分库调拨人民币发行基金，应当按照上级库的调拨命令办理。任何单位和个人不得违反规定、动用发行基金。

（8）对人民币的出入境实行限额管理。

以上内容都以法律法规的形式予以公布，加以规范实施。

2. 香港特别行政区货币——港元

现行的香港货币制度规定，其发行的货币为港元，实行与美元联系的汇率制度，自由兑换。

（1）香港流通的货币包括纸币和铸币。由香港汇丰银行有限公司、中国银行（香港）有限公司和渣打银行（香港）有限公司发行。

（2）香港纸币的发行制度。规定港元与美元挂钩，1 美元 =7.8 港元，此汇率为联系汇率制。

（3）香港法定货币的价值。在现行港币发行制度下，香港发行纸币是由100%同等币值的美元储备做支持的，所发行的纸币完全得到外币储备的支持，因此香港的货币制度是采用联系汇率制的。

3. 澳门特别行政区货币——澳门元

澳门特别行政区政府自行制定货币金融政策，保障金融市场和各种金融机构的经营自由，并依法进行管理和监督。澳门货币的发行须有百分之百的准备金，其发行制度和准备金制度由法律规定，其外汇储备由澳门特别行政区政府管理和支配。

目前，澳门元采用与港元挂钩的办法来衡量其币值，现行纸币和铸币的发行由中国银行和大西洋银行负责。为维护澳门元的信用地位，其实行完全的储备基础，这是澳门货币制度的重要内容。

4. 台湾地区货币——新台币

新台币是我国台湾地区的法定货币，货币代号为 TWD。其基本单位为"圆"，一般写作"元"。新台币于 1949 年 6 月 15 日发行应用于我国台湾岛内。

第三节 信 用

一、信用的产生

在原始社会末期，私有制出现以后，社会分工不断发展，大量剩余产品不断出现。私有制和社会分工使得劳动者各自占有不同的劳动产品，剩余产品的出现则使交换行为成为可能。随着商品生产和交换的发展，商品流通出现了矛盾，"一手交钱、一手交货"的方式由于受到客观条件的限制而经常遇到困难。这样，买卖双方除了商品交换关系之外，又形成了一种债权债务关系，即信用关系。在商品买卖中，由于生产周期长短不一、商品购销地点远近不同等因素，造成商品生产者和商品购买者在出售商品和购买商品过程中出现时间和空间上的差异，为了维持正常的社会再生产，出现了商品买卖中的延期支付和赊销买卖，从此产生了信用交易。

信用产生于商品流通，但又不局限于商品流通的范围。随着商品货币经济的深入发展，货币的支付手段超出了商品流通的范围，因而与货币支付手段相联系的信用关系，也就不仅仅表现在商品赊购、赊销中，货币借贷的信用关系日渐显露，货币成为契约上的一般商品。一方面，一些人手中积累了货币，或者一些企业在生产流转过程中出现了闲置的货币，需要寻找运用的场所；另一方面，一些人或企业则需要货币用于生活或从事生产经营，从而要求通过信用形式进行货币余缺的调剂。

二、信用的发展

1. 高利贷信用

（1）高利贷信用是以取得高额利息为特征的借贷活动，是生息资本的古老形式，它产生于原始社会末期，在奴隶社会和封建社会得到广泛发展，成为当时占统治地位的信用形态。

（2）高利贷的借者（需求者）是小生产者、奴隶主、地主；高利贷的贷者（供给者）是商人、宗教机构、奴隶社会和封建社会的统治者。

（3）高利贷的特点是利息率高、非生产性、保守性。

（4）高利贷的作用是导致生产力的衰退；促进自然经济的解体和商品经济的发展。

（5）高利贷阻碍了生产的发展，引起了反高利贷的斗争，是形成新的生产方式的推动力。

2. 资本主义信用

（1）资本主义的信用表现为借贷资本的运动。借贷资本就是为了获取剩余价值而暂时贷给职能资本家使用的货币资本，它是生息资本的一种形式。

（2）借贷资本是在资本主义再生产过程中形成的。在资本的循环和周转中，一方面出现暂时闲置的货币资本；另一方面出现资本的临时性需求，信用中介把二者联结起来，就形成了资本主义的借贷资本。

（3）资本主义的借贷资本反映了借贷资本家、职能资本家、雇佣工人三者之间的复杂关系。

3. 社会主义信用

（1）社会主义信用也是一种借贷行为，是价值运动的特殊形式。

（2）社会主义信用是建立在公有制基础之上的一种信用，它反映的是借贷之间根本利益一致的关系，因此社会主义信用是服务于社会主义生产关系的信用形式。

三、信用的理解

信用是一种借贷行为，是以偿还与付息为条件，让渡商品与货币使用权的一种行为。

从经济学层面看，信用是指在商品交换或者其他经济活动中授信人在充分信任受信人能够实现其承诺的基础上，用契约关系向受信人放贷，并保障自己的本金能够回流和增值的价值运动。

（1）信用是一种特殊的价值运动形式。

特殊主要指信用和一般商品买卖的价值运动不同。一般商品买卖是等价交换；信用是商品作为贷出，其所有权没有改变，只是使用权发生改变。

（2）信用是以支付利息为条件的借贷行为。

信用交易的贷出者，让渡商品或货币的使用权，其获得的报酬是借入者到期支付一定的利息，作为贷出者放弃商品或货币使用权的补偿。在现代商品货币经济中，这种利息表现为贷出货币或商品使用权的价格。

（3）信用是从属于商品货币经济的范畴。

信用关系反映了社会经济组织和个人之间一种让渡商品或货币使用权的经济关系。

▶▶ 小贴士

信用风险的特征

系统性：即整体性风险，是由宏观经济因素的不确定性而引起的，系统性风险造成的后果具有普遍性。

内源性：信用风险的内源性是与外源性相对的，带有主观性的特点，并且无法用客观数据和事实证实，对它进行有效管理的难度较大。

不对称性：当某一主体承受一定的信用风险时，该主体的预期收益和预期损失是不对称的。

累积性：信用风险的累积性是指信用风险具有不断积累、恶性循环、连锁反应、超过一定的临界点会突然爆发而引起金融危机的特点。

四、信用的构成要素

从信用的含义可以看出，信用活动主要包括五个最基本的构成要素，即信用主体、信用客体、信用内容、信用期限和信用工具。

1. 信用主体

信用作为特定的经济交易行为，要有行为的主体，即行为双方当事人，其中授信人为贷出物品或货币资金的一方，通过授信取得一定的权利，即在一定时间内向受信人收回一定量货币和其他资产与服务的权利；受信人为接受的一方，受信人有偿还的义务。在现代市场经济中，信用主体常常既是某一信用活动的授信人，同时又是另一信用活动的受信人。

2. 信用客体

信用作为特定的经济交易行为，必定有信用客体即被交易的对象。没有这种信用客体，就不会产生经济交易，因而不会有信用行为的发生。这种被交易的对象就是授信方的资产，它可以以货币的形式存在，即货币借贷，也可以以商品或服务的形式存在，即实物借贷。

3. 信用关系

信用关系，又称为信用内容。具有权利和义务关系是信用的内容，是信用的基本要素之一。在信用交易行为发生的过程中，授信人以自身的资产为依据授予对方信用，取得一种权利（债权），而受信人则以自身的承诺为保证取得信用，承担一种义务（债务）。

4. 信用期限

"一手交钱，一手交货"的商品交易不是信用交易。信用交易存在两个重要的环节，即承诺与兑现，承诺在先，履约兑现在后。只有经过一定的期限，才能知道是否兑现以及兑现的程度。信用交易从授信开始，授信方向受信方提供资金、物质或者服务，到受信方向授信方偿还，需要一定的期限。正是因为信用具有期限性，才使得信用活动天然具有风险性。

5. 信用载体

授信与受信双方的权利和义务关系，需要表现在一定的载体上，这种载体被称为信用工具，如商业票据、银行票据、股票、债券、协议或合同等。信用工具是表明权利义务关系的信用契约或书面凭证，是不同类型信用的重要表现形式，是信用关系的载体。

▶▶ 小贴士

直接信用与间接信用

直接信用是借者与贷者之间直接进行的借贷活动，其主要特征是借者自己直接发行债务凭证给贷者，从而获得自己所需的资金，借者和贷者之间形成直接的债权债务关系等。

间接信用是指借者与贷者通过金融中介机构进行的借贷活动。金融中介机构（如商业银行、储蓄银行、投资银行等）发行各种信用凭证给贷者，获得货币后，再以贷款或投资等方式购入借者所发行的信用凭证，来调剂贷者和借者之间的资金余缺。间接信用的主要特征是金融中介机构发行间接信用凭证将贷者的货币引导向借者，借者和贷者之间不存在直接的债权债务关系，他们只与金融中介机构发生关系，金融中介机构既是债务人又是债权人。

五、信用的基本特征

信用的本质是一种债权债务关系，信用的基本特征主要有两个，一是偿还性，二是付息性。

（一）偿还性。

信用是一种以偿还本金和支付利息为条件的借贷行为。偿还性是指货币所有者

（贷方）把货币贷出去，并约定归还期；货币借入者（借方）在获取货币时要承诺到期归还。

（二）付息性。

付息性是指借贷活动作为一种经济行为，货币的所有者有权要求货币的使用者到期后支付一定的利息。

在以上两个特征中，偿还性是信用的最基本特征。信用是价值运动的特殊形式，在借贷活动中，无论是贷出、偿还还是付息，都体现为一种价值的单方面让渡，即货币执行支付手段的职能。因此，信用是以偿还和付息为条件的价值的单方面让渡。

▶▶ 相关链接

美国次贷危机

美国次贷危机又称次级房贷危机，也译为次债危机。它是指一场发生在美国，因次级抵押贷款机构破产、投资基金被迫关闭、股市剧烈震荡引起的金融风暴。它致使全球主要金融市场出现流动性不足危机。美国次贷危机是从 2006 年春季开始逐步显现的，2007 年 8 月开始席卷美国、欧盟和日本等世界主要金融市场。

在美国，贷款是非常普遍的现象。当地人很少全款买房，通常都是长时间贷款。可是在这里失业和再就业是很常见的现象。这些收入并不稳定甚至根本没有收入的人，买房时因为信用等级达不到标准，就被定义为次级信用贷款者，简称次级贷款者。

次级抵押贷款是一个高风险、高收益的行业，指一些贷款机构向信用程度较差和收入不高的借款人提供的贷款。与传统意义上的标准抵押贷款的区别在于，次级抵押贷款对贷款者信用记录和还款能力要求不高，贷款利率相应地比一般抵押贷款高很多。那些因信用记录不好或偿还能力较弱而被银行拒绝提供优质抵押贷款的人，会申请次级抵押贷款购买住房。

美国次级抵押贷款市场通常采用固定利率和浮动利率相结合的还款方式，即：购房者在购房后头几年以固定利率偿还贷款，其后以浮动利率偿还贷款。

在 2006 年之前的 5 年里，由于美国住房市场持续繁荣，加上前几年美国利率水平较低，美国的次级抵押贷款市场迅速发展。随着美国住房市场的降温，尤其是短期利率的提高，次贷还款利率也大幅上升，购房者的还贷负担大为加重。同时，住房市场的持续降温也使购房者出售住房或者通过抵押住房再融资变得困难。这种局面直接导致大批次贷的借款人不能按期偿还贷款，银行收回房屋，却卖不到高价，大范围亏损，引发了次贷危机。

——资料来源：李若谷，冯春平. 美国次贷危机的走向及对中国经济的影响 [J].

国际经济评论，2008，(2)：7-11.

六、信用的形式

（一）商业信用

1. 概念

商业信用就是企业之间相互提供的、与商品交易直接相联系的信用。一种是提供商品的商业信用；一种是提供货币的商业信用。在商业信用的基础上产生了商业票据。商业信用是整个信用形式的基础。

2. 特点

（1）商业信用所贷放出去的资本是处于产业资本循环过程中最后一个阶段的商品资本。

（2）商业信用的债权人和债务人都是企业。

（3）商业信用的借贷行为与商品买卖行为结合在一起。

3. 作用和局限性

（1）作用。商业信用有利于协调企业间的关系，保证生产流通的连续进行，润滑着整个生产流通过程。

（2）局限性。

① 在量上，由于商业信用仅存在于企业之间，它的规模受到产业资本总规模的限制。

② 有严格的方向性。商业信用只能是上游企业提供给下游企业，或工业企业提供给商业企业，不能逆转。

（二）银行信用

1. 概念

银行信用指以金融机构作为媒介所进行的货币借贷，是金融机构对工商企业提供的信用，主要形式有吸收存款、发放贷款等。

2. 特点

（1）银行信用是以货币形态提供的，克服了商业信用在数量和规模上的局限性。银行信用的发生是以金融机构为媒介的，金融机构可以运用的资金并不是他的自有资金，而是他的债务，是银行吸收的存款，银行信用表面是发生在金融机构与企业之间，实际是银行把别人的资金贷给这个企业。

（2）银行信用的客体是游离于再生产过程之外的货币资金。银行信用可以把货币资本提供给任何一个需要的部门和企业，克服了商业信用的方向上的限制。

（3）银行信用的稳定性和信誉度较高，克服了商业信用在信用能力上的局限性。银行信用所能使用的资金是金融机构的负债，这些资金必定是暂时闲置不用的，是脱离了扩大再生产的。因此，商业信用的局限性在银行信用里是不存在的，银行可以吸收短期资金用于长期贷放，可以聚集小额资金用于大额贷放，实现将下游企业的资金贷给上游企业使用。

（三）国家信用

1. 概念

国家信用是国家为当事人一方的借贷行为，国家通常以债务人的身份出现，借助于债券筹集资金的一种形式，包括国内信用和国外信用。国家信用的债务人是国家或政府，债权人是购买债券的企业和居民或对外提供贷款的国家等。

2. 国家信用的工具——国债

国债有国库券和公债。二者的区别如下：

（1）期限不同：国库券期限短，一年以内；公债期限长，一年以上。

（2）用途不同：国库券是用于解决财政先支后收困难的，公债是为了弥补财政赤字，或用于进行大型项目建设的。

（3）担保不同：国库券的偿还以税收为担保；公债的偿还，如果用于弥补财政赤字，就无担保，如用于进行大型项目建设则以建成后的收益为担保。

3. 作用

（1）国家信用是调剂政府收支不平衡的手段。

（2）国家信用是弥补财政赤字的重要手段。

（3）国家信用是调节经济的重要手段。

（四）消费信用

1. 概念

消费信用就是企业或金融机构向消费者个人提供的，用以满足其消费方面的货币需求的信用。

2. 消费信用的种类

（1）赊销：企业向消费者提供的一种短期的消费信用。

（2）分期付款：企业向消费者提供的一种长期消费信用。其具体做法是，消费者与企业签订分期付款合同，消费者先付一部分货款，剩下的部分按合同规定分期加息偿还，在货款付清之前，商品所有权属于企业。一般用于高档耐用消费品。

（3）消费贷款：消费者向银行贷款用于自己消费，以所购商品为抵押，分期归还银行贷款。

（4）信用卡透支：消费者可以消费比信用卡存款多的金额，在一定期限内归还。

消费信用的提供者对消费者个人会有一定的要求。

3. 消费信用对经济发展的影响

（1）消费信用的发展扩大了需求，刺激了经济发展。

（2）消费信用的发展为经济增加了不稳定因素。

▶▶相关链接

消费信用出现的原因

一、对高档耐用消费品的需求增加

随着消费水平的提高，消费结构中满足生存需要的消费所占比重降低，满足发展和享受需要的消费所占比重提高，对耐用消费品的需求提高。高档耐用消费品通常价值较高，使用年限较长，完全依靠家庭和个人的资金来满足对这类消费品的需求，一般需要较长时间的积累，客观上要求通过消费信贷来提前满足其消费需要。

二、解决家庭收支在时间上不匹配的需要

家庭的生命周期可分为若干阶段，在不同的阶段有不同的收入和消费特征。经济学家认为，消费者通常追求其一生（非某一时的）效用最大化，也就是说消费者会通过年轻时的提前消费和中年时的推迟消费（储蓄）来实现一生中消费的大体平衡。由于人们的收入随着技能的提高、经验的增长和资历的增加而逐渐上升，在中年达到顶峰后，又随着知识的老化、体能的下降而降低，直至退休时工薪收入接近于零。因此，为实现一生的平衡消费，年轻时和年老后均存在收支不匹配的问题。年老后的消费通过提取储蓄来实现，年轻时的消费则是通过消费信贷将未来收入提前使用来实现。从经济学上分析，这种方式使消费者一生的效用得以实现最大化。

三、消费观念的转变

在现代社会，提前消费等消费观念被越来越多的人所接受。同时，国家政策的鼓励等因素也对改变居民消费观念产生了一定的影响。居民融资需求的增长，推动了消费信贷业务的发展及金融机构资产结构的调整。

——资料来源：杨柳，罗能生. 论我国消费信用发展中个人信用体系的构建 [J].

消费经济，2010，(3)：33-36.

（五）国际信用

1. 概念

国际信用也称国际信贷，是指国际范围内的借贷行为。

2. 国际信用的形式

（1）国际商业信用，指出口商以延期付款的方式向进口方提供的信用。它一般借助于国际银行信用来实现。来料加工和补偿贸易属于国际商业信用。

（2）国际银行信用，指进口国和出口国双方银行为进出口商提供的信用，以出口信贷的方式出现，分为卖方信贷和买方信贷。

卖方信贷是在大型机械装备或成套设备贸易中，为便于出口商以延期付款方式出卖设备，出口商所在地的银行对出口商提供的信贷。

买方信贷是出口国银行直接向外国的进口厂商或进口方银行提供的贷款，其附带条件就是贷款必须用于购买债权国的商品，因而起到了促进商品出口的作用，这就是所谓的约束性贷款。买方信贷不仅使进口厂商可以较快地得到贷款和减少风险，而且使进口厂商对货价以外的费用比较了解，便于它与出口厂商讨价还价。出口方银行直接向买方（进口商、进口国政府机构或银行）提供贷款，使国外进口商得以即期支付本国出口商货款。

（3）政府间信用，指国与国之间相互提供的信用，由政府和财政部出面进行借贷，具有利率低、期限长、条件优惠等特点。

（4）国际金融机构信用，指世界性或地区性的国际金融机构为其成员国所提供的信用，具有期限长、利率低、条件优惠的特点。但其审查严格，一般用于受信国的经济开发和基础设施建设。

▶▶ 相关链接

信用与金融的联系

信用产生以后，信用和货币这两个原来独立的范畴相互渗透，形成了新的范畴——金融。在现代经济中，信用一词与金融一词常常交替使用，但从严格意义上说，信用与金融是有区别的。广义的金融泛指一切与信用货币的发行、保管、兑换、结算、融通有关的多种经济活动，甚至包括金银的买卖。狭义的金融专指信用货币的融通。信用与金融的区别可以简单概括为以下两个方面。一是两者的范围不同。金融专指货币资金融通而不包括实物借贷，信用既有货币借贷，又有实物借贷；金融既包括货币资金的借贷，又包括股票融资（不退股，不偿还），而信用无论借贷的是货币还是实物，到期都要偿还。二是两者标的物的性质不同。信用指一切货币的借贷，金融则专指信用货币的融通。

信用与金融虽有以上区别，但是一方面由于现代经济中实物借贷已微不足道，另一方面在投资者看来，由于股票可以随时买卖转让，同债券一样是一种提供信用的工具。因此，也可以粗略地把金融理解为现代的、信用货币流通条件下的信用。

——资料来源：周再清，彭建刚. 论构建中国金融信用 ［J］.

金融理论与实践，2003，（3）：9-11.

第四节 利息与利息率 - ●

一、利息

（一）利息概述

利息，一方面，从其形态上看，是货币所有者因为发出货币资金而从借款者手中获得的报酬；另一方面，它是借贷者使用货币资金必须支付的代价。利息实质上是利润的一部分，是利润的特殊转化形式。

利息是由一定数量的本金通过借贷行为后产生出来的，在不同的生产方式中体现着不同的社会经济关系。在资本主义生产方式中，利息是平均利润的分割，而利润是剩余价值的转化形态，因而，利息反映的是资本家与雇佣劳动者之间剥削与被剥削的关系。在社会主义生产方式中，利息来源于联合劳动者的纯收入，它体现了联合劳动者之间的分配关系。

利息本身有数量上的限制。贷款人放弃了能够增殖的货币资本（或货币资金），因而必须要获得报酬，所以利息就不能为零，更不能是负数。借款人借用货币资本（货币资金）的目的是为了获得利润，因而不可能将其收入的全部以利息的形式交给贷款人，因此贷款人的利息和企业的利润二者之间有着相同的上、下限，即资本（或资金）的平均利润 > 利息 > 零。

（二）利息的作用

利息作为资金的使用价格在市场经济运行中起着十分重要的作用，主要表现为以下几个方面。

1. 影响企业行为

利息作为企业的资金占用成本直接影响了企业经济效益水平的高低。企业为降低成本、增进效益，就要千方百计减少资金占压量，同时在筹资过程中对各种资金筹集方式进行成本比较。全社会的企业若将利息支出的节约作为一种普遍的行为模式，那么，经济成长的效率也肯定会提高。

2. 影响居民资产选择行为

在中国居民实际收入水平不断提高、储蓄率较高的条件下，出现了资产选择行为，金融工具的增多为居民的资产选择行为提供了客观基础，而利息收入则是居民资产选择行为的主要诱因。居民部门重视利息收入并自发地产生资产选择行为，无论对宏观经济调控还是对微观基础的重新构造都产生了不容忽视的影响。从中国目前的情况看，高储蓄率已成为中国经济的一大特征，这为经济高速增长提供了坚实的资金基础，而居民在利息收入诱因下做出的种种资产选择行为又为实现各项宏观调控做出了贡献。

3. 影响政府行为

由于利息收入与全社会的赤字部门和盈余部门的经济利益息息相关，因此政府也能将其作为重要的经济杠杆对经济运行实施调节。例如，中央银行若采取降低利率的措施，货币就会更多地流向资本市场；当提高利率时，货币就会从资本市场流出。如果政府用信用手段筹集资金，可以用高于银行同期限存款利率来发行国债，将民间的货币资金吸收到政府手中，用于各项财政支出。

▶▶ 相关链接

利息出现的原因

一、延迟消费。当放款人把金钱借出，就等于延迟了对消费品的消费。根据时间偏好原则，消费者会偏好现时的商品多于未来的商品，因此在自由市场会出现正利率。

二、预期的通胀。出现了通货膨胀，代表着一定数量的金钱在未来可购买的商品会比现在较少。因此，借款人需向放款人补偿期间的损失。

三、代替性投资。放款人有选择地把金钱放在其他投资上。由于机会成本，放款人把金钱借出，等于放弃了其他投资的可能回报。借款人需与其他投资竞争这笔资金。

四、投资风险。借款人随时有破产、潜逃或欠债不还的风险，放款人需收取额外的金钱，以保证在出现这些情况时仍可获得补偿。

五、流动性偏好。人会偏好其资金或资源可随时供应即交易，而不是需要时间或金钱才可取回。利率亦是对此的一种补偿。

——资料来源：刘义圣. 马克思利息理论与我国利息问题研究 ［J］.

当代经济研究，2000，（12）：1-5.

二、利息率

（一）利息率概述

利息率，简称利率，就表现形式来说，是指一定时期内利息额同借贷资本总额的比率。利率是单位货币在单位时间内的利息水平，表明利息的多少。

利率通常由国家的中央银行控制。至今，所有国家都把利率作为宏观经济调控的重要工具之一。当经济过热、通货膨胀上升时，便提高利率、收紧信贷；当过热的经济和通货膨胀得到控制时，便会把利率适当地调低。因此，利率是重要的基本经济因素之一。

▶▶ 小贴士

利息计算公式的四种情况

1. 计算利息的基本公式，储蓄存款利息计算的基本公式为：利息 = 本金 × 存期 × 利率。

2. 利率的换算，其中年利率、月利率、日利率三者的换算关系是：年利率 = 月利率 × 12（月）= 日利率 × 360（天）；月利率 = 年利率 ÷ 12（月）= 日利率 × 30（天）；日利率 = 年利率 ÷ 360（天）= 月利率 ÷ 30（天）。除此之外，使用利率时要注意与存期相一致。

3. 利息计算公式中的计息起点问题：储蓄存款的计息起点为元，元以下的角分不计付利息；利息金额算至厘位，实际支付时将厘位四舍五入至分位；除活期储蓄年度结算可将利息转入本金生息外，其他各种储蓄存款不论存期如何，一律于支取时利随本清，不计复息。

4. 利息计算公式中存期的计算问题：计算存期采取算头不算尾的办法；不论大月、小月、平月、闰月，每月均按 30 天计算，全年按 360 天计算；各种存款的到期日，均按对年对月对日计算，如遇开户日为到期月份所缺日期，则以到期月的末日为到期日。

（二）利率结构

利率结构是指利率与期限之间的变化关系。在存款利率中，各种不同期限利率档次的设计基本上是按照期限原则，并考虑复利因素形成的。在市场经济条件下，存贷款各档次利率的形成还取决于对利率水平的预期，如预期利率上升，则银行存贷款利率就会上升；如预期利率下降，则长期利率先行下降，短期利率也随之降低。

▶▶ 相关链接

以中国 2015 年 8 月 26 日中国银行存款利率为例，定期一年储蓄存款的利率为 2.00%，定期三年储蓄存款的利率为 3.00%。

若某人有一笔现金1000元，按一年期存入银行，到期后取出本息之和再存入银行，仍存一年期，到期后再取出本息，仍全数存入银行（一年期），这样，三年后的本利和如下。

第一年：本利和 $= 1000 \times (1 + 2.00\%) = 1020.00$（元）

第二年：本利和 $= 1020.00 \times (1 + 2.00\%) = 1040.40$（元）

第三年：本利和 $= 1040.40 \times (1 + 2.00\%) = 1061.21$（元）

按这种考虑复利因素的存款方式，三年后他可获得本金和利息1061.21元。但是，如果第一年他就以三年期存入银行，三年后得到的本利和为：

$$1000 \times (1 + 3.00\% \times 3) = 1090.00 （元）$$

与第一种存款方式相比，可多获利28.79元。这就是说，银行在设计利率档次时，是充分考虑了复利因素的。确定贷款的期限利率时也基本上遵循这一原则。

（三）利率的作用

（1）在宏观经济活动中，通过影响储蓄收益可以调节社会资本的供给，例如提高利率可以增加居民储蓄。

（2）通过对投资成本的影响可以调节社会投资总量和投资结构，例如提高利率会减少社会投资总量，而差别利率可以调节社会投资结构，总储蓄和总投资的变动将影响社会总供求。

（3）在微观经济活动中，利率可以通过影响企业的生产成本与收益发挥促进企业改善经营管理的作用。

（4）通过改变储蓄收益对居民的储蓄倾向和储蓄方式的选择发挥作用，影响个人的经济行为。利率的作用主要是针对所谓通货紧缩或通货膨胀，利率高可以促进百姓储蓄、推动各银行系统更加小心地理财、抑制冲动型投资行为或消费行为；利率低会减少百姓的储蓄、促使银行系统盲目放贷、推动高消费和各类投资行为。

（四）利率的分类

1. 根据利率计算方法分类

单利，是指在借贷期限内只在本金上计算利息，对本金所产生的利息不再另外计算利息。

复利，是指在借贷期限内除了在本金上计算利息外，还要把本金所产生的利息重新计入本金、重复计算利息，俗称"利滚利"。

2. 根据利率与通货膨胀的关系分类

名义利率，是指没有剔除通货膨胀因素的利率，也就是借款合同或单据上标明的利率。

实际利率，是指已经剔除通货膨胀因素后的利率。

3. 根据利率确定方式分类

官定利率，是指由政府金融管理部门或者中央银行确定的利率。

公定利率，是指由金融机构或银行业协会按照协商办法确定的利率，这种利率标准只适合于参加该协会的金融机构，对其他机构不具约束力，利率标准也通常介于官定利率和市场利率之间。

市场利率，是指根据市场资金借贷关系紧张程度所确定的利率。

4. 根据国家政策意向分类

一般利率，是指在不享受任何优惠条件下的利率。

优惠利率，是指对某些部门、行业、个人所制定的利率优惠政策下的利率。

5. 根据银行业务要求分类

存款利率，是指在金融机构存款所获得的利息与本金的比率。

贷款利率，是指从金融机构贷款所支付的利息与本金的比率。

6. 根据市场利率供求关系分类

固定利率，是指在整个借贷期间，利率不随物价或其他因素的变化而调整。该利率较高，可使借贷成本锁定且不再受整体利率调整变化的影响。

浮动利率，是指在借贷期限内利率随物价或其他因素变化相应调整。该利率的变动可以灵敏地反映金融市场上资金的供求状况，借贷双方所承担的利率变动的风险较小。

7. 根据利率之间的变动关系分类

基准利率，是在多种利率并存的条件下起决定作用的利率。各国制定基准利率的机构通常都是中央银行，我国的基准利率就是中国人民银行负责制定的，各家商业银行都要遵守央行的规定。现在实行了利率市场化，各家商业银行可以在央行规定的浮动范围内自行决定浮动多少。

基准利率是金融市场上具有普遍参照作用的利率，其他利率水平或金融资产价格均可根据基准利率来确定。基准利率是利率市场化的重要前提之一，在利率市场化条件下，融资者衡量融资成本，投资者计算投资收益，客观上都要求有一个普遍公认的利率水平作为参考。所以，基准利率是利率市场化机制形成的核心。

（五）利率的决定及影响因素

在复杂的经济关系中，众多的因素都对利率的变化产生影响，但决定和影响其变化的具体因素主要是平均利润率、资金供求状态、国家经济政策、物价水平和国际利率水平。

1. 平均利润率

平均利润率是决定利率高低的最基本因素。利息是平均利润的一部分，利率仍取决于利润率，并受平均利率的制约。一般情况下，利率以平均利润率为最高界限，且利率最低也不会等于零，否则就不会有借贷行为。所以，利率总是在零到平均利润率之间摆动，并且利率水平的变化与平均利润率水平的变化成正比，当平均利润率提高，利率一般也相应提高；平均利润率降低，利率也相应降低。

2. 借贷资金的供求状况

在平均利润率一定的情况下，利息率的高低取决于金融市场上借贷资金的供求情况。这是因为，借贷资金同其他资金一样，是在激烈的竞争中运动，这种竞争归根到底是由资金的供求关系决定的。一般情况下，当资金供不应求时，利率上升，当资金供过于求时，利率下降；同时，利率也反作用资金供求，利率上升对资金的需求起抑制作用，有利于资金来源的增加；利率下降，会使资金需求增加。所以，资金供求关系是确定利率水平的一个基本因素。

3. 国家经济政策

利率对社会再生产具有调节作用。因此，国家把利率作为调节经济的一种重要工具。利率不能完全随借贷资金的供应状况自由波动，而必须受到国家的调节，因此而产生的一些代表国家意向的经济政策就对利率产生直接的干预和影响。世界各国政府都根据本国的经济状况和经济政策目标，通过中央银行制定的金融政策影响市场利率，进而达到调节经济、实现其经济发展目标的目的。

4. 物价水平

利率的变动与物价的变化有密切关系。一方面，物价的高低影响着银行吸收社会资金的成本大小，从而影响银行信贷资金的来源；另一方面，物价上涨往往同货币贬值互为因果，在货币贬值的情况下，银行吸收存款和发放贷款就必须考虑保持货币的实际价值。同样，在信用关系的另一方也有一个货币保值的问题。所以，为保证信用双方都不因物价变化而受到损失，必须合理调整利率水平。

5. 国际利率水平

国际利率水平对国内利率的变化具有一定的影响作用，因为国内利率水平的高低直接影响本国资金在国际的移动，进而对本国的国际收支状况产生影响。当国际利率水平较低而国内利率水平较高时，会使外国货币资本流入国内，从而有利于国际收支状况的改善；反之，当国际利率水平较高，而国内利率水平较低时，会使本国的资金外流，不利于本国的国际收支平衡。同时，国际利率水平与国内利率水平之间的悬殊太大，不仅对国际收支产生影响，而且还会影响本国通货的对外价值，直接影响本国的对外贸易。所以，参照国际利率水平来调整国内利率水平，可以减少国际收支逆差或顺差，从而达到国际收支平衡。

▶▶ 小贴士

利率与汇率

利率政策通过影响经常项目对汇率产生影响。当利率上升时，信用紧缩，贷款减少，投资和消费减少，物价下降，在一定程度上抑制进口，促进出口，减少外汇需求，增加外汇供给，促使外汇汇率下降，本币汇率上升。与利率上升相反，当利率下降时，信用扩张，货币供应量增加，刺激投资和消费，促使物价上涨，不利于出口，有利于进口。

汇率变动对利率的影响也是间接的，即通过影响国内物价水平、影响短期资本流动而间接地对利率产生影响。

习　题

一、名称解释

1. 金融　2. 货币　3. 货币制度　4. 信用　5. 利息　6. 利息率

二、简答题

1. 金融的特征是什么?

2. 货币的主要职能有哪些?

3. 简述我国货币层次的划分。

4. 信用有哪些形式?

5. 利率的经济功能和作用有哪些?

6. 我国货币层次是如何划分的?

三、案例题

1. 自 1949 年中华人民共和国成立以来, 我国的利率基本上属于管制利率类型, 其形成有其特殊的历史背景。中华人民共和国成立初期, 出现了严重的通货膨胀, 政府采取了一系列严格管理措施, 其中也包括利率管制。物价基本稳定后, 中国人民银行总行统一规定各种贷款利率的最高限; 同时, 对不同所有制性质的企业实行不同的存贷款利率, 以配合所有制的社会主义改造。随着生产资料所有制社会主义改造的基本完成和高度集中的中央计划经济管理体制的建立, 管理利率的做法进一步强化, 成为高度集中的计划管理体制的一个有机组成部分。其特征是: 利率档次少、利率水平低、利差小、管理权限高度集中。1957—1978 年只对利率进行过两次调整。直至经济体制改革后, 这种局面才有所改变。近年来, 在利率市场化改革的过程中采取的主要措施包括: 根据经济形势的变化适时调整利率水平; 放开同业拆借利率; 放开国债市场利率; 允许金融机构对贷款利率有一定幅度的浮动权; 放开对金融机构外币业务的利率管制等。

请思考: 我国实施管制利率的原因是什么? 你是如何看待我国的利率市场化改革的?

2.

阿红和阿力是夫妻。阿力做着自己的生意, 平时偶尔也会透支信用卡, 但都能及时还款。

2015 年左右, 阿力生意上出了点状况, 需要周转资金, 遂回家同妻子阿红商量, 使用阿红身份证办理信用卡用于透支获取资金, 等周转过来后再将钱款还上。阿红同意了。

2015 年 9 月起, 阿力使用阿红的身份证申领了一张某银行的信用卡, 用于透支消费和取现, 截至 2015 年 10 月 28 日, 共透支本金人民币 15 424.72 元。

2015 年 11 月起, 阿力再次使用阿红的身份证申领了两张银行信用卡, 同样用于透支消费和取现。不过, 这回透支金额大了, 截至 2015 年 12 月 25 日, 共透支本金人民币 199 758 元。

阿力的生意, 前期经营良好, 后期不断扩大投资, 但生意失败, 透支的信用卡迟迟未能还上。

　　2016 年 12 月 11 日，阿力因恶意透支自己名下的信用卡被公安人员抓获。除了自己恶意透支之外，阿力主动供述了夫妻二人共同透支的事实。

　　请思考：你在享受信用卡之便时，怎样避免信用卡之伤？

【实践课堂】

　　1. 分组讨论货币的形态是如何演变的？这种演变有什么内在规律？设想未来世界的货币可能是什么形式？

　　2. 上网查询信用卡使用的相关误区以使自己明明白白地使用信用卡消费。

第八章 ■ 金融机构体系与金融业务

知识目标

1. 了解金融机构体系的构成，中央银行的性质、特征和职能，商业银行的性质、职能、业务和风险管理，政策性银行的概念、性质、功能及主要业务。

2. 理解中央银行的政策目标及实现目标的手段。

3. 掌握金融机构体系的性质与职能，商业银行的负债业务、资产业务和表外业务。

能力目标

1. 通过中央银行货币政策工具的运用，掌握多种政策工具配合的必要性。

2. 熟悉商业银行的主要业务运作，识别和防范商业银行的主要风险。

3. 熟悉政策性银行的主要业务运作，识别和防范政策性银行的主要风险。

案例导入

上海自贸试验区金融工作协调推进小组办公室、上海市金融办等部门于2015年8月14日召开自贸区金融创新案例发布会，本次发布的金融创新案例共分8大类11项。一是分账核算单元建设，主要包括自贸区财务公司分账核算单元建设、境外发行大额同业存单补充分账核算单元流动性、商业银行分账核算业务境外融资三个案例。二是自由贸易账户功能拓展创新，自由贸易账户外币服务功能正式启动后，上海自贸区分账核算业务的金融机构可按相关要求向区内及境外主体提供本外币一体化的自由贸易账户融资服务。三是金融衍生品交易创新，农业银行上海市分行在分账核算单元下通过美元兑人民币自营掉期交易，积极探索以金融衍生交易降低资金成本，有利于规避利率汇率风险。四是外汇管理改革创新。五是金融交易平台建设，主要包括"黄金沪港通"和大宗商品现货交易市场一站式金融服务。六是商业银行投贷联动模式创新。七是保险产品监管创新。八是"走出去"企业融资服务。

对于自由贸易账户功能的创新，上海市金融办认为可以概括为两个方面。一个是商业银行为自贸区企业提供本外币一体化的自由贸易账户融资服务，另一个是商业银行通过向海外拆借资金补充分账核算体系流动性，再向区内企业提供融资服务。

截至 2015 年上半年，接入央行有关检测管理系统的金融机构共有 30 家，开立了近 2 万个自由贸易账户，70 家企业获准开展跨国公司总部外汇资金的集中运行管理。截至 2015 年 8 月 14 日，上海自贸区通过自由贸易账户跨境本外币结算总额超过 2 万亿元人民币。

问题引入：

1. 上海自贸区推进金融创新有何必要性？
2. 金融机构怎样借助上海自贸区积极推进业务创新？
3. 金融创新的推进对金融机构的启示有哪些？

第一节　金融机构体系概述

在市场经济条件下，资金盈余单位与资金短缺单位之间的债权债务关系，是通过金融市场和金融机构来确立的。在一个发达的信用经济体系中，商业银行、中央银行和非银行金融机构组成了完整的金融机构体系。

一、金融机构的含义

金融机构泛指从事金融业务、协调金融关系、维护金融体系正常运行的机构。金融机构有广义和狭义之分。一般将狭义的金融机构定义为金融活动的中介机构，即在间接融资领域中作为资金余缺双方交易的媒介，专门从事货币、信贷活动的机构，主要指银行和其他从事存、贷款业务的金融机构；广义的金融机构则是指所有从事金融活动的机构，包括直接融资领域中的金融机构、间接融资领域中的金融机构和各种提供金融服务的机构。

▶▶ **小贴士**

直接金融机构与间接金融机构的区别

直接金融机构在中介融资过程中一般不发行以自己为债务人的融资工具，只是协助将筹资者发行的融资工具（股票、债券等）销售给投资者，完成筹资目标。间接金融机构则发行以自己为债务人的融资工具来筹集资金，然后又以各种资产业务分配这些资金。

二、金融机构的性质与职能

（一）金融机构的性质

从金融机构产生的历史过程来看，它是一种以追逐利润为目标的金融企业。社会主义市场经济条件下的金融机构是独立自主、自负盈亏的金融企业。

金融机构是所有从事各类金融活动的组织，包括直接融资领域中的金融机构和间接融资领域中的金融机构。直接融资领域中金融机构的职能是充当投资者和筹资者之间的经纪人，间接融资领域中金融机构的职能是作为资金余缺双方进行货币借贷交易的媒介。

现代市场经济中，金融机构所从事的金融活动发挥着核心作用，其经营目标是为了以最小的成本获得最大的利润，它所经营的对象不是普通商品，而是特殊的商品——货币资金。

▶▶ 小贴士

金融机构与普通企业的不同

金融机构与普通企业的不同之处：金融机构经营的是货币资金及各种金融工具，普通企业经营的是满足人民日常生活需求的各种商品；金融机构的活动领域是货币信用领域，普通企业的活动领域是商品生产和商品流通领域。

（二）金融机构的职能

1. 充当企业之间的信用中介

信用中介是金融机构最基本、最能反映其经营活动特性的职能。金融机构作为信用中介，一方面动员和集中一切闲置的货币资金，另一方面则借助于信用，把这些货币资金投向国民经济的各个部门。金融机构通过信用中介职能，实现资金盈余企业和资金短缺企业的资金融通，从而使借贷资金得到最有效的利用，在不改变社会资本总量的条件下，扩大了再生产的规模，提高了生产率。

2. 充当企业之间的支付中介

支付中介，是指通过存款在账户上的转移，代理客户支付；或者在存款的基础上，为客户兑付现款等。在这里，金融机构充当了工商企业的货币保管者、出纳员和支付代理人。金融机构之所以能成为企业支付的中介，是因为它具有较高的信誉和较多的分支机构。金融机构作为支付中介，大大减少了现金的使用，加速了货币资金的周转，促进了社会再生产的扩大。

3. 变货币收入和储蓄为资本

金融机构作为信用中介，最初只是在资金盈余企业和资金短缺企业之间进行资金融通。例如，随着银行事业的发展，个人收入和储蓄也被银行汇集起来贷放给企业。这样，银行把非资本的货币转化为资本货币，扩大了社会资本的总量，从而使社会再生产以更快的速度扩大。

4. 创造各种信用工具

由于金融机构支付中介职能的存在，流通中出现了银行券和支票这两种信用工具。这些信用工具被投入流通，代替了很大一部分金属货币的流通，从而既减少了流通费用，又根据经济发展的需要提供了更多的流通手段和支付手段。非生产性流通费用的节约，使可利用到生产中去的资本数量增多。

随着金融机构支付中介职能的发展和电子计算机在银行业务中的运用，银行卡被广泛用于存取款和转账支付，如信用卡、支票卡、记账卡和自动出纳机卡等成为新型的金融服务工具。银行卡的使用，不仅减少了现金和支票的流通，而且使银行业务由于突破了时间和空间的限制，发生了根本性的变化。

5. 金融服务职能

金融机构不仅作为工商企业的信用中介和支付中介，而且还发挥着金融服务职能。由于金融机构联系面广，信息比较灵通，特别是电子计算机在业务中的广泛应用，使其具备了为客户提供信息服务的条件，于是咨询和决策服务便应运而生。工商企业生产和流通专业化的发展，要求把一些货币业务转交给金融机构代为办理，如代发工资、代理支付各项费用等。此外，金融机构还办理租赁业务、信托业务等各项金融服务性业务。由于金融业竞争日益激烈，迫使金融机构不断开拓金融服务的新领域，以增加利润。

三、金融机构体系

金融机构体系是指金融机构的组织体系，简称金融体系。它是由经营和管理金融业务的各类金融机构所组成的完整系统。

（一）西方国家的金融机构体系

1. 中央银行

中央银行是一国金融机构体系的核心，处于领导地位。中央银行不以营利为目的，而以金融管理事业为己任。它集中全国的货币发行，执行国家或政府的货币金融政策，集中商业银行和其他金融机构的支付准备，并在金融危机时作为商业银行和其他金融机构的最后贷款人。因此，中央银行是发行的银行、银行的银行和国家的银行。

世界上最早的中央银行是英格兰银行，成立于1694年。起初，它既执行商业银行的职能，又执行中央银行的职能，直至19世纪后期，英格兰银行才真正发挥中央银行的职能，成为中央银行的典范，为各国纷纷仿效。

2. 商业银行

在实行市场经济体系的国家，商业银行是金融体系的主体。商业银行作为最早出现的现代金融机构，起初只从事工商企业的短期存贷款业务。第二次世界大战以后，随着银行业竞争的日益加剧，商业银行的业务种类有所增加，长期贷款和投资业务的比重逐步增加。目前，世界各国的商业银行在与非银行金融机构的激烈竞争中，不断扩大业务范围，逐步发展成为综合性银行，被称为"金融百货公司"。

3. 非银行金融机构

除中央银行和商业银行以外的非银行金融机构主要包括以下几种。

（1）储蓄银行。

储蓄银行是吸收居民个人储蓄的专业银行。其名称因国家而异，在美国被称为"互助储蓄银行"，在英国被称为"信托储蓄银行"，德国和法国则直接称其为储蓄银行。储蓄银行的性质大多为民间金融机构，如在美国和英国；但也有少数国家属官方金融机构，如在德国和法国。

（2）投资银行。

投资银行是为工商企业筹集长期资金的专业银行。各国投资银行的名称有所不同，例如，美林公司是美国最大的投资银行之一；日本的长期信用业务由长期信用银行和信托银行来承担；英国的投资银行叫"商人银行"。此外，其他国家的投资银行的名称也各不相同，有的直接称为投资银行，有的称为金融公司或信托投资公司，还有的称为证券发行所。

（3）进出口银行。

进出口银行是对国际贸易进行资金融通的专业银行。美国称为"美国进出口银行"，日本称为"日本输出入银行"，法国称为"法国对外贸易银行"，德国则称为"德国出口信贷银行"。各国进出口银行多为官方金融机构，其资本由政府拨付。

（4）开发银行。

开发银行是以促进本国经济和建设发展为目标的专业银行。如日本开发银行的经济目标是通过向企业提供长期贷款，支持重点产业发展和新兴产业的开发，以弥补民间金融机构的长期资金不足。开发银行多为官方金融机构，其资本全部由政府出资，此外，还可向政府借款和发行债券。

（5）不动产抵押银行。

不动产抵押银行是专门办理不动产抵押贷款的专业银行。作为抵押品的资产主要是不动产，如土地和房屋，但有时也把股票、债券和商品等动产作为贷款抵押品。

（6）外汇专业银行。

外汇专业银行是专门经营外汇业务的专业银行，如日本的东京银行。外汇专业银行大多是按股份制形式建立的民间金融机构，其资金来源除发行股票和吸收存款以外，还可以发行债券作为筹集资金的辅助手段。

（7）保险公司。

保险公司分为人寿保险公司和火灾与伤害保险公司，此外还有存款保险公司。人寿保险公司是对投保人死亡提供保险的金融机构，大多采取股份制形式，也有互助形式。火灾和伤害保险公司主要是对各种灾害造成的财产损失，以及投保人造成第三者的财产损失而引起的责任提供保险，包括除人寿保险以外的所有其他形式的保险业务。有些西方国家除传统的保险机构以外，还设立了存款保险公司，以对商业银行和金融机构的存款提供保险，如美国联邦存款保险公司。

（8）信用合作社。

信用合作社是由个人集资联合组成，以互助为主要宗旨的合作金融机构，简称"信用社"。各国的信用社名称有所不同，美国称为"信用社"，日本称为"信用协同组合"，德国则称为"信用合作银行"。根据信用社会员的构成，各国的信用社大致可以分为三种类型：职业信用社、社团信用社和居住区信用社。职业信用社的会员是同一企业或同一行业的雇员，如渔业生产信用社、林牧业生产信用社、农业生产信用社等；社团信用社是由宗教和专业团体的成员组成，如小工商业者信用社、劳动者信用社等；居住区信用社是由居住在同一地区的居民所组成，如农村信用社、城市信用社等。

（9）消费信贷机构。

消费信贷机构是指对消费者个人购买耐用消费品提供贷款的专业金融机构。消费信贷机构本身并不吸收存款，它的资金主要来源于商业银行。它们往往依附于某大财团的大银行，为推销该财团的产品服务。

（10）储蓄机构。

储蓄机构在美国被称为"储蓄放款协会"，在英国则被称为"房屋互助协会"或"房地产贷款社"。这类储蓄机构都是互助合作性质的金融机构。

（11）财务公司和租赁公司。

财务公司是经营部分银行业务的金融机构，其业务范围大多是为购买耐用消费品提供分期付款形式的贷款和抵押贷款业务。在当代，西方国家财务公司的业务范围已逐步扩大，除上述业务以外，一些大的财务公司还经营外汇、联合贷款、包销证券、财务及投资咨询服务等。

租赁公司是通过出租设备的形式发放贷款的一种专业金融机构。租赁业务包括两大类，一类是实物租赁公司，另一类是金融租赁公司。两者的区别点主要在于：前者最终只转移使用权，后者最终要转移所有权。因此，金融租赁公司实际是金融机构，与银行的不同之处在于：金融租赁公司是先购买设备，再将设备租赁给企业，企业付租赁费，比如付五年的租赁费，五年租赁费的总和等于本金加利息；银行贷款给企业，企业用于购买设备，先付息后归还本金。

（12）贴现行。

贴现行是英国特有的一种金融机构，在英国的金融体系中处于中心地位。在18世纪，英国国内贸易多采用汇票来结算，小银行资金有限，往往通过经纪人将未到期票据转给大银行进行再贴现，由于利润丰厚，这些经纪人利用自己的资金和银行的短期贷款，直接办理票据的再贴现，逐渐形成贴现行。现在贴现行积极参与国库券市场，已成为英格兰银行从事金融调控的重要中介，其职能是以国库券和其他票据作担保向银行系统借入短期资金。

（二）我国的金融机构体系

改革开放以前，我国是"大一统"的国家银行体系，中国人民银行是全国信用活动的中心，既行使金融管理和货币发行的职能，又从事借贷、储蓄、结算和外汇等业务经营活动。改革开放以后，我国陆续恢复和设立了一些银行和非银行金融机构，同时，专业银行实现了商业化改革。目前，我国金融机构体系是以中央银行为核心，政策性银行与商业性银行相分离，国有商业银行为主体，多种金融机构并存的现代金融体系，且形成了严格分工、相互协作的格局。

1. 中央银行

我国的中央银行是中国人民银行。中国人民银行实行行长负责制,国务院领导下制定和执行货币政策、对金融业实施监督管理的国家机关。它是我国的货币发行的银行、银行的银行和政府的银行。总行设在北京,根据需要设立分支机构,对分支机构实行集中统一领导和管理。1998年年底,中国人民银行分行的设置由按行政区划改为按经济区划,即撤销了省级分行,改为跨省、区、市设置分行。新设立的9个分行是:天津分行(管辖天津、河北、山西、内蒙古),沈阳分行(管辖辽宁、吉林、黑龙江),上海分行(管辖上海、浙江、福建),南京分行(管辖江苏、安徽),济南分行(管辖山东、河南),武汉分行(管辖江西、湖南、湖北),广州分行(管辖广东、广西、海南),成都分行(管辖四川、贵州、云南、西藏),西安分行(管辖陕西、甘肃、青海、宁夏、新疆)。同时撤销北京市分行和重庆分行,由总行营业管理部履行所在地中央银行职能,并在不设一级分行的省会(自治区、直辖市)城市设金融监管办事处。这一改革有利于增强中央银行金融宏观调控的能力和提高金融监管的效率。

▶▶ 小贴士

中国人民银行的具体职责

按《中国人民银行法》的规定,中国人民银行履行下列职责:

1. 发表与履行其职责有关的命令和规章;

2. 依法制定和执行货币政策;

3. 发行人民币,管理人民币流通;

4. 监督管理银行间同业拆借市场和银行间债券市场;

5. 实施外汇管理,监督管理银行间外汇市场;

6. 监督管理黄金市场;

7. 持有、管理、经营国家外汇储备、黄金储备;

8. 经理国库;

9. 维护支付、清算系统的正常运行;

10. 指导、部署金融业反洗钱工作,负责反洗钱的资金监测;

11. 负责金融业的统计、调查、分析和预测;

12. 作为国家的中央银行,从事有关的国际金融活动;

13. 国务院规定的其他职责。

2. 政策性银行

政策性银行是指由政府创立或参股,不以营利为目的,为贯彻政府经济方针政策而从事政策性金融业务的银行。我国于1994年成立了三家政策性银行,它们是国家开发银行、中国农业发展银行、中国进出口银行。各政策性银行的行长、副行长均由国务院任命。

（1）国家开发银行。

国家开发银行是经国务院批准，于 1994 年 3 月正式成立的中国第一家政策性银行，直属国务院领导。2008 年 12 月，国家开发银行改制为国家开发银行股份有限公司。2015 年 3 月，国务院明确国家开发银行定位为开发性金融机构。目前，国家开发银行是全球最大的开发性金融机构，是中国最大的中长期信贷银行和债券银行。

国家开发银行的主要业务有以下几种。

① 规划业务。国家开发银行在全面参与各级政府经济社会发展规划和重点企业客户全面发展规划研究编制的基础上，着力开展配套的系统性融资规划研究和设计，为政府和企业客户提供高水平"融智"服务，系统设计和提出服务国家经济社会发展、"走出去"战略以及企业发展的模式、路径和产品，规划先行已成为国家开发银行促进业务发展、防控风险的独特优势。

② 信贷业务。国家开发银行自 1998 年开始，围绕国家战略重点和开发性金融机构定位，不断加大对城市基础设施建设、棚户区改造等新型城镇化建设重点领域融资支持，成为城镇化发展建设的主力银行。

③ 中间业务。国家开发银行坚持中间业务稳发展，发行信贷资产支持证券，同时与各大金融机构开展合作，创新以证券化手段引导社会资金，为推动证券化市场健康发展、促进金融生态环境改善、拓展开发性金融作用进行了有益探索。

④ 资金业务。经国务院批准，在中国人民银行具体监管下，国家开发银行实现了完全市场化发行金融债券，发挥了中长期投融资的优势和作用，动员和引导社会资金，服务国家重大中长期发展战略。

⑤ 营运业务。国家开发银行的营运业务主要体现为支付结算业务和跨境人民币结算业务。这里，支付结算业务即国家开发银行利用风险小、收益高、业务延展性强的支付结算产品有效地为国家开发银行客户提供资金收付款服务；跨境人民币结算业务即国家开发银行在中国人民银行规定的政策范围内，为境内外企业在开展货物贸易及投融资活动过程中使用人民币计价并进行人民币资金的收付时提供跨境人民币结算服务。

⑥ 综合金融业务。

国开金融有限责任公司（以下简称国开金融）成立于 2009 年 8 月，是国家开发银行经国务院批准设立的全资子公司，主要从事投资和投资管理业务。

国开金融在国家开发银行集团架构内具有重要而独特的地位，在承接国家开发银行原有投资业务的基础上，国开金融已成为一个辐射海内外的综合性战略投资平台。

国开金融是中国银行业内唯一具有人民币投资功能的专业投资机构，是国家开发银行服务国家战略的平台之一。国务院批准国家开发银行的投资功能，既肯定了国家开发银行在国家发展中的战略性地位和历史性作用，也增强了国家开发银行的综合金融服务功能。

国开金融是中国注册资本额最大的人民币综合投资机构，不仅具有很强的市场化融资能力，还可以与国家开发银行的信贷业务相结合，满足企业从资本金到贷款的全面融资需求。国开金融是中国客户关系网络覆盖最广的投资机构，依托国家开发银行良好的政府关系、多年来培育扶持的大量基础设施和产业客户资源以及覆盖国内和世界主要国家及地区的分支机构，国开金融可以源源不断地获得优质的项目储备，并且具备在全球范围内整合资源的能力。

国开金融是具有丰富的专家资源和投融资经验的投资机构，可以广泛地参与各地、各行业发展规划的制定和重大项目的开发评审，强化风险管控，确保投资项目质量。国开金融是中国市场形象和品牌声誉最好的投资机构和投资管理机构之一，正在成为国内大型资金机构、社会资本以及海外资本的资产管理人。

国开金融以服务于中国经济持续健康发展为目标。

（2）中国农业发展银行。

中国农业发展银行是我国唯一的一家农业政策性银行，直属国务院领导，成立于1994年。

中国农业发展银行的主要任务是以国家信用为基础，以市场为依托，筹集支农资金，支持"三农"事业发展，发挥国家战略支撑作用。中国农业发展银行的经营宗旨是紧紧围绕服务国家战略，建设定位明确、功能突出、业务清晰、资本充足、治理规范、内控严密、运营安全、服务良好、具备可持续发展能力的农业政策性银行。

中国农业发展银行坚持实施"一二三四五六"总体发展战略。"第一要务"即坚持科学发展观；"两个从严"即全面从严治党和依法从严治行；"三位一体"即坚持执行国家意志、服务"三农"需求和遵循银行规律；"四大路径"即用改革完善体制机制，用创新激发动力活力，用科技强化引领支撑，用人才提供支持保障；"五个全力服务"即全力服务国家粮食安全、全力服务脱贫攻坚、全力服务农业现代化、全力服务城乡发展一体化、全力服务国家重点战略；"六个现代化"即治理机构、运营模式、产品服务、管控机制、科技支撑、组织体系现代化。

中国农业发展银行的具体业务包括：

① 支农转贷款、旅游扶贫贷款、现代农业园区贷款、中央储备粮油贷款业务、海洋资源开发与保护贷款、林业资源开发与保护贷款、粮食仓储设施贷款业务等；

② 企业理财、信贷资产证券化、产业投资基金、中国农发重点建设基金等；

③ 减免保证金开证业务、海外代付业务、打包放款业务、出口贴现业务等；

④ 存款业务，债券发行、企业债券承销等；

⑤ 银行汇票、转账支票、代理结算业务、银行本票、托收承付等；

⑥ 外汇汇款业务、信用证业务、托收业务、跨境人民币结算等；

⑦ 外币支付清算、即期结售汇业务、即期外汇交易、代理结算业务等。

（3）中国进出口银行。

中国进出口银行成立于1994年，是直属国务院领导的政府全资拥有的国家银行。

中国进出口银行的主要业务范围包括：

① 中国进出口银行的主要职责是为扩大中国机电产品、成套设备和高新技术产品进出口，推动有比较优势的企业开展对外承包工程和境外投资，促进对外关系发展和国际经贸合作，提供金融服务；

② 经批准办理配合国家对外贸易和"走出去"领域的短期、中期和长期贷款，含出口信贷、进口信贷、对外承包工程贷款、境外投资贷款、中国政府援外优惠贷款和

优惠出口买方信贷等；

③ 办理国务院指定的特种贷款，办理外国政府和国际金融机构转贷款（转赠款）业务中的三类项目及人民币配套贷款，吸收授信客户项下存款，发行金融债券，办理国内外结算和结售汇业务，办理保函、信用证、福费廷等其他方式的贸易融资业务，办理与对外贸易相关的委托贷款业务，办理与对外贸易相关的担保业务，办理经批准的外汇业务，买卖、代理买卖和承销债券，从事同业拆借、存放业务，办理与金融业务相关的资信调查、咨询、评估、见证业务，办理票据承兑与贴现，代理收付款项及代理保险业务，买卖、代理买卖金融衍生产品，资产证券化业务，企业财务顾问服务，组织或参加银团贷款，海外分支机构在进出口银行授权范围内经营当地法律许可的银行业务，按程序经批准后以子公司形式开展股权投资及租赁业务，经国务院银行业监督管理机构批准的其他业务。

3. 国有独资商业银行

中国工商银行、中国农业银行、中国建设银行和中国银行四家国有独资商业银行在我国金融机构体系中处于主体地位。

▶▶ 相关链接

国有独资商业银行的业务

1. 吸收公众存款。
2. 发放短期、中期和中长期贷款。
3. 办理国内外结算。
4. 办理票据贴现。
5. 发行金融债券。
6. 代理发行、代理兑付、承销政府债券。
7. 从事同业拆借。
8. 买卖、代理买卖外汇。
9. 提供信用证服务及担保。
10. 代理收付款项、代理保险业务。
11. 提供保管箱服务。
12. 经中国人民银行批准的其他业务。

中国工商银行是我国目前规模最大的商业银行，无论是吸收储蓄存款，还是发放中长期贷款，或是办理结算业务上都处于优势地位。它一方面积极开拓、稳健经营，另一方面又以效益为中心，进行集约化经营。

中国农业银行一方面利用固有的优势，继续服务于农村经济，以支持农业产业化经营为基础，将经营重心转移到高效行业和企业；另一方面实行城乡联动的市场定位，拓展城郊与城区的业务，支持城乡经济一体化发展；同时还在积极创造条件进入国际金融市场。

中国银行在其作为国家外汇外贸转移银行时期，在发展国际金融业务方面就已奠定了良好基础。现在，作为外汇指定银行，中国银行继续充分发挥着支持外贸事业发展、提供国际结算服务、提供进出口融资便利以及作为对外筹资的主渠道等业务优势。

中国建设银行在经历了十几年财政、银行双重职能并行的阶段后，1994年进入向国有商业银行转变的新阶段。1996年3月中国人民建设银行更名为中国建设银行。由于该银行过去长期专门办理固定资产投资和房地产等基本建设金融业务，与大企业、大行业有着密切的联系，从而继续发挥优势，实施为大企业、大行业服务的经营战略，同时也在积极拓展商业银行的其他业务。

4. 其他商业银行

自20世纪80年代初起，我国陆续组建了一批股份制商业银行：交通银行、中信实业银行、中国光大银行、华夏银行、中国民生银行、广东发展银行、招商银行、福建兴业银行、上海浦东发展银行、烟台住房储蓄银行、蚌埠住房储蓄银行等。就这些商业银行的活动地域来看，新建时明确有全国性商业银行（如交通银行、中信实业银行、中国光大银行、华夏银行、中国民生银行等）与区域性商业银行之分，这从各银行的名称即可基本判别。但近些年来，随着金融改革的深入和金融业的快速发展，一些区域性商业银行的经营域界已超出了原来定位的地区，向其他城市或地区扩展。

1995年春，我国开始在规范信用社的基础上组建城市合作银行，其基本方式是将众多的城市信用合作社改组地方性股份制商业银行，城市合作银行实行一级法人、多级核算经营的体制，所有入股的城市信用合作社都变为城市合作银行的分支机构。城市合作银行在性质上并不属于合作性金融机构，而是股份制商业银行，因而城市合作银行后来又改名为城市商业银行。这些以城市名称命名的城市商业银行的主要功能是为本地区经济发展融通资金，重点为城市中小企业的发展提供金融服务。

2001年11月，经中国人民银行批准，江苏省成立了张家港市农村商业银行、常熟市农村商业银行，这是在农村信用合作社的基础上改制组建的股份制商业银行，这标志着一种新的农村金融机构的诞生。

5. 非银行金融机构

非银行金融机构是指通过发行股票、债券、基金，接受信用委托，提供保险等形式筹集资金，并将所筹资金运用于长期性投资的金融机构，即除商业银行和专业银行以外的所有金融机构，主要包括保险公司、证券公司、基金管理公司、信托公司等机构。非银行金融机构与商业银行的主要区别在于信用业务形式的不同，其业务活动范围的划分取决于国家金融法规的规定。

（1）保险公司。

保险公司是指以经营保险业务为主，依《中华人民共和国保险法》和《中华人民共和国公司法》设立的公司法人。保险公司应当在国务院保险监督管理机构依法批准的业务范围内从事保险经营活动。

保险关系中的保险人，享有收取保险费、建立保险费基金的权利。同时，当保险事故发生时，有义务赔偿被保险人的经济损失。

保险公司的业务范围主要分为三类：一是人身保险业务，包括人寿保险、健康保险、意外伤害保险等保险业务；二是财产保险业务，包括财产损失保险、责任保险、信用保险、保证保险等保险业务；三是国务院保险监督管理机构批准的与保险有关的其他业务。

保险人不得兼营人身保险业务和财产保险业务。但是，经营财产保险业务的保险公司经国务院保险监督管理机构批准，可以经营短期健康保险业务和意外伤害保险业务。

（2）证券公司。

证券公司是指依照《中华人民共和国证券法》和《中华人民共和国公司法》的规定设立，并经国务院证券监督管理机构审查批准而成立的专门经营证券业务，具有独立法人地位的有限责任公司或者股份有限公司。

证券公司分为综合类证券公司和经纪类证券公司，证券公司必须在其名称中标明证券有限责任公司或者证券股份有限公司字样。经纪类证券公司必须在其名称中标明经纪字样，且只允许专门从事证券经纪业务。

综合类证券公司的业务范围主要包括：

① 证券经纪业务；

② 证券自营业务；

③ 证券承销业务；

④ 经国务院证券监督管理机构核定的其他证券业务。

（3）基金管理公司。

基金管理公司即证券投资基金管理公司，又叫作基金公司，是指在中国境内设立，经中国证券监督管理委员会批准，从事证券投资基金管理业务的企业法人。基金管理公司的最高权力机构是公司董事会。基金管理公司的发起人是从事证券经营、证券投资咨询、信托资产管理或者其他金融资产管理机构。

从狭义来说，基金管理公司仅指经中国证券监督管理委员会批准的、可以从事证券投资基金管理业务的基金管理公司；从广义来说，基金管理公司分公募基金公司和私募基金公司。公募基金公司的经营业务以及人员活动受证监会监管，其从业人员属于基金业从业人员。私募基金公司必须依法经营和接受国家的金融体系监管，纳入国家金融系统管理，确保国家金融体系健康运行。从组织形式上说，基金管理公司分为公司制基金公司和有限合伙制基金公司。

基金管理公司的业务范围有以下几个方面。

① 基金管理业务。基金管理业务是指基金管理公司最基本的一项业务，基金管理公司根据专业的投资知识与经验投资运作基金资产。基金管理公司最主要的职责就是组织投资专业人士，按照基金契约或基金章程的规定制定基金资产投资组合策略，选择投资对象，决定投资时机、数量和价格，运用基金资产进行有价证券的投资。向基金投资者及时披露基金管理运作的有关信息，定期分配投资收益。

② 发起设立基金。发起设立基金是指基金管理公司为基金批准成立前所做的一切准备工作，包括基金品种的设计、签署基金成立的有关法律文件、提交申请设立基金的主要文件及申请工作。

③ 受托资产管理业务。受托资产管理业务是指基金管理公司作为受托投资管理人，根据有关法律、法规和投资委托人的投资意愿，与委托人签订受托投资管理合同，把委托人委托的资产在证券市场上从事股票、债券等有价证券的组合投资，以实现委托资产收益最大化的行为。

④ 基金销售业务。基金销售业务是指基金管理公司通过自行设立的网点或电子交易网站把基金单位直接销售给基金投资人的行为。

（4）信托公司

信托公司是指依照《中华人民共和国公司法》和根据《信托公司管理办法》设立的主要经营信托业务的金融机构。这里所称信托业务，是指信托公司以营业和收取报酬为目的，以受托人身份承诺信托和处理信托事务的经营行为。

信托公司的业务范围主要有以下规定。

① 信托公司可以申请经营下列部分或者全部本外币业务：资金信托，动产信托，不动产信托，有价证券信托，其他财产或财产权信托，作为投资基金或者基金管理公司的发起人从事投资基金业务，经营企业资产的重组、购并及项目融资、公司理财、财务顾问等业务，受托经营国务院有关部门批准的证券承销业务，办理居间、咨询、资信调查等业务，代保管及保管箱业务，法律法规规定或中国银行业监督管理委员会批准的其他业务。

② 信托公司可以根据《中华人民共和国信托法》等法律法规的有关规定开展公益信托活动。

③ 信托公司可以根据市场需要，按照信托目的、信托财产的种类或者对信托财产管理方式的不同设置信托业务品种。

④ 信托公司管理运用或处分信托财产时，可以依照信托文件的约定，采取投资、出售、存放同业、买入返售、租赁、贷款等方式进行。中国银行业监督管理委员会另有规定的，从其规定。信托公司不得以卖出回购方式管理运用信托财产。

⑤ 信托公司固有业务项下可以开展存放同业、拆放同业、贷款、租赁、投资等业务。投资业务限定为金融类公司股权投资、金融产品投资和自用固定资产投资。信托公司不得以固有财产进行实业投资，但中国银行业监督管理委员会另有规定的除外。

⑥ 信托公司不得开展除同业拆入业务以外的其他负债业务，且同业拆入余额不得超过其净资产的20%。中国银行业监督管理委员会另有规定的除外。

⑦ 信托公司可以开展对外担保业务，但对外担保余额不得超过其净资产的50%。

⑧ 信托公司经营外汇信托业务，应当遵守国家外汇管理的有关规定，并接受外汇主管部门的检查、监督。

第二节　中央银行 ----------------------------●

中央银行是一个国家银行体系的中心环节，是统制全国货币金融的最高机构，执行国家的货币金融政策，控制全国的信用。世界上大多数国家都设立了中央银行。

一、中央银行的性质

中央银行是一国最高的货币金融管理机构,在各国金融体系中居于主导地位。中央银行的资本性质,无论是国家的、半国家的,还是私人股份的,都是执行国家货币政策的机构,受国家直接控制和监督,中央银行的负责人由国家任命,必须完成国家赋予的任务。

(一)从业务活动角度分析

从中央银行业务活动的特点看,它是特殊的金融机构。

1. 业务对象特殊

中央银行的业务对象仅限于政府和金融机构,不包括一般的工商客户和居民个人。

2. 经营目的特殊

中央银行是国家政府机关,所需要的各项经费由国家财政拨付。同时,其所从事的各项金融业务活动,是从国民经济宏观需要出发,从保持货币币值稳定的需要出发而发展的,不是为了追逐利润。因此,中央银行的业务活动不以营利为目的。

3. 中央银行拥有一系列特有的业务权利

中央银行拥有发行货币、代理国库、保管存款准备金、制定金融政策等一系列特有的业务权利。

(二)从发挥作用的角度分析

从中央银行发挥的作用看,它是保障金融稳健运行、调控宏观经济的国家行政机关,具有特殊的地位。

(1)中央银行主要是通过特定金融业务履行其职责的。

(2)中央银行对经济的宏观调控是分层次实现的。

(3)中央银行在政策制定上有一定的独立性。

二、中央银行的职能

(一)中央银行是发行的银行

中央银行是一国唯一的货币发行机构,发行银行券(即人们通常所说的钞票、硬币)成为中央银行的特权。中央银行发行的银行券是一种用国家信用作担保的货币,是国家规定的法定支付手段和流通手段。中央银行通过一定的程序将货币投放到市场上流通。我国的中央银行——中国人民银行受国务院的委托,发行国家法定货币——人民币。

(二)中央银行是银行的银行

中央银行一般不同工商企业和个人发生业务往来,只与商业银行和其他金融机构直接发生业务关系,因此被称为银行的银行,主要体现为以下几点。

1. 它是银行存款准备金的管理银行

商业银行吸收的存款,不能全部用出去,需将一定比例的存款作为准备金。一部分存入中央银行作为法定存款准备金,一旦有银行发生支付困难时,中央银行就可以用集中的各家银行的准备金给予其必要的支持;另一部分备作客户的提取,保证该银行的清偿力。

2. 它是票据清算中心

随着银行事业的发展，银行业务的不断发展，每天授受的票据数量不断增多，各银行之间的债权债务关系复杂化，各银行自行轧差进行当日结清已越来越困难，不仅异地结算矛盾很大，即使同城结算也很困难，因此在客观上要求建立一个全国统一而有权威的、公正的清算中心，这只能由中央银行来担当。

3. 它是最后的贷款人

随着生产的发展和流通的扩大，对贷款需求不仅数量增多，而且期限延长，当工商企业资金紧张时，可向商业银行申请贷款，而商业银行资金不足或现金缺乏时，可向中央银行申请再贷款或再贴现，取得资金上的支持，中央银行成为商业银行的最后贷款人。

（三）中央银行是国家的银行

中央银行与政府的关系十分密切，其实它本身就是政府的一个职能部门，代表政府进行活动，中央银行又称为政府的银行，其职能是为政府提供服务，是政府管理国家金融的专门机构，具体体现为以下几个方面。

（1）代理国库。

国家财政收支一般不另设机构经办具体业务，而是交由中央银行代理，主要包括按国家预算要求代收国库库款、拨付财政支出、向财政部门反映预算收支执行情况等。

（2）代理政府债券发行。

中央银行代理发行政府债券，办理债券到期还本付息。

（3）为政府融通资金。

在政府财政收支出现失衡、收不抵支时，中央银行负有为政府融通资金以解决政府临时资金需要的义务。中央银行对政府融资的方式主要有两种：一是为弥补财政收支暂时不平衡或财政长期赤字直接向政府提供贷款，为防止财政赤字过度扩大造成恶性通货膨胀，许多国家明确规定应尽量避免以发行货币的方式来弥补财政赤字；二是中央银行直接在一级市场上购买政府债券。

（4）为国家持有和经营管理国际储备。

国际储备包括外汇、黄金、在国际货币基金组织中的储备头寸、国际货币基金组织分配的尚未动用的特别提款权等。

第一，对储备资金总量进行调控，使之与国内货币发行和国际贸易等所需的支付需要相适应。

第二，对储备资产结构特别是外汇资产结构进行调节。

第三，对储备资产进行经营和管理，负责储备资产的保值增值。

第四，保持国际收支平衡和汇率基本稳定。

（5）代表政府参加国际金融活动，进行金融事务的协调与磋商，积极促进国际金融领域的合作与发展。

（6）为政府提供经济金融情报和决策建议，向社会公众发布经济金融信息。中央银行处于社会资金运动的核心，能够掌握全国经济金融活动的基本信息，为政府的经济决策提供支持。

三、中央银行的业务

（一）负债业务

1. 货币发行

货币发行成为中央银行重要的负债资金来源之一，各国都用法律程序把货币发行权委任于中央银行。

中央银行的货币发行指中央银行发行库的资金进入商业银行业务库，商业银行在中央银行的存款账户资金增加，并且货币通过商业银行的业务库流向社会，中央银行的货币流出量大于流入量。通过货币发行，中央银行既为商品流通和交换提供流通手段和支付手段，也相应筹集了社会资金。

（1）货币发行的原则。

① 垄断性原则，指货币发行权高度集中于中央银行，有利于避免钞票发行分散的弊端，有利于对货币流通的管理，有利于增强中央银行的实力，有利于实现国家宏观经济目标，有利于增加货币发行的收益。

② 信用保证原则，指货币发行要有一定的黄金或有价证券作为保证，即通过建立一定的发行准备制度保证中央银行的独立发行。要坚持经济发行，限制财政发行。

③ 弹性发行的原则，指货币发行要有一定的弹性，不断适应社会经济状况变化的需要，既要充分满足经济发展的需要，避免因通货不足而导致经济萎缩，又要严格控制发行数量，避免因通货过量而引起通货膨胀，造成经济混乱。

（2）货币发行的种类。

① 经济发行：指中央银行根据国民经济发展的需要适度地增加货币发行量，货币的投放必须适应流通中货币需求量增长的需要，既要避免过多发行，又要确保经济发展对货币的需要。

② 财政发行：指为弥补国家财政赤字而发行的货币。财政发行容易造成通货膨胀，物价上涨。

2. 集中存款准备金

集中存款准备金是指中央银行收存的一般金融机构的存款。中央银行集中的存款准备金由两部分组成：一部分是法定存款准备金，具有法定的强制性，中央银行一般对这部分存款不支付利息，或只支付较少的利息；另一部分是超额存款准备金，亦称为一般性存款，是指商业银行为保持资金清算或同业资金往来而存入中央银行的存款。

中央银行集中商业银行的存款准备金，其目的有两个：一是配合货币政策，形成存款准备金工具，调节信贷及货币供应量规模；二是满足商业银行流动性及清偿能力的要求。

▶▶ 小贴士

中央银行集中的两部分存款具有的不同性质

第一，法定存款准备金是中央银行调控信用规模和货币供给量的政策手段；超额存款准备金是商业银行资产调整和信用创造的条件。

第二，法定存款准备金的大小主要取决于中央银行法定存款准备金比率的高低；超额存款准备金主要取决于商业银行资产结构的选择以及持有超额准备金的机会成本。

第三，法定存款准备金商业银行无权动用，其使用主动权在中央银行手中；超额存款准备金商业银行可以自由使用，其使用主动权不在中央银行而在商业银行手中。

3. 代理财政金库

一国财政收入是先分散地由基层逐步上划到中央财政，而财政支出一般总要集中到一定数量再拨付使用，使用单位也是逐渐支出使用的，这种先收后支的时间差、收大于支的数量差就形成一个十分可观的余额，可以被中央银行占用，形成中央银行的负债。中央银行占用财政金库资金，一般不支付利息，或仅付很少的利息，因此中央银行也不向政府收取代理手续费。

（二）中央银行的资产业务

1. 再贷款业务

中央银行的再贷款业务，是对商业银行和其他金融机构发放贷款，解决这些机构短期资金周转困难问题。这种贷款利率较优惠，贷款数量一般有限定，期限较短，而且大多要以有价证券作抵押。

2. 再贴现业务

中央银行的再贴现是指中央银行买进商业银行所持有的未到期的商业票据，它是商业银行从工商企业手中买进的，中央银行是再一次买进，所以称作再贴现。

3. 证券业务

中央银行的证券业务是中央银行在金融市场上买卖有价证券的活动，这种证券主要是政府债券。中央银行通过在二级市场上公开买卖各类证券（包括政府债券、中央银行票据和政策性金融债等），可以释放和回收金融体系的流动性，调控基础货币，实现体系内流动性总量适度、结构合理、变化平缓和货币市场利率基本稳定的目标。

中央银行不能在一级市场上购买有价证券，而只能在二级市场上购买；不能购买市场流动性差的有价证券；不能购买无上市资格、在证券交易所没有挂牌交易的有价证券；一般不能买入国外的有价证券。

4. 金银、外汇储备

中央银行为了集中储备、调解资金、调解货币流通速度、稳定汇率和金融市场，在国内外金融市场上从事黄金、白银、外汇等的买卖活动，而且这一活动是中央银行的一项重要的资产业务。

（三）中央银行的中间业务

1. 资金的划拨清算

各商业银行之间由于交换各种支付凭证所产生的应收应付款项，可以通过中央银行的存款账户划拨，从而使中央银行成为全国的清算中心。各国中央银行都设立了专门的票据清算机构，处理各商业银行的票据并结清各银行的差额。参加中央银行交换票据的银行要在中央银行开立往来账户，交纳一定的交换保证金，这些银行成为"清算银行"。只有清算银行才能参加中央银行的票据交换，非清算银行的票据清算只能委托清算银行办理。

2. 资金转移

中央银行在全国范围内为金融机构办理异地资金的转移，资金转移主要靠中央银行强大的资金划拨网进行。

中央银行所从事的资产业务、负债业务和中间业务与其他金融机构所从事的业务的根本区别在于：中央银行所从事的三大业务目的不是为了营利，而是为实现国家宏观经济目标服务，这是由中央银行所处的地位和性质决定的。

第三节　商业银行

商业银行是以追求利润最大化为目标，通过多种金融负债筹集资金，以多种金融资产为其经营对象，能利用负债进行信用创造，并向客户提供多功能、综合性服务的金融企业。

一、商业银行的性质

（一）商业银行是企业

在我国，商业银行是依法设立的吸收公众存款、发放贷款、办理结算等业务的企业法人，即我国商业银行的法律性质是特许成立的企业法人，它具有企业性质、拥有法人地位。

（二）商业银行又不是一般的企业，是特殊的企业

商业银行的特殊性主要表现在：第一，它所经营的货币是充当一般等价物的特殊商品；第二，它经营货币的方式是采取借贷方式（即信用方式），不改变货币的所有权，只是把货币的使用权作有条件的让渡。

（三）商业银行是特殊的金融企业，也是特殊的银行

作为一种企业，商业银行的成立实行特许制，即由国家特许。作为一种银行，一方面其以营利为目的，在经营过程中讲求营利性、安全性和流动性原则，不受政府行政干预，这与中央银行和政策性金融机构不同；另一方面，商业银行业务范围广泛，功能齐全，综合性强，能够经营活期存款业务，并可以借助于支票及转账结算制度创造存款货币，使其具有信用创造的功能，这与各类专业银行和非银行金融机构也不同。

二、商业银行的职能

（一）信用中介职能

信用中介职能是商业银行最基本、最能反映其经营活动特征的职能。这一职能的实质，是通过银行的负债业务，把社会上的各种闲散货币集中到银行里来，再通过资

产业务，把它投向经济各部门；商业银行是作为货币资本的贷出者与借入者的中介人或代表，来实现资本的融通并从吸收资金的成本与发放贷款利息收入、投资收益的差额中获取利益收入，形成银行利润。商业银行成为买卖"资本商品"的"大商人"。商业银行通过信用中介的职能实现资本盈余和短缺之间的融通，并不改变货币资本的所有权，只是改变货币资本的使用权。

（二）支付中介职能

商业银行除了作为信用中介，融通货币资本以外，还执行着货币经营业的职能。通过存款在账户上的转移，代理客户支付，在存款的基础上，为客户兑付现款等，成为工商企业、团体和个人的货币保管者、出纳者和支付代理人。

（三）信用创造功能

商业银行在信用中介职能和支付中介职能的基础上，产生了信用创造职能。商业银行是能够吸收各种存款的银行，用其所吸收的各种存款发放贷款，在支票流通和转账结算的基础上，贷款又转化为存款，在这种存款不提取现金或不完全提现的基础上，就增加了商业银行的资金来源，最后在整个银行体系形成数倍于原始存款的派生存款。长期以来，商业银行是各种金融机构中唯一能吸收活期存款，开设支票存款账户的机构，在此基础上产生了转账和支票流通，商业银行通过自己的信贷活动创造和收缩活期存款，而活期存款是构成货币供给量的主要部分。商业银行可以把自己的负债作为货币来流通，具有信用创造功能。

（四）金融服务职能

随着经济的发展，工商企业的业务经营环境日益复杂，银行间的业务竞争也日益剧烈。由于银行联系面广，信息比较灵通，特别是电子计算机在银行业务中的广泛应用，使其具备了为客户提供信息服务的条件，咨询服务、对企业"决策支援"等服务应运而生。工商企业生产和流通专业化的发展，又要求把许多原来属于企业自身的货币业务转交给银行代为办理，如发放工资、代理支付其他费用等。个人消费也由原来的单纯钱物交易，发展为转账结算。现代化的社会生活从多方面向商业银行提出了金融服务的要求。在激烈的业务竞争中，各商业银行也不断开拓服务领域，通过金融服务业务的发展，进一步促进资产负债业务的扩大，并把资产负债业务与金融服务结合起来，开拓新的业务领域。在现代经济生活中，金融服务已成为商业银行的重要职能。

三、商业银行的业务

现代商业银行是以获取利润为经营目标，以多种金融资产和金融负债为经营对象，具有综合性服务功能的金融企业。在各类金融机构中，它的历史最为悠久、业务范围最为广泛、对社会经济生活的影响面最大。商业银行的业务可分为负债业务、资产业务、其他业务。

（一）商业银行的负债业务

负债业务是形成商业银行资金来源的业务，是商业银行资产业务和其他业务的前提和条件。归纳起来，商业银行的负债业务主要包括自有资本和外来资本两大部分。

1. 自有资本

商业银行的自有资本是指其拥有所有权的资本金，主要包括股本金、储备资金以及未分配利润。其中，股本金是银行成立时发行股票所筹集的股份资本；储备资金即公积金，主要是税后利润提成而形成的，用于弥补经营亏损的准备金；利润是指经营利润尚未按财务制度规定进行提取公积金或者分利处置的部分。

在商业银行的全部信贷资金来源中，自有资本所占比例较小，一般为全部负债业务总额的 10% 左右，但是自有资本在银行经营活动中发挥着十分重要和不可替代的作用，即它是商业银行开业并从事银行业务的前提；它是银行资产风险损失的物质基础，为银行债权人提供保障；它为提高银行竞争力提供了物质保证。

2. 外来资本

外来资本来源于存款业务和借款业务。

（1）存款业务。

存款业务是银行负债业务中最重要的业务，是商业银行经费的主要来源。吸收存款是商业银行赖以生存和发展的基础，存款约占负债总额的 70% 以上。

① 活期存款。相对于定期存款而言，不需预先通知，可随时提取或支付。活期存款构成了商业银行的重要资金来源，也是商业银行创造信用的重要条件，但成本较高。商业银行只向客户免费或低费提供服务，一般不支付或支付较少利息。

② 定期存款。相对于活期存款而言，定期存款是一种由存户预先约定期限的存款。定期存款占银行存款比重较高。因为定期存款固定而且期限比较长，从而为商业银行提供了稳定的资金来源，对商业银行长期放款与投资具有重要意义。

③ 储蓄存款。储蓄存款是指个人或公司将属于其所有的人民币或者外币存入储蓄机构，储蓄机构开具存折或者存单作为凭证，个人凭存折或存单可以支取存款的本金和利息，储蓄机构依照规定支付存款本金和利息。西方经济学通行的储蓄概念是把储蓄认定为货币收入中没有被用于消费的部分。西方国家一般只允许商业银行的储蓄部门和专门的储蓄机构经营储蓄存款业务，且管理比较严格。在我国，储蓄存款专指居民个人为积蓄货币和获得利息收入而开立的存款账户，政府机关、企事业单位的存款不能称之为储蓄存款，公款私存现象被视为违法行为。

④ 通知存款。通知存款是一种不约定存期、一次性存入、可多次支取，支取时需提前通知银行、约定支取日期和金额方能支取的存款。人民币通知存款个人最低起存金额 5 万元、单位最低起存金额 50 万元，个人最低支取金额 5 万元、单位最低支取金额 10 万元。外币最低起存金额为 1000 美元等值外币。

个人通知存款不论实际存期多长，按存款人提前通知的期限长短可划分为一天通知存款和七天通知存款两个品种。

⑤ 同业存款。同业存款是指金融机构之间开展的同业资金存入与存出业务，属于对公存款种类，一般情况都会对其进行利率浮动，浮动比例与银行协商。

（2）借款业务。

借款业务是指商业银行向中央银行、同业其他银行等机构借入资金，以缓解资金短缺周转的困难。借款业务的主要类型包括向中央银行借款、同业拆借、发行金融债券和国际市场筹资。

▶▶**小贴士**

一般企业的自有资本是企业主要的营运资金，企业经营范围的大小，在很大程度上取决于其自有资本的多少及自有资本营运的有效性和灵活性。而银行的自有资本则主要起一种保证作用，它是吸收外来资本的保证，自有资本越多，越能取得社会公众和政府管理机构的信任，就可以多吸收外来资本，从而获得更多的利润。

（二）商业银行的资产业务

资产业务是商业银行将所筹集的资金加以运用，从而取得收益的业务。商业银行根据资本投放和信用担保的性质，将资产业务分为贷款业务、票据业务、证券业务等。

1. 贷款业务

贷款是商业银行的最基本业务，也是商业银行最重要的资产。

贷款的种类从不同的角度有不同的分类：按贷款的用途分类，可分为工商贷款、农业贷款、建筑业贷款、消费贷款等；按贷款期限分类，可分为活期贷款（或称通知放款，可随时由银行通知收回贷款）、定期贷款（按固定期限的短期贷款、中期贷款和长期贷款）、透支（活期存款户依照约定超过其存款账户余额而支取的款项）；按贷款的保障程度分类，可分为抵押贷款（有特定的物品作为抵押的贷款）、担保贷款、质押贷款、信用贷款（凭借款人的资信度或保证人的资信度、企业的财务状况、预期未来收益和过去的信用记录，而无须提供任何实物作为担保的贷款）；按贷款的偿还方法分类，可分为一次性偿还贷款（要求借款人于贷款到期日偿还所借的本金，利息一次付清或分期偿付）、分期偿还贷款（要求借款人按规定期限分次偿还贷款的本金和利息）。

2. 票据业务

（1）票据贴现。

商业银行在票据到期前买进票据，表面上是一种票据的买卖，实际是一种银行的信用业务。票据是票据出票人对持票人的一种负债，未贴现的票据，是票据出票人对银行客户的负债，贴现后，是票据出票人对银行的负债。贴现行为实际上是债权的转移行为，银行通过票据贴现间接贷款给票据出票人，在票据到期后才收回资金。银行向债务人收取的是从贴现日到支付日的利息，称为贴现利息或折扣。

▶▶**小贴士**

票据贴现和短期贷款的区别

票据贴现和短期贷款虽然实际上都是一种放款行为，但二者还是有区别的：首先，票据的期限多为三个月，因此贴现期限最长不超过三个月，而短期贷款期限可以再长一些，所以贴现与一般贷款相比，其资金的收回较快；其次，作为信用流通工具的票据可以自由流通，银行遇到急需资金时，可以向其他银行转贴现或向中央银行申请再贴现，而一般贷款大多需到期才能收回；再次，票据是在商品交易基础上产生的，资金运用较安全，万一到期付款人拒付，银行可依法向该票据的各关系人追偿，而如果是信用贷款，遇到借款人拒付，则有发生坏账的可能；最后，贴现是预扣利息，而贷款是事后收息，贷款利率一般高于贴现利率。

（2）票据抵押贷款。

票据抵押贷款是指银行发放的以未到期的票据作为抵押的放款。

▶▶ **小贴士**

票据抵押贷款和票据贴现的区别

票据抵押贷款和票据贴现虽然都是银行的票据业务，但是它们也是有区别的：第一，票据抵押贷款不发生票据所有权的转移，而票据贴现是发生了票据所有权的转移；第二，银行经营票据抵押贷款通常会把期限控制在票据到期的期限内，借款人到期赎回，如发生违期，银行才有权对票据进行处理，而票据贴现就不需要赎回；第三，银行进行票据抵押贷款时在额度上是有控制的，通常不是贷出票据面额的全部款项，而只是其中的一部分，一般为60%～80%，这是因为在发生票据不赎回而无法收回贷款的情况下，银行变卖票据时会有一些损失。

票据贴现是指资金的需求者将自己手中未到期的商业票据、银行承兑票据或短期债券向银行或贴现公司要求变成现款，银行或贴现公司（融资公司）收进这些未到期的票据或短期债券，按票面金额扣除贴现日以后的利息后付给持票人现款，到票据到期时再向出票人收款。因此，对持票人来说，贴现是将未到期的票据卖给银行从而获得流动性的行为，这样可提前收回垫支于商业信用的资本，而对银行或贴现公司来说，贴现是与商业信用结合的放款业务。

3. 证券业务

证券投资是商业银行重要的资金运用业务，是以有价证券的形式购入资产的一种行为。

▶▶ **小贴士**

证券投资与贷款的区别

证券投资虽然与贷款一样同为银行的资金运用，但二者也是有区别的：证券投资期限有长有短，但往往意味着较长时期的资金运用，而贷款一般是较短时期的银行资金的运用；证券投资是银行主动在市场上购买证券，而贷款则由借款人主动向银行申请；在证券投资业务中，银行常常只是许多债权人中的一个，而在贷款业务中银行则是主要的债权人或主要债权人之一；证券投资是一种不受个人影响的活动，而贷款经常会包含银行和借款人之间的个人关系。

在世界各国，商业银行的证券投资行为受到各国有关法律的制约。有的国家法律规定商业银行可以从事所有证券的投资，有的规定商业银行只能从事无风险或较低风险的证券投资，例如只能投资国债而不能从事高风险的股票投资，其目的在于保障银行的安全运行，但同时，由于不能从事多种证券的投资，使得银行的资产结构单一，经营业务受到限制，经营利润也会受到较大影响。

（三）商业银行的其他业务

在激烈的市场竞争中，商业银行除了办好负债业务和资产业务等基本业务外，往往还利用自身在资金、机构、技术、信息、信誉等方面的优势，从多方位拓展其他业务，既增加商业银行的利润，又能满足社会经济活动的需要，更加推动资产负债业务的发展。

1. 商业银行的中间业务

商业银行的中间业务是指商业银行通过为客户办理支付、担保和委托等事项，从中收取手续费的各项业务。这些业务游离于资产负债业务之外，但又与之有一定的联系。

（1）支付结算类中间业务。

支付结算类业务是指由商业银行为客户办理因债权债务关系引起的货币支付、资金划拨有关的业务，将资金从付款方账户向收款方账户转移的行为。结算工具是各类票据，如支票、本票和汇票。结算方式有同城结算和异地结算，包括国内外结算。支付结算类业务主要包括汇款、托收、信用证业务等。

汇款业务是指商业银行代理客户把款项汇给异地收款人的业务。运用的工具是银行汇票或支付委托书，这是承汇银行向异地的该行分支行或另一家银行发出向第三者支付一定数额货币的付款命令书。汇款结算业务主要是通过电汇、信汇和票汇来进行的。

托收是指债权人为向债务人收取款项而向其开出汇票，委托银行代收的一种结算方式。国际托收结算业务分为光票托收和跟单托收。跟单托收较光票托收的优越之处在于附有货运单据并以其作为保障。

信用证是指开证银行根据申请人的要求和指示，向受益人开立的载有一定金额，在一定期限内，凭规定的单据在指定的地点付款的书面保证文件。信用证结算方式是指进出口双方签订买卖合同后，进口商主动请求进口地银行向出口商开立信用证，对自己的付款责任作保证，当出口商按照信用证的条款履行了自己的责任后，进口商将货款通过银行交付给出口商。

（2）代理类中间业务。

代理类中间业务是指商业银行接受客户委托，代为办理客户指定的经济事务，提供金融服务并收取一定费用的业务，主要包括代理融通业务、代理证券业务、代理保险业务、代客买卖业务等。

代理融通业务是指商业银行代理赊销企业收账，赊销企业（卖方）将现在或将来的基于买方订立的货物销售合同所产生的应收未收账款转让给银行，使赊销账款按时收回。商业银行通过购买赊销账款向赊销企业提供资金融通，使买方远期应收账款转化为即期现金销售收入，减少应收账款、缓解资金压力、减少坏账准备金、增加利润。对银行而言，可锁定信誉良好的大客户，以实行全方位服务和集中式资金管理。

代理证券业务是指商业银行接受委托办理的代理发行、兑付、买卖各类有价证券，如国债、公司债、金融债和股票等，并收取手续费的业务。代理证券业务还包括接受委托代办债券还本付息、代发股票红利、代理证券资金清算等业务。

代理保险业务是指商业银行接受保证公司委托代其办理保险业务，如受托代个人或法人投保各险种的保险事宜，也可作为保险公司的代表，与保险公司签订代理协议，代保险公司承接有关的保险业务。代理保险业务一般包括代售保单业务和代付保险金业务。

代客买卖业务是指银行接受客户的委托，买卖有价证券、外汇和贵金属的业务。

（3）担保类中间业务。

担保类中间业务是指商业银行为客户债务清偿能力提供担保，承担客户违约风险的业务，主要包括银行承兑汇票、备用信用证、各类保函等。

银行承兑汇票是由在承兑银行开立存款账户的存款人出票，向开户银行申请并经银行审查同意承兑的，保证在指定日期无条件支付确定的金额给收款人或持票人的票据。对出票人签发的商业汇票进行承兑是银行基于对出票人资信的认可而给予的信用支持。

备用信用证是银行保证书性质的凭证，是开证行应借款人要求，以放款人作为信用证的受益人而开具的一种特殊信用证，以保证开证申请人履行自己的职责，否则银行负责清偿所欠受益人的款项。

银行保证书又称保函，是指银行应委托人的请求，向受益人开出的担保被保证人履行职责的一种文件。这种文件也称为书面信用担保凭证，主要是为了保障一旦出现申请人没有能够按照双方协议的内容履行其责任或者是义务时，由担保人代替申请人履行相关的责任和义务。

（4）承诺类中间业务。

承诺类中间业务是指商业银行在未来某一日期按照事先约定的条件向客户提供约定信用的业务，主要指贷款承诺，包括可撤销承诺和不可撤销承诺两种。

可撤销承诺附有客户在取得贷款前必须履行的特定条款，在银行承诺期内，客户如没有履行条款，则银行可撤销该项承诺，可撤销承诺包括透支额度等。

不可撤销承诺是银行不经客户允许不得随意取消的贷款承诺，具有法律约束力，包括备用信用额度、回购协议、票据发行便利等。

（5）基金托管业务。

基金托管业务是指有托管资格的商业银行接受基金管理公司委托，安全保管所托管的基金的全部资产，为所托管的基金办理基金资金清算款项划拨、会计核算、基金估值和监督管理人投资运作的业务。

（6）银行卡业务。

银行卡是指由经授权的金融机构（主要指商业银行）向社会发行的具有消费信用、转账结算、存取现金等全部或部分功能的信用支付工具。

（7）咨询、顾问类业务。

咨询顾问类业务是指商业银行依靠自身在信息、人才、信誉等方面的优势，收集和整理有关信息，并通过对这些信息以及银行和客户资金运作的记录和分析，形成系统的资料和方案，将其提供给客户的服务活动。

（8）信托业务、租赁业务。

信托是指委托人为了自己或第三者的利益，将自己的财产（有形财产包括货币、存款、有价证券、不动产等，无形财产包括保险单、专利权、商标、商誉等）委托受托人代为管理、营运或处理的一种行为，受托人依法取得信托报酬。

租赁是在财产所有权不改变的情况下，租用使用权的经济行为。由财产所有者（出租人）按照契约规定，将财产租给承租人使用，承租人按契约规定缴纳规定的租金。对商业银行来讲，租赁是一种资金运用业务，商业银行作为出租人，向客户提供租赁形式的融资业务。

2. 商业银行的表外业务

商业银行的表外业务是指商业银行所从事的不列入资产负债表且不影响资产负债总额的经营活动。表外业务主要是提供非资金服务，在多数情况下银行只是充当中介人，为客户提供担保等服务。这些业务是商业银行潜在的资产负债业务，即或有资产和或有负债。因此，表外业务不能直接等同于中间业务。

只有当客户根据银行的承诺提取资金或当约定的或有事件发生时，潜在的或有资产和或有负债才会成为银行实际的资产和负债。例如，对于放款承诺，是在借款人要求银行履行承诺时，才转化为放款，即或有资产导致了实际资产的产生。再如，银行开立了保函或信用证，有的银行在资产负债表内列为保证款项和应收保证款对应科目，也有银行将其放在表外，当开证的客户不能付款时，就会成为银行的实际负债，即或有负债转化为实际负债。所以，银行表外业务的实质是在保证资产负债良好的前提下，扩大银行的业务规模和业务范围。虽然表外业务不产生利息收入，但可以获得手续费收入。由于表外业务的发展，有些银行的表外业务收入还超出了表内业务的收入。

表外业务给银行带来巨大收益的同时，如果运用不当、管理不善，也会给银行带来经营风险。如果银行承担了过多的或有义务，一旦客户违约，银行潜在的风险就转化为现实的风险。银行的表外业务分为风险性的表外业务和无风险性的表外业务。前者主要包括担保和类似的或有负债（包括担保、备用信用证、跟单信用证、承兑票据等，这类工具的特征是由银行向交易活动中的第三者的现行债务提供担保，并承担风险）、承诺（指银行向客户承诺对未来交易承担某种信贷义务，分不可撤销的承诺和可撤销的承诺）、与利率或汇率有关的或有项目（包括金融期货、期权、互换和远期利率协议等）；后者是指银行只提供金融服务，不承担任何资金损失的风险，以收取手续费为目的的业务，主要包括结算服务、汇兑、咨询、代理等。

第四节　政策性银行 ---------------------------------●

在经济发展过程中，从营利角度考虑，常常存在一些商业银行不愿意融资的领域，或者其资金实力难以达到的领域。这些领域通常包括那些对国民经济发展、社会稳定具有重要意义，投资规模大、周期长、经济效益见效慢、资金回收时间长的项目，如农业开发项目、重要基础设施建设项目等。为了扶持这些项目，政府往往实行各种鼓励措施，各国通常采用的办法是设立政策性银行，专门对这些项目融资。这样做，不仅是从财务角度考虑，而且有利于集中资金，支持重大项目的建设。

一、政策性银行的定义

所谓政策性银行，主要是指由政府创立或担保，以贯彻国家产业政策和区域发展政策为目的，具有特殊的融资原则，不以营利为目标的金融机构。我国政策性银行的金融业务受中国人民银行的指导和监督。

二、政策性银行的特征

政策性银行与商业银行、非银行金融机构相比，有共性的一面，如要对贷款进行严格审查，贷款要还本付息、周转使用等，但作为政策性金融机构，也有其特性。

（1）政策性银行的资本金多由政府财政拨付。

（2）政策性银行经营时主要考虑国家的整体利益、社会效益，不以营利为目标，但政策性银行的资金并不是财政资金，政策性银行也必须考虑盈亏，坚持银行管理的基本原则，力争保本微利。

（3）政策性银行有其特定的资金来源，主要依靠发行金融债券或向中央银行举债，一般不面向公众吸收存款。

（4）政策性银行有特定的业务领域，不与商业银行竞争。

三、政策性银行的性质

政策性银行属于政府金融机构，它依据国家的经济政策和经济计划，按照产业政策的要求安排贷款，具有一定的政府机关的性质；同时又经营金融业务，以金融方式融通资金，具有金融企业的性质。总体来说，政策性银行的性质和业务的特殊性决定了它既不是企业法人、机关法人，也不是事业单位法人、社会团体法人；既不同于一般的政府机关，又不同于中央银行、商业银行等金融机构。

四、政策性银行的业务

在整个金融体系中，商业性银行居于主体地位，政策性银行居于补充地位。政策性银行弥补了市场经济条件下市场金融配置资源的计划性缺陷，具有健全和优化一国金融体系的总体功能。政策性银行的主要业务是负债业务和资产业务。

（一）政策性银行的负债业务

1. 政策性银行的负债业务

政策性银行的负债业务即政策性银行筹措资金而形成其资金来源的业务。政策性银行的主要资金来源是政府提供的资本金、各种借入资金和发行政策性金融债券筹措的资金。

2. 政策性银行负债业务的特点

政策性银行负债业务的特点体现为资金来源成本低、期限长、效率高，具有统筹性。

（1）成本低。

政策性银行受其性质所决定，其资金运用主要是为了弥补市场机制对社会资金配置及实现国家总体经济发展战略意图的不足或缺陷。政策性银行不以营利为目的。为维持正常运行，其资金来源的成本和费用不宜太高，通常情况下应该远低于一般商业银行的筹资成本。

（2）期限长。

政策性银行的资金运用一般期限都较长，规模也较大。尤其对于一些社会公益事业和国家基础产业以及农业，由于建设周期长，政策性银行不仅资金投入规模较大，而且资金来源必须集中、相对稳定、可用期限长，以便提供较大规模和较长期限的优惠资金。

（3）效率高。

政策性银行的资金必须是低费用、相对集中稳定、可用期限长，这使得政策性银行资金来源具有"高效"特性。"高效"特性反映在政策性银行资金来源的两个方面：一是在资金的取得上，必须可以便捷地取得低费用甚至无须偿还的、大量集中的资金；二是在获取资金的过程中，必须环节少，即使是间接取得的资金，也是较大量的、相对稳定的、划拨式的资金借入。除资金借入的利息成本外，在资金取得过程中，操作的费用也很低。

（4）具有统筹性。

政策性银行是执行宏观调控职能，直接服务于国家总体发展战略目标的，其行为和活动不是完全由政策性银行自己决定的，而是由宏观政策意图决定的。各个政策性银行虽然所处领域和经营的业务不同，但都必须服从宏观总目标。政策性银行总体资金来源需要多少，每个政策性银行资金来源需要多少，各自通过什么方式和渠道取得，需不需要开辟新的融资渠道等，这些都需要统一筹划。政策性银行资金来源的这一要求，使得政策性银行资金来源具有统筹性。

（二）政策性银行的资产业务

政策性银行的资产业务即资金运用的方式，主要有贷款、投资和担保等业务。

1. 贷款业务的特点

（1）贷款对象的选择以社会效益为标准。

（2）贷款投向和投量上具有约束性。

（3）贷款的期限长、额度大、风险高。

（4）贷款条件具有优惠性。

2. 投资业务的特点

政策性银行的投资是使某些需要优先和重点发展的行业及部门得到更多发展资金最有效的、最直接的方式。但是，受政策性银行的性质决定，政策性银行的投资不是取代社会资金包括其他金融机构资金在这些行业和部门的投入，而是弥补和加强这些行业的资金投入。

3. 担保业务的特点

政策性银行的担保是指政策性银行为它所支持的领域融通资金提供信用保证。政策性银行不仅较其他金融机构更重视其担保业务，而且较其他金融机构更有其独特的优势。因为政策性银行是政府的金融机构，它的一切债务和活动都有政府作为后盾，政策性银行这种地位和实力，使得它具有很高的信誉度，它提供的担保更容易被融资者接受，效率也更高。

▶▶ 相关阅读

政策性银行的主要风险种类

1. 信用风险

信用风险是指债务人不能或不愿归还到期债务而给债权人造成风险的可能性。政策性银行的资金运用主要是发放贷款，政策性贷款的信用风险通常比商业性贷款的信用风险大。信用风险是政策性银行的主要风险。同时，政策性银行的担保、投资等业务中也存在信用风险。

2. 利率风险

利率风险是指利率变化可能给政策性银行带来不利的影响。这是因为，一般情况下，市场利率上升会加大政策性银行的筹资成本，而利率下调则会减少政策性银行的收益。

3. 流动性风险

流动性风险是指政策性银行由于其流动性不足，不能清偿到期债务或不能满足合理的贷款需求而产生的风险，其中主要是清偿风险。

4. 通货膨胀风险

通货膨胀风险是指通货膨胀因素给政策性银行造成损失的可能性。政策性银行贷款一般期限较长，而期限越长，通货膨胀这种风险因素给政策性银行带来风险的可能性就越大。

5. 汇率风险

汇率风险是指汇率变化可能给政策性银行造成的损失。假设政策性银行境外筹集的是日元资金，而其外汇收入主要是美元，如果美元相对于日元大幅度贬值，必将加重政策性银行的债务负担。

6. 政策风险

政策风险是指因国家宏观和某一方面的产业政策变化给政策性银行带来的风险。

习　题

一、名称解释

1. 金融机构　2. 金融机构体系　3. 中央银行　4. 政策性银行　5. 商业银行 6. 非银行金融机构

二、简答题

1. 金融机构体系的构成有哪些？

2. 中央银行的主要职能是什么？

3. 商业银行的性质是什么？

4. 商业银行的三大主要业务是什么？

5. 我国三大政策性银行的主要功能是什么？

6. 非银行金融机构的主要构成有哪些？

三、案例题

1.

一天，一位陌生的顾客走进豪华的美国花旗银行营业大厅，仅是要求换一张崭新的 100 美元钞票，准备当天下午作为礼品用。花旗银行是世界最大的银行之一，业务十分繁忙。但是接待这位陌生顾客的银行职员微笑着听完这位陌生顾客的要求后，请这位陌生的顾客稍候，立即先在一叠一叠的钞票中寻找，又拨了两次电话，十五分钟之后终于找到了一张符合要求的钞票，并把它放进一个小盒子里递给了这位陌生的顾客，同时附上了一张名片，上面写着"谢谢你想到了我们的银行"。不久，这位陌生顾客又回来了，这次是在这家银行开了一个账户。在以后的几个月中，这位顾客所在的律师事务所在花旗银行存入了 2.5 万美元。

请思考：以花旗银行"顾客的小事、花旗的大事"的经营理念来分析商业银行在业务开展中应该注重培养哪些意识？

2.

2017 年 6 月 13 日，广西壮族自治区柳州市中级人民法院公开开庭审理了广西金融投资集团有限公司原副总经理刘某被控犯受贿罪、违法发放贷款罪一案。柳州市人民检察院派员出庭支持公诉，被告人刘某及其辩护人到庭参加诉讼。柳州市人民检察院指控：2007 年至 2014 年，被告人刘某利用其担任柳州市商业银行董事长、柳州银行股份有限公司董事长的职务便利，为广西某担保集团有限公司及其法定代表人吴某、柳州市某实业有限公司韩某等多个单位和个人，在办理银行贷款、承揽营业网点装修和金融 IT 软件业务等方面提供帮助，收受相关单位及人员给予的财物共计折合人民币5327.4339 万元（其中 4000 万元未遂）。另，2010 年至 2013 年 11 月，刘某担任柳州银行董事长、风险评审委员会主任委员期间，违反《中华人民共和国商业银行法》等法律法规规定，规避银监部门监管，采取将广西某担保集团旗下公司拆分为多个单一公司的方式，超授信集中度向其旗下的南宁市某石化有限公司等 16 家公司签发贷款 66 笔，贷款票面金额共计 95.5240 亿元，敞口 68.7448 亿元。提请法院以受贿罪、违法发放贷款罪追究刘某的刑事责任。

请思考： 银行在开展资产业务的时候，可以采取什么样的措施来规避这些风险？

【实践课堂】

1. 课后分组去商业银行了解个人住房贷款、国家助学贷款发放与收回的业务处理规定，在课堂上介绍相应的操作步骤。

2. 课后去证券公司或保险公司实地调查该类金融机构的业务范围和融资特点，并写出调查报告。

第九章 ■ 金融市场

案例导入

中国人民银行行长周小川于 2015 年 9 月 4 日至 5 日在土耳其安卡拉举行的 G20 财长和央行行长会议上介绍中国金融市场情况时指出，2015 年 6 月中旬以前，中国股市泡沫不断积累。3 月至 6 月，上证指数上涨了 70%。在这一过程中，出现了投资者杠杆率快速上升等问题，存在风险隐患。6 月中旬以后，中国股市发生了三轮调整，其中前两轮调整未有国际影响，8 月下旬的第三轮调整产生了一些全球性影响。为避免发生系统性风险，中国政府采取了一系列政策措施，包括中国人民银行通过多个途径向市场提供流动性。中国政府的措施避免了股市断崖式下滑和系统性风险的发生。股市调整以来，杠杆率已明显下降，对实体经济也未产生显著影响。

问题引入：

1. 什么是金融市场？
2. 金融市场有哪些特征？

第一节　金融市场概述

一、金融市场的概念

（一）金融市场的含义

金融市场就是以金融资产为交易对象而形成的供求关系及其机制的总和，其核心是通过价格机制实现金融资产的优化配置。金融市场是与商品市场、劳动市场并存，进行资金融通、实现金融资源配置的市场，通过市场上的金融交易，最终实现社会实际资源的配置。

▶▶小贴士

如何理解金融市场的含义

理解金融市场的含义要把握以下几点：

1. 金融市场是进行金融资产交易的市场；

2. 金融市场上有金融资产的需求者和供给者；

3. 金融市场包含金融资产交易过程中所产生的各种相关机制，主要是价格机制。

金融市场的范围有多大？从广义的角度看，它包括了资金借贷、证券、外汇、保险和黄金买卖等一切金融业务，是各类金融机构、金融活动所推动的资金交易的总和。从狭义的角度看，金融市场主要是指有价证券发行与流通的场所。

（二）金融市场的特征

与普通商品市场相比，金融市场有其自身的特性。

1. 交易对象具有特殊性

普通商品市场上的交易对象是具有各种使用价值的普通商品，而金融市场交易的对象是以货币为代表的金融资产及其相关服务。

2. 交易价格具有特殊性

在商品市场上，商品的价格是商品价值的货币表现；而金融市场上的利息率表现的是特殊商品的使用价值。

3. 交易活动具有中介性

普通商品市场中的买卖双方一般是面对面交易，而金融市场的融资活动大多要通过金融中介来进行。

4. 金融市场买卖关系具有特殊性

商品市场中的买卖双方是简单的买卖关系，而金融市场买卖双方形成的是债权债务关系，债务者按期偿还本息，债权者按期收回本息。

5. 金融市场日益无形化

普通商品市场往往有着固定的交易场所，而金融市场的交易则越来越出现无形化的趋势。

二、金融市场的构成要素

金融市场的构成要素主要包括交易主体、交易对象、交易工具和交易价格。

（一）交易主体

金融市场上的交易主体是指金融市场的参与者。狭义的交易主体是指参加金融交易的资金盈余或不足的企业和个人以及金融中介机构。广义的交易主体是指包括资金供给者、资金需求者、中介人和管理者在内所有参加交易的单位、机构和个人。

（二）交易对象

金融市场的交易对象不论具体形态如何，都是货币资金。

（三）交易工具

金融市场上的交易工具又称金融工具，它是证明债权债务关系并据以进行货币资金交易的合法凭证。金融工具的数量和质量是决定金融市场效率和活力的关键因素。

（四）交易价格

金融市场的货币资金交易只是交易对象的使用权的转移，所以金融市场中最重要的金融交易价格是利率。货币资金交易价格一方面取决于社会资金平均盈利率，另一方面取决于货币资金供求状态。

三、金融市场的分类

（一）按金融市场的地域范围划分

按金融市场的地域范围划分，金融市场可以分为国内金融市场和国际金融市场。

1. 国内金融市场

国内金融市场由国内金融机构组成，办理各种货币、证券业务活动。国内金融市场又分为全国性、区域性和地方性的金融市场。

2. 国际金融市场

国际金融市场由经营国际货币业务的金融机构组成，其经营内容包括资金借贷、外汇买卖、证券买卖、资金交易等。

▶▶ 相关链接

国际金融市场与国内金融市场之间有着一定的联系。历史上，往往是随着商品经济的高度发展，最初形成了各国国内的金融市场。当各国国内金融市场的业务活动逐步延展，相互渗透融合后，就促成了以某几国国内金融市场为中心的、各国金融市场连接成网的国际金融市场。或者说，国际金融市场的形成是以国内金融市场发展到一定高度为基础的。同时，国际金融市场的形成又进一步推动了国内金融市场的发展。

（二）按金融市场的业务或金融产品的类型划分

按金融市场的业务或金融产品的类型划分，金融市场可分为货币市场、资本市场、外汇市场、黄金市场、金融衍生工具市场。

1. 货币市场

货币市场通常又称为短期资金市场，是以期限在1年以内的短期资金为交易对象的市场，是金融市场的重要组成部分。

2. 资本市场

资本市场又称长期资金市场，是以期限在1年以上的金融工具为媒介进行长期性资金交易活动的市场。

3. 外汇市场

外汇市场是在国际上从事外汇买卖，调剂外汇供求的交易场所。

4. 黄金市场

黄金市场是黄金生产者和供应者同需求者集中进行黄金交易的市场。

5. 金融衍生工具市场

金融衍生工具市场是指以各种金融合约为交易对象的交易市场。

（三）按金融市场的功能划分

按金融市场的功能划分，金融市场可分为发行市场和交易市场。

1. 发行市场

发行市场亦称为初级市场或一级市场，是指各种新发行的证券第一次售出的活动及场所。

2. 交易市场

交易市场亦称为流通市场或二级市场，是已经发行、处在流通中的各种证券转手买卖交易的市场。

（四）按交易期限划分

按交易期限划分，金融市场可分为长期资金市场和短期资金市场。

1. 长期资金市场

长期资金市场即资本市场，主要供应1年以上的中长期资金，如股票和长期债券的发行与流通。

2. 短期资金市场

短期资金市场即货币市场，是1年以下的短期资金的融通市场，如同业拆借、票据贴现等。

（五）按交易是否存在固定场所来划分

按交易是否存在固定场所来划分，金融市场可分为有形市场和无形市场。

1. 有形市场

有形市场是指有固定场所和操作设施的金融市场，有专门的组织机构和人员以及专门设备。

2. 无形市场

无形市场是指无固定的交易场所，以营运网络形式存在的市场，其交易是通过现代通信手段联系并完成的。

（六）按所交易的金融产品的交割时间划分

按所交易的金融产品的交割时间划分，金融市场可分为现货市场和期货市场。

1. 现货市场

现货市场是指融资活动成交后立即付款交割的市场。

2. 期货市场

期货市场是指融资活动成交后按合约规定在指定日期付款交割的市场。

四、金融市场的功能

（一）资本积累功能

金融市场能够聚集众多分散的小额资金，能够迅速有效地引导资金合理流动，提高资金配置效率，起着资金"蓄水池"的作用。借助于金融市场，可达到社会储蓄向社会投资转化的目的。

（二）资源配置功能

金融工具的流动会引导和带动社会物质资源的流动和再分配。金融市场通过将资源从低效率利用的部门转移到高效率的部门，实现稀缺资源的合理配置和有效利用。

（三）调节经济功能

金融市场的调节经济功能体现为：微观上，通过人们对金融工具的选择进行投资方向和投资结构的调节；宏观上，通过实施政府财政政策和金融政策来调节经济。

（四）反映经济功能

金融市场常被看作国民经济的"晴雨表"，它是国民经济景气度指标的重要信号系统。金融市场的价格变化反映了微观经济和宏观经济的运行情况，能及时反映经济活动的走势以及国家经济政策实施效果和世界经济发展动向。

第二节　货币市场

一、货币市场的概念

（一）货币市场的含义和特点

1. 货币市场的含义

货币市场通常又称为短期资金市场，是以期限在1年以内的短期资金为交易对象的市场，是金融市场的重要组成部分。

2. 货币市场的特点

（1）期限短。货币市场中交易期限短的有1天，最长的不超过1年，大多在3～6个月，交易的主要目的是解决短期资金周转的需要。

（2）流动性强。货币市场较强的流动性来源于交易的期限短。期限短的交易对象随时可以在市场上转换成现金而使其接近货币，故被称为货币市场。

（3）风险低。货币市场交易对象的期限短，不确定因素相对较少，价格波动不大，相应遭受损失的可能性也较小。

（4）交易量大。货币市场的参与者以机构为主，巨额交易使得货币市场实际上成为一个批发市场。

（5）无形性。货币市场的组织形式以无形市场为主，多数没有固定的交易场所，所有交易特别是二级市场的交易几乎都是利用现代通信技术联系并进行的。

（二）货币市场的作用

1. 调剂资金余缺

短期资金融通功能是货币市场的一个基本功能，即能够有效地动员和筹集资金，为经济主体调剂短期资金余缺提供了重要的交易平台。

2. 形成合理的短期利率

因货币市场交易规模大、交易频繁且连续性好，货币市场形成的利率水平具备较高的基准性和有效性，在整个利率体系的构造中占有十分重要的地位。

3. 充当中央银行调节市场货币流通量的重要场所

中央银行进行的公开市场操作就是借助货币市场实施的，以达到调节市场流动性的目的。货币市场的完善程度直接影响着中央银行实施货币政策的有效性。

二、货币市场的分类

根据市场中投资工具的不同，货币市场可分为同业拆借市场、商业票据市场、国库券市场、大额可转让定期存单市场和回购协议市场等子市场。

（一）同业拆借市场

1. 含义

同业拆借是金融机构（除中央银行以外）之间以货币借贷方式进行的短期融资活动。同业拆借市场是指金融机构之间以货币借贷的方式进行短期资金融通的市场。

▶▶ 小贴士

同业拆借市场的形成

同业拆借市场的形成与中央银行实行的存款准备金制度有关。会员银行都在中央银行保持一部分超额存款准备金，以随时弥补法定存款准备金的不足。由于会员银行的负债结构及余额每日都在发生变化，在同业资金清算过程中，会经常出现应收款大于应付款而形成资金头寸的盈余，或者出现应收款小于应付款而形成资金头寸的不足，表现为：会员银行在中央银行的存款有时不足以弥补法定存款准备金的不足，形成缺口；有时则大大超过法定存款准备金的要求，形成过多的超额储备存款。因此，各商业银行都非常需要有一个能够进行短期临时性资金融通的市场，同业拆借市场也就由此形成。

2. 同业拆借市场的特点

（1）对进入市场的主体有严格的限制。参与拆借的机构基本上是在中央银行开立存款账户的机构，交易资金主要是账户上的多余资金。

（2）融资期限较短。同业拆借资金主要用于短期、临时性需要。

（3）交易手段比较先进。同业拆借一般采用信用放款方式进行，没有抵押或担保。

（4）交易额较大。

（5）利率由供求双方议定。

3. 同业拆借市场的作用

（1）为金融机构提供了一种实现流动性的机制。

（2）有助于提高金融资产的盈利水平。

（3）能够及时反映资金供求变化。

（4）成为中央银行有效实施货币政策的市场机制。

▶▶ 阅读材料

同业拆借利率

同业拆借利率是指金融机构同业之间的短期资金借贷利率。它有两个利率：拆进利率表示金融机构愿意借款的利率，拆出利率表示愿意贷款的利率。同业拆借的拆款按日计息，拆息款占拆借本金的比例就是拆借利率。

同业拆借利率是拆借市场的资金价格，是货币市场的核心利率，也是整个金融市场上具有代表性的利率，是中央银行把握宏观金融动向、调整和实施货币政策的指示器。它能够及时、灵敏、准确地反映货币市场乃至整个金融市场短期资金供求关系。

在国际货币市场上，伦敦银行同业拆借利率是最为典型、最具代表性的同业拆借利率。我国 1996 年建立了全国统一的同业拆借市场，并且确立了交易双方自由议价的市场机制，形成了中国银行同业拆借利率。2007 年 1 月，上海的银行同业拆借市场开始正式运行，其利率为"上海银行间同业拆借利率"。

（二）商业票据市场

1. 商业票据

商业票据是指以支付一定金额为目的，可以流通转让的有价证券。

（1）商业票据的发行。

商业票据发行的主体主要是资金雄厚、信誉卓越、拥有健全财务制度的大型公司。

商业票据发行的方式有直接发行和交易商发行。直接发行票据的多是大公司，其发行量巨大，发行次数频繁；交易商发行是指发行人通过票据交易商（中介人）发行票据，对于发行人而言，发行工作简便，但费用较高。

商业票据发行的目的：一是筹集短期资金以满足发行人的临时性和季节性资金需求，二是用于企业并购重组时的资金融通。

（2）商业票据的分类。

汇票，是指由出票人签发的，委托付款人在见票时或者在指定日期无条件支付确定的金额给收款人或者持票人的票据。汇票按出票人分类，可分为银行汇票和商业汇票；按承兑人分类，可分为银行承兑汇票和商业承兑汇票；按是否注明收款人分类，可分为记名汇票和不记名汇票。

本票，是指由出票人签发的，承诺自己在见票时无条件支付确定的金额给收款人或者持票人的票据。本票实质是出票人和付款人为同一人的汇票，它有两个基本当事人，即出票人和持票人。

支票，是指由出票人签发的，委托办理支票存款业务的银行或者其他金融机构在见票时无条件支付确定的金额给收款人或者持票人的票据。支票和汇票一样有三个当事人，即出票人、付款人与受款人。支票的付款人限于银行，而汇票的付款人则不以银行为限；支票均为见票即付，而汇票则不限于见票即付。

（3）商业票据行为。

出票，是指出票人签发票据并交付收款人的票据行为。

背书，是指以转让票据权利或者将一定的票据权利授予他人行使为目的，在票据背面或粘单上记载相关事项并签章的票据行为。

承兑，即承诺兑付，是指付款人在汇票上签章表示承诺将来在汇票到期时承担付款义务的一种行为。承兑行为是针对汇票而言的，并且只是远期汇票才可能承兑。承兑后，承兑人即为主要债务人，不得以与出票人之间欠缺资金关系为由对抗持票人。

贴现，是指远期汇票经承兑后，汇票持有人在汇票尚未到期前在贴现市场上转让，受让人扣除贴现利息后将票款付给出让人的行为或银行购买未到期票据的业务。

2. 商业票据市场

商业票据市场，主要是指商业票据的流通及转让市场，是商业票据发行和买卖交易活动的总括。

商业票据市场是短期资金融通的主要场所，是直接联系产业资本和金融资本的枢纽。作为货币市场的一个子市场，商业票据市场是整个货币体系中最基础、交易主体最广泛的组成部分，也是货币市场中历史最悠久的短期金融市场。商业票据市场包括票据承兑市场和票据贴现市场。

3. 商业票据市场的作用

（1）商业票据市场为企业提供了融资渠道，解决了企业融资难的问题，并为企业提供了重要的支付和结算工具。

（2）商业票据市场丰富和拓展了银行的业务范围，有利于促进商业银行转变经营方式。

（3）商业票据市场有助于培育和完善社会信用制度。

（三）国库券市场

1. 含义

国库券是指为弥补国库收支不平衡而发行的一种政府债券。国库券的债务人是国家，其还款保证是国家财政收入，所以它几乎不存在信用违约风险，是金融市场中风险最低的信用工具。国库券一般以低于票面金额的价格折价发行，到期再按票面金额兑付。

国库券市场，即国库券发行与流通所形成的市场。

2. 国库券的特点

（1）安全性高。国库券由政府发行，有国家信用做保证，是政府的直接债务，对投资者来讲是风险最低的投资，众多投资者都把它作为最安全的投资对象。

（2）流动性强。由于政府的高度信用地位，使得国库券的发行额十分庞大，发行也比较容易，由此产生了发达的二级市场，为国库券的自由买卖和转让带来了方便，使国库券的流动性增强，变现较为容易。

（3）低利率。由于国库券的还本付息由国家作保证，在所有债券中，信用度最高而投资风险最低，故其利率也较其他债券低。

3. 国库券的作用

（1）国库券可以为财政部门筹措资金，有利于用经济方法弥补国家财政收支差额，发挥国家财政在国家经济建设中的主导作用。

（2）国库券是短期资金投资的重要工具，是商业银行重要的二级流动性资产准备，国库券被视为"金边债券"，其利率构成金融市场的基准利率之一。

（3）国库券是中央银行公开市场业务的操作对象，中央银行可以通过买卖国库券来调节货币供应量和市场利率，以达到宏观调控经济的目的。

4. 国库券的发行

国库券发行是指国家财政当局发行国库券的方式及过程。

国库券一般采用贴现方式发行，即票面不记明利率，发行价格低于票面额，发行时间分为定期和不定期发行，发行数量由财政部门根据各种宏观经济变量和整个宏观经济运行状况而定。

▶▶ 小贴士

国库券的发行方式

国库券的发行方式包括承购包销与公开招标两种形式。西方国家的国库券发行，一般由财政部委托中央银行办理，大多采用拍卖的方式在市场公开招标，发行价格由投标者经过竞争而定。

承购包销方式：财政部与由金融机构和证券交易商组成的承销团签订承销合同，在确定各自的权利与义务的基础上，商定双方满意的价格，承销团按该价格认购国库券后，再将其出售给投资者。

公开招标（拍卖）方式：典型的国库券发行方式。财政部向公众公布计划发行国库券的期限、数额等情况，邀请有资格参加投标的机构投资者前来竞标。机构投资者对国库券的价格或利率进行投标，报价高的投资者中标，依次卖出，直到发行额满为止。

（四）大额可转让定期存单市场

1. 含义

大额可转让定期存单也称大额可转让存款证，是指商业银行发行的一种在到期之前可转让的定期存款凭证。大额可转让定期存单的期限一般为14天至1年，金额较大。大额可转让定期存单上印有一定的票面金额、存入和到期日以及利率，到期后可按票面金额和规定利率提取全部本利，逾期存款不计息。大额可转让定期存单可流通转让，自由买卖。其发行对象既可以是个人，也可以是企事业单位，无论单位或个人购买均使用相同式样的存单，分为记名和不记名两种。

大额可转让定期存单市场是指大额可转让定期存单发行和流通所形成的市场。

▶▶ **相关链接**

大额可转让定期存单最早产生于美国。第一张大额可转让定期存单是由美国花旗银行于 1961 年推出的。美国的"Q 条例"规定，商业银行对活期存款不能支付利息，定期存款不能突破一定限额。20 世纪 60 年代，美国市场利率上涨，高于"Q 条例"规定的上限，资金从商业银行流入金融市场。为了吸引客户，商业银行推出可转让大额定期存单，购买存单的客户随时可以将存单在市场上变现出售。客户实际上以短期存款取得了按长期存款利率计算的利息收入。大额可转让定期存单利率较高，又可在二级市场转让，对于吸收存款大有好处，于是，这种新的金融工具诞生了。大额可转让定期存单提高了商业银行的竞争力，也提高了存款的稳定程度，对于发行存单的银行来说，存单到期之前，不会发生提前提取存款的状况。

2. 大额可转让定期存单的特点

（1）大额可转让定期存单具有较强的流动性，可以自由转让、流通，其二级市场交易活跃。

（2）通常不记名，不能提前支取，可以转让。

（3）大额可转让定期存单按标准单位发行，面额较大。

（4）大额可转让定期存单的发行者多是大型银行机构。

3. 大额可转让定期存单与定期存款的区别

（1）大额可转让定期存单通常是不记名和可以转让的，具有较高的流动性；定期存款记名不可转让，只能在到期后提款，提前支取要支付一定的罚息。

（2）大额可转让定期存单面额都是整数，按标准单位发行，面额一般很大；定期存款金额不固定，数额由存款人决定，大小不等，可能非整数。

（3）大额可转让定期存单有固定利率，也有浮动利率，利率通常高于同期限的定期存款利率；定期存款的利率一般是固定的。

（4）大额可转让定期存单的发行者通常是大型银行，而定期存款业务各银行都能做。

（5）大额可转让定期存单的期限很短，一般都在 1 年以内，而定期存款的期限或长或短。

（五）回购协议市场

1. 含义

回购协议指是证券的卖方在出售证券的同时，向证券买方承诺在指定日期以约定价格再购回证券的协议。

回购协议实质上是有抵押品的短期借贷。回购抵押的资产一般都是流量较大、质量较好的金融工具。回购协议的借款方（卖方）到期须支付一定的利息给贷款方（买方）。利率通常略低于同业拆借利率。

回购协议市场是指通过回购协议进行短期资金融通交易的市场。凡金额确定的标准金融合约，如国库券、银行承兑票据、大额可转让定期存单等，均可作为回购协议的对象。回购协议市场的参与者主要有商业银行、非银行金融机构、企业、政府、中央银行等。

2. 回购协议的特点

（1）回购协议具有较强的安全性。回购协议一般期限较短，实质上是一种有担保品的短期资金融通方式，所以投资者可以根据资金市场的行情变化，及时抽回资金，避免长期投资的风险。

（2）回购协议期限比较短，最常见的是一个交易日，但也有 7 天、14 天等回购协议期限较长的。

（3）对商业银行来说，利用回购协议融入的资金不需交纳存款准备金。

3. 回购协议的作用

回购协议有助于降低交易者的市场风险，有助于银行等金融机构降低经营成本，拓展经营范围，增强市场竞争能力。

第三节 资本市场

一、资本市场的概念和特点

（一）资本市场的概念

资本市场又称长期资金市场，是指以期限在 1 年以上的金融工具为媒介进行长期性资金交易活动的市场。

资本市场的资金供应者为各金融机构，如商业银行、保险公司、投资公司、信托公司及各种基金和个人投资者等。资金的需求者主要是企业、社会团体、政府机构等。

（二）资本市场的特点

1. 融资期限长

资本市场上主要是中长期资金融通买卖，期限至少在 1 年以上，可以长达几十年，甚至无到期日。

2. 流动性低

资本市场上筹集到的资金多用于解决中长期融资需求，故流动性和变现性相对较弱。

3. 收益高而风险大

由于融资期限较长，发生重大变故的可能性也大，市场价格容易波动，投资者需承受较高的风险。同时，作为对承受高风险的报酬，其收益也相对较高。

4. 资金交易的借贷量大

资本市场主要是为了解决长期投资性资金供求矛盾，因此资金借贷量比货币市场要大。

5. 价格变动幅度大

资本市场价格不稳定，波动幅度较大。

二、资本市场的分类

按市场工具来划分，资本市场通常可分为股票市场、债券市场和证券投资基金市场。

（一）股票市场

1. 股票的含义和特点

股票，是指股份有限公司发行的证明股东对公司拥有所有者权益的股权凭证。股票代表着其持有人（股东）对股份公司的所有权，同一类别的每一份股票所代表的公司所有权是相等的，每个股东所拥有的公司所有权份额的大小，取决于其持有的股票数量占公司总股本的比重。

股票的主要特点如下。

（1）收益性。股票的收益性可分为两部分：一部分来自股份公司，实现形式是从公司领取股息和公司的分红，股息或红利的大小，主要取决于公司的盈利水平和公司的盈利分配政策；另一部分来自股票的流通，即股票买卖中的差价收益。

（2）风险性。股票的风险性是指股票投资收益的不确定性，或者说实际收益与预期收益之间的偏差。

（3）流动性。股票的流通性是指股票在不同投资者之间的可交易性。

（4）不可偿还性。股票是一种无偿还期限的有价证券，投资者认购股票后，就不能再要求退股，只能到二级市场卖给第三人。

（5）参与性。股票的参与性是指股票持有人有权参与公司的重大决策的特性。股票持有者作为股份公司的股东，有权出席股东大会，选举公司董事会，参与公司重大决策。

2. 股票的分类

（1）记名股票与无记名股票。

记名股票：在股票上记有股东的姓名，并列入公司股东名册。

无记名股票：在股票上和公司的股东名册上都不记载股东姓名。

（2）普通股和优先股。

普通股：是指股份公司发行的无特别权利的股票，是股票中最普遍的形式。

优先股：是指股份公司发行的享有某些特定优先权的股票。

▶▶ 相关链接

普通股与优先股的主要区别

1. 优先股在股息分配和公司的剩余财产分配中拥有优先权。

2. 优先股的股息率一般是固定的，不随公司利润水平的变化而变化；普通股的股息率不固定，风险较大。

3. 优先股股东的表决权有限，一般情况下优先股股东不能参与股东会议，没有选举权和被选举权，对公司的经营也没有决策参与权，并且优先股股东不享有优先认股权。

3. 股票市场

股票市场是指股票发行和流通的场所，包括发行市场和流通市场两个部分。股票市场是上市公司筹集资金的主要来源之一。股票市场的变化与整个市场经济的发展密切相关，在市场经济中发挥着晴雨表的作用。

（1）发行市场，又称一级市场或初级市场，是指公司直接或通过中介机构向投资者出售新发行股票的场所。股票发行大多无固定的场所，在证券商品柜台上或通过交易网络进行。发行市场的交易规模反映了一国资本形成的规模。

（2）流通市场，又称二级市场或交易市场，是指投资者之间买卖已发行股票的场所。这一市场为股票的流动提供了可能，通常可分为有组织的证券交易所和场外交易市场，以及后来出现的具有混合特性的第三市场和第四市场。

▶▶ 小贴士

A 股、B 股、H 股

在我国，依据股票的上市地点和所面对的投资者的不同，可将股票区分如下：A 股是以人民币计价，面对中国公民发行且在境内上市的股票；B 股是以美元、港元计价，面向境外投资者发行，但在中国境内上市的股票；H 股是以港元计价，在香港发行并上市的境内企业的股票。此外，中国企业在美国、新加坡、日本等地上市的股票，分别称为 N 股、S 股和 T 股。

4. 股票价格指数

股票价格指数是描述股票市场总的价格水平变化的指标。它是由证券交易所或金融服务机构选取有代表性的一组股票，把他们的价格进行加权平均，通过一定的计算方法所得到的。各种股票价格指数具体的股票选取和计算方法是不同的。

股票价格指数的功能：

（1）股票价格指数是股市分析家和投资者进行技术分析和决策的基础；

（2）股票价格指数反映了经济运行情况，是衡量一国宏观经济的晴雨表；

（3）股票价格指数能综合反映国内外政治、社会动态。

▶▶ 阅读材料

世界主要的股价指数

道琼斯股票指数是世界上历史最为悠久的股价指数，它是在 1884 年由道·琼斯公司的创始人查理斯·亨利·道开始编制的。最初的道琼斯股票价格平均指数是根据 11 种具有代表性的铁路公司的股票价格，采用算术平均法进行计算编制而成。道琼斯股价平均数分为四组：工业股价平均数、运输业股价平均数、公用事业股价平均数以及包括上面这三类股票在内的综合股价平均数。

标准普尔指数：由美国标准·普尔公司编制，有标准普尔 100 指数和标准普尔 500 指数。

纽约证券交易所股票价格指数：由纽约证券交易所根据在纽约证券交易所上市的

所有股票价格编制的指数。

伦敦金融时报股票价格指数：由伦敦《金融时报》编制，是反映英国股票市场股价变动趋势较为权威的指标。

日经平均股价指数：由日本经济新闻社编制，反映日本股价变动的指标。

恒生指数：由香港恒生银行编制，是香港影响较大、历史悠久的股价指数。

（二）债券市场

1. 含义

债券，是指资金需求者向资金供给者发行的承诺在一定时期内支付一定利息并到期偿还本金的债务凭证。资金需求者为债务人，资金供给者为债权人。

债券市场，是指债券发行和交易的场所。债券市场是金融市场的重要组成部分，是一国金融体系中不可或缺的部分。

2. 债券的特点

（1）安全性。收益相对稳定，不受市场利率变动的影响。

（2）流动性。债券在偿还期满之前可在市场上自由转让。

（3）收益性。债券的收益性主要表现在两个方面：一是投资债券可以给投资者定期或不定期地带来利息收入；二是投资者可以利用债券价格的变动，买卖债券赚取差额。

（4）偿还性。债券一般都规定有偿还期限，发行人必须按约定条件偿还本金并支付利息。

3. 债券的分类

（1）按照发行主体分类。

政府债券：是指中央政府（国债）和地方政府（市政债券）为筹集资金而发行的债务凭证，也称为公债。

公司债券：是指企业为筹集中长期资金发行的借款凭证。

金融债券：专指金融机构为筹集中长期资金而发行的债券。

（2）按债券的偿还期限分类。

短期债券：偿还期在1年以内的债券，属于货币市场工具。

中期债券：偿还期在1年以上、5年以下的债券。

长期债券：偿还期在5年以上的债券。

（3）按债券的发行区域分类。

国内债券：一国政府、企业、金融机构等发行主体在本国境内发行的以本币计值的债券。

国际债券：一国的发行主体在其境外发行的，以某种外币计值的债券。

4. 债券市场的分类

（1）根据债券的运行过程和市场的基本功能，可将债券市场分为发行市场和流通市场。债券发行市场，又称一级市场，是指发行单位初次出售新债券的市场。债券流通市场，又称二级市场，是指已发行债券买卖转让的市场。

（2）根据市场组织形式，可将债券市场分为场内交易市场和场外交易市场。证券交易所是专门进行证券买卖的场所。证券交易所作为债券交易的组织者，本身不参加债券的买卖和价格的决定。场外交易市场是在证券交易所以外进行证券交易的市场。

（3）根据债券的发行地域，债券市场可以划分为国内债券市场和国际债券市场。国内债券市场的发行者和发行地点属于同一个国家，而国际债券市场的发行者和发行地点不属于同一个国家。

5. 债券的信用评级

信用评级是指对有价证券的质量进行评价和分类，从而确定证券信用等级的一种制度。

信用评级有助于保护投资者的利益，为投资者的投资决策提供重要的参考指标，还可以减少信誉高的发行人的筹资成本，提高市场效率。债券的信用评级中主要考察的因素是债券发行者的偿债能力、发行者的资信、投资者承担的风险。

▶▶▶ **相关链接**

标准·普尔公司和穆迪投资者服务公司是国际上两家著名的评级机构。

标准·普尔公司信用等级标准从高到低可划分为：AAA 级、AA 级、A 级、BBB 级、BB 级、B 级、CCC 级、CC 级 C 级和 D 级。穆迪投资者服务公司信用等级标准从高到低可划分为：Aaa 级、Aa 级、A 级、Baa 级、Ba 级、B 级、Caa 级、Ca 级、C 级。两家机构信用等级划分大同小异。前四个级别的债券信誉高、风险小，是"投资级债券"；第五级及以下级别的债券信誉低，是"投机级债券"。

（三）证券投资基金市场

1. 含义

证券投资基金，是指通过发行基金份额来集中投资者的零散资金，形成独立财产，交由投资专家投资于股票、债券及其他金融工具，所获收益由投资者按出资比例分享的集合投资方式。

基金的参与主体分为基金当事人、基金市场服务机构、监管机构和自律机构等，其中基金当事人又分为基金份额持有人、基金管理人和基金托管人。

证券投资基金市场是指进行证券投资基金交易的场所，是证券市场的一部分。

2. 证券投资基金的特点

（1）集合理财，专业管理。基金将众多投资者的资金集中起来，委托基金管理人进行共同投资，有利于发挥资金的规模优势，降低投资成本。

（2）组合投资，分散风险。投资者购买基金可以尽可能地规避个人投资所带来的高风险，充分享受到组合投资、分散风险的好处。

（3）利益共享，风险共担。基金投资收益在扣除由基金承担的费用后的盈余全部归基金投资者所有，并依据各投资者所持有的基金份额比例进行分配，管理人和托管人不参与收益分配。

（4）严格监管，信息透明。监管部门为保护投资者的利益，对基金行业实行比较严格的监管，对各种有损投资者利益的行为进行严厉的打击，并强制基金进行较为充分的信息披露。

（5）独立托管，保障安全。基金管理人的投资操作与基金托管人的基金财产保管相互独立、相互制约、相互监督，有利于保护投资者的利益。

3. 证券投资基金的分类

（1）根据组织形态的不同，证券投资基金可分为契约型基金与公司型基金。

契约型基金由基金投资者、基金管理人、基金托管人之间所签署的基金合同而设立，不具备法人资格，基金投资者的权利主要体现在合同的条款上。公司型基金按照公司法成立，并按照股份公司方式运营，具有独立法人资格，基金投资者是公司的股东。

（2）根据基金运作方式不同，证券投资基金可分为封闭式基金与开放式基金。

封闭式基金是指基金规模在合同期限内固定不变，基金份额在交易所交易，基金持有人不得提前赎回。开放式基金是基金规模不固定，基金份额可以在合同规定的时间和场所进行申购、赎回、交易。

（3）根据投资对象不同，证券投资基金可分为股票基金、债券基金、货币市场基金、混合基金等。

股票基金的投资对象主要是普通股股票，债券基金的投资对象主要是各类债券，货币市场基金主要投资于货币市场金融工具，混合基金是指同时投资股票、债券或者其他投资品种的基金。

（4）根据投资目标不同，证券投资基金可分为成长型基金、收入型基金和平衡型基金。

成长型基金以追求资本利得、长期资本增值为主要目标，主要以具有良好增长潜力的股票为投资对象。收入型基金以追求稳定的经常性收入为基本目标，主要以稳定收益证券为投资对象。平衡型基金既追求长期资本增值，又追求当期收入，经常分散投资于股票与债券。

（5）根据募集方式不同，证券投资基金可分为公募基金和私募基金。

公募基金，是指以公开发行方式向社会公众投资者募集基金资金并以证券为投资对象的证券投资基金。私募基金，是指以非公开方式向特定投资者募集基金资金并以证券为投资对象的证券投资基金。

第四节　外汇市场和黄金市场

一、外汇市场

（一）含义

外汇是国际汇兑的简称，是以外币表示的、用于国际结算的支付手段。

外汇市场是指进行外汇买卖的场所，其概念有狭义和广义之分。狭义的外汇市场是指进行外汇交易的有形市场，即外汇交易所；广义的外汇市场是指有形和无形外汇买卖市场的总和，它不仅包括封闭式外汇交易中心，而且还包括没有特定交易场所，通过电子通信设备及电子交易系统等方式进行的外汇交易。外汇市场产生和形成的基础是外汇的供给与需求。

（二）外汇市场的特点

1. 空间统一性

外汇市场不像股票交易有集中统一的地点，它是一些外汇金融机构、企业以及投资者等通过电子通信设备以及电子交易系统等现代化的通信技术进行买卖，各交易方之间的联系非常紧密，整个世界连成一片，形成一个统一的世界外汇市场。

2. 时间连续性

全球外汇市场由于地理位置和时差的原因，世界上的各个外汇市场在营业时间上相互连接，形成循环作业格局。全球外汇市场实际上是全天 24 小时连续运行，只有在周末及各国的重大节日，外汇市场才会关闭。这种连续作业为投资者减少了时间和空间障碍，便于投资者寻找最佳时机进行交易。

3. 外汇交易规模巨大

外汇交易不仅是国际贸易的一种工具，更是国际上最重要的一种金融商品。外汇交易的种类日趋多样化，交易规模越来越大，其规模已远远超过股票、期货等金融市场，成为全球最大的金融产品市场。

4. 政府对外汇市场的联合干预不断加强

与其他市场相比，外汇市场更多地受到政府的干预。一般来说，中央银行往往会在外汇市场价格出现异常大的波动或是朝同一方向连续几天剧烈波动时介入市场，通过商业银行买卖外汇，调整外汇市场的剧烈波动。

▶▶ **小贴士**

"连轴转"的外汇市场

外汇市场是一个全球性的市场，由于全球各金融中心的地理位置不同，亚洲市场、欧洲市场、美洲市场因时间差的关系，刚好连接成一个从星期一到星期五全天 24 小时连续作业的全球外汇市场。

国际外汇市场交易时区图：以北京时间为例，每个交易日的凌晨 4 点，一般看作上一个交易日的收盘时间。04：00，新西兰的惠灵顿市场开盘，拉开了新一天交易的序幕；06：00，澳大利亚悉尼市场开盘；08：00，日本东京市场开盘；09：00，新加坡市场和中国香港市场开盘；15：30，德国法兰克福市场和英国伦敦市场开盘；20：30，美国纽约市场开盘。

（三）外汇市场的作用

1. 调剂外汇资金的余缺，形成外汇价格体系

外汇市场的所有参与者，包括个人、企业、银行、政府机构，甚至国际金融机构都可在外汇市场买卖外汇，调剂余缺。通过外汇市场上的外汇交易，调节外汇供求，形成外汇价格体系。

2. 为国际经济活动提供资金融通，实现国际范围内的货币支付和资本转移

国际经济活动，包括国际贸易、国际借贷、国际投资、国际汇兑等，只有通过在外汇市场上买卖外汇才能使国际经济活动顺利进行，帮助实现国际范围内的货币支付和资本转移。外汇市场是国际金融活动的中心。

3. 提供避免外汇风险的手段

外汇交易者可以在外汇市场上通过买卖远期外汇期权、掉期、套期保值等来规避或减少外汇风险，使外汇交易受行市波动的不利影响降到最低，达到避险保值的目的。

4. 便于中央银行进行稳定汇率的操作

中央银行本身就是外汇市场的参与者之一，其对汇率的稳定操作和干预都必须通过外汇市场来实现。

（四）外汇市场的参与者和层次

1. 外汇市场上的参与者

（1）外汇银行，是指由各国中央银行或货币当局指定或授权经营外汇业务的银行。

（2）外汇经纪人，是指促成外汇交易的中介人。

（3）顾客，是与外汇银行有交易关系的机构或个人。

（4）中央银行，是体现本国的金融汇率政策，干预外汇市场，承担维持本国货币金融稳定职责的官方机构。

2. 外汇市场的交易层次

（1）银行和顾客之间的外汇交易：外汇银行起中介作用，顾客出于各种动机，向银行买卖外汇，银行赚取买卖外汇的差价。

（2）银行同业间的外汇交易：一方面银行要调剂外汇头寸，另一方面银行出于投机、套汇、套利等目的从事同业外汇交易。

（3）银行与中央银行之间的外汇交易：主要体现为中央银行干预外汇市场。

二、黄金市场

（一）含义和作用

黄金是一种稀有的贵金属，作为世界领域中的特殊商品，黄金兼具商品属性和货币属性。黄金具有收益性、风险性和高度的流通性。

黄金市场，是指黄金生产者和供应者同需求者集中进行黄金交易的场所，是世界各国集中进行黄金买卖和金币兑换的交易中心。黄金市场是国际金融市场的重要组成部分。

黄金的作用主要有以下几点。

（1）黄金作为一般商品，可以满足工业、商业等方面的需要。

（2）黄金作为稀有的贵金属，是最佳的贮藏手段和资产保值形式。

（3）黄金作为国际储备资产的重要组成，是政府防范金融风险和预防支付危机的工具。

（4）黄金作为货币政策工具，使得中央银行能够通过买卖黄金调节基础货币，进而调节货币供应量。

（5）黄金作为投融资工具，扩宽了金融市场投资领域，丰富了融资手段。

（二）黄金市场的分类

由于受到国家政策和社会经济等的影响，黄金交易市场呈现出各式各样的形态。

1. 按照黄金市场所起的作用和规模分类，可分为主导性市场和区域性市场

主导性市场是指其价格的形成及交易量的变化对其他黄金市场起主导性作用的市场，主要有伦敦、苏黎世、纽约、芝加哥和香港的黄金市场。

区域性市场是指交易规模有限且集中在某地区，而且对其他市场影响不大的市场，如东京、巴黎、法兰克福黄金市场等。

2. 按照交易类型和交易方式分类，可分为现货交易市场和期货交易市场

黄金现货交易基本上是即期交易，在成交后即交割或者在两天内交割。

黄金期货交易即成交后不立即交割，而由交易双方先签订合同，在预定的日期再进行交割。

3. 按有无固定场所分类，可分为无形黄金市场和有形黄金市场

无形黄金交易市场主要是指黄金交易没有专门的交易场所。

有形黄金市场主要是指黄金交易是在某个固定的地方进行的市场。

4. 按交易管制程度分类，可分为自由交易市场、限制交易市场和国内交易市场

自由交易市场是指黄金可以自由输入、自由输出，居民和非居民都可以自由买卖的黄金市场。

限制交易市场是指黄金的输入、输出受到管制，只允许非居民而不允许居民自由买卖黄金的市场。

国内交易市场是指禁止黄金进出口，只允许居民，而不允许非居民买卖黄金的市场。

▶▶ 小贴士

欧式、美式和亚式黄金市场

欧式黄金市场是无形市场，没有固定的场所，以伦敦黄金交易市场和苏黎世黄金市场为代表。美式黄金市场，是在商品交易所内进行黄金买卖业务，以美国的纽约商品交易所和芝加哥商品交易所为代表，这类黄金交易市场实际上建立在典型的期货市场的基础上。亚式黄金市场，是在专门的黄金交易所内进行交易，以香港金银业贸易场所和新加坡黄金交易所为代表，这类黄金交易一般同时进行黄金的期货和现货交易。

（三）黄金市场的参与者

黄金市场的参与者主要有金融机构、金商、经纪公司、各种法人机构和个人投资者等。

（四）影响黄金价格的因素

1. 供给方面

供给方面的因素包括黄金存量、新开采的黄金数量、各国中央银行抛售的黄金数

量、国际货币基金组织抛售的黄金数量。

2. 需求方面

需求方面的因素包括工业用途需求、各国官方储备资产的需求、个人投资需求。

3. 其他影响因素

其他影响因素包括美元走势、原油价格、利率、通货膨胀程度、各国的货币政策、国际政治局势、战争、突发事件等。

第五节　金融衍生工具市场

一、含义

金融衍生工具是一种金融工具，它的价值是从其他的基础资产或基础变量的价值派生而来的。基础资产包括股票、债券等，基础变量则包括利率、汇率、各类价格指数等。

金融衍生工具市场是指以各种金融合约为交易对象的交易场所。

二、特点

（一）跨期性

金融衍生工具是交易双方约定在未来某一时间按照一定条件进行交易或选择是否交易的合约，具有跨期交易的特点。

（二）杠杆性

金融衍生工具一般只需要支付少量的保证金或权利金就可签订远期大额合约或互换不同的金融工具，即投资者只需动用少量的资金便能控制大量的资源。金融衍生工具的杠杆性效应在一定程度上决定了它的高投机性和高风险性。

（三）联动性

金融衍生工具的价值与基础产品或基础变量紧密联系，具有规则的变动关系。

（四）不确定性和高风险性

金融衍生工具有较高的不确定性，基础工具价格的波动性决定了金融衍生工具交易盈亏的不稳定性。另外，金融衍生工具还会面临信用风险、市场风险、流动性风险、结算风险、操作风险和法律风险等。

（五）交易对象的虚拟性

金融衍生产品合约交易的对象是对基础金融工具在未来各种条件下处置的权利和义务，表现出一定的虚拟性。

三、作用

（一）规避风险

金融衍生工具市场的风险转移机制主要通过套期保值交易发挥作用，通过风险承担者在两个市场的相反操作来锁定自己的利润。

（二）价格发现

金融衍生工具具有预测价格功能，通过供求双方在交易所内类似拍卖方式公开竞价形成一种市场均衡价格，这种价格不仅有指示性功能，而且有助于金融产品价格的稳定。

（三）套期保值

套期保值是金融衍生工具为交易者提供的最主要功能，也是衍生工具产生的原动力。与传统的融资方式相比，金融衍生工具可以把企业在各个市场的有利因素联系起来，形成最佳的融资条件，减少融资成本。另外，当市场出现套利机会，企业也可以进行交易，这也提高了企业的获利能力。

四、金融衍生工具市场的参与者

金融衍生工具市场有四大类参与者：套期保值者、投机者、套利者和经纪人。

（一）套期保值者

套期保值者是指那些把期货市场作为价格风险转移的场所，在现货市场和期货市场对同一种类的商品同时进行数量相等但方向相反的买卖活动，当价格变动使现货买卖上出现盈亏时，可由期货交易上的亏盈得到抵消或弥补，以使价格风险降到最低限度。套期保值者参与金融衍生工具市场的目的是降低或消除他们的风险。

（二）投机者

投机者是指在期货市场上"买空卖空""卖空买空"，希望以较小的资金来博取利润的投资者。与套期保值者相反，投机者在期货市场上要冒很大的风险，他们参与金融衍生工具市场的目的在于赚取远期价格与未来实际价格之间的差额。

（三）套利者

套利者是指利用不同的金融市场之间出现的价格不合理关系，通过同时买进卖出以赚取价差收益的机构或个人。

（四）经纪人

经纪人是指交易者和客户的中间人和媒介。

五、分类

（一）按交易场所，即是否在交易所上市分类，可分为场内交易工具和场外交易工具

1. 场内交易工具

场内交易工具，又称交易所交易工具，是指在有组织的交易所上市交易的衍生工具。在场内交易的金融衍生工具主要有期货和期权。

2. 场外交易工具

场外交易是指交易双方直接成为交易对手的交易方式。在场外交易的金融衍生工具主要有远期和互换。

（二）按照基础工具种类分类，可分为股权类、利率类、货币或汇率类以及信用类衍生工具

1. 股权类衍生工具

股权类衍生工具是指以股票指数为基础工具的金融衍生工具，主要包括股票期货、

股票期权、股票指数期货、股票指数期权以及上述合约的混合交易合约。

2. 利率衍生工具

利率衍生工具是指以利率或利率的载体为基础工具的金融衍生工具，主要包括远期利率协议、利率期货、利率期权、利率互换以及上述合约的混合交易合约。

3. 货币或汇率衍生工具

货币或汇率衍生工具是指以各种货币作为基础工具的金融衍生工具，主要包括远期外汇合约、外汇期货、外汇期权、货币互换以及上述合约的混合交易合约。

4. 信用衍生工具

信用衍生工具是指以基础产品所蕴含的信用风险或违约风险为基础变量的金融衍生工具，用于转移或防范信用风险，是20世纪90年代以来发展最为迅速的一类衍生产品，主要包括信用互换、信用联结票据等。

（三）按交易形式，分为远期和期货、期权和互换

1. 远期和期货

远期和期货都是交易双方约定在未来某一特定时间、以某一特定价格买卖某一特定数量和质量资产的交易形式。远期是根据买卖双方的特殊需求由买卖双方自行签订的合约。期货是期货交易所制定的标准化合约，对合约到期日及其买卖的资产的种类、数量、质量做出了统一规定。

2. 期权

期权是指合约买方向卖方支付一定费用，在约定日期内（或约定日期）享有按事先确定的价格向合约卖方买卖某种金融工具的权利的契约。

3. 互换

互换是指交易双方签订的在未来某一时期相互交换某种资产的合约。较常见的有利率互换合约和货币互换合约。

习　题

一、名称解释

1. 金融市场　2. 货币市场　3. 资本市场　4. 大额可转让定期存单　5. 回购协议
6. 外汇市场

二、简答题

1. 金融市场有什么功能？
2. 货币市场的特点是什么？
3. 货币市场和资本市场分别有哪些金融工具？
4. 主要的商业票据有哪些？
5. 资本市场的特点是什么？
6. 金融衍生工具的特点是什么？

三、案例题

"促进资本市场和货币市场公开透明、长期稳定健康发展。"2015年7月9日，中

共中央政治局常委、国务院总理李克强在主持召开部分省（区）政府主要负责人经济形势座谈会时指出。

而7月2日，李克强在法国图卢兹的中法工商峰会上表示，要培育公开透明、长期稳定健康发展的资本市场和货币市场，不断巩固中国经济向好基础。

业内人士表示，李总理短短8天时间内两次提及资本市场发展，表明政府支持资本市场长期健康稳定发展的鲜明态度，资本市场应与经济发展相匹配。

"一个平稳健康的股市关系到经济社会发展全局，关系到深化资本市场改革各项措施的落地生根，关系到国际国内对中国经济的良好预期，关系到扩大直接融资比重的转型升级战略，关系到'十三五'规划能否奠定资本市场支撑。"全国政协委员、瑞华会计师事务所管理合伙人张连起告诉记者，李克强总理在资本市场发生非理性下跌时两次谈股市，一是表明政府有条件有能力、有信心应对各种风险，二是促进资本市场平稳健康发展，使之为实现经济目标任务助力增效，管控股市风险，夯实经济社会发展向好预期。

请思考：政府为何重视资本市场？如何推动资本市场健康发展？

【实践课堂】

1. 把班级分成若干组，每组5个人，分别代表金融市场不同的参与主体，包括个人、企业、商业性金融机构、政府、中央银行，使参与各方了解其他参与主体的地位及作用，从而为发挥各自的作用进行角色互动。

2. 在生活中你接触过哪些金融产品？你喜欢哪些金融产品？请举例说明。

第十章 ■ 货币需求与供给

1. 掌握影响货币需求量和货币供应量的因素。
2. 掌握通货膨胀和通货紧缩的概念。
3. 理解货币的创造。
4. 理解通货膨胀的成因及其对经济和社会的影响。
5. 了解货币需求的种类和含义。
6. 了解通货膨胀和通货紧缩的类型。

能力目标

1. 尝试分析现阶段经济的发展趋向。
2. 初步运用通货膨胀和通货紧缩的知识分析现阶段经济的状态。

案例导入

通货膨胀与通货紧缩是影响一个国家经济增长与运行的重要问题。我国在 1985 年、1988 年、1993 年和 1994 年有过 4 次较大的通货膨胀，并且各自上涨的峰值不断地攀升。1985 年的消费者物价指数为 9.3%，1988 年为 18.8%，1994 年高达 24.1%，此后一直到 2002 年我国又经历了一段时间的通货紧缩。从 2003 年 8 月开始到 2007 年 3 月，我国逐步进入一个相对温和的通货膨胀时期，2008 年 2 月消费者物价指数达到 8.7%，随着政府和央行采取了一系列相应的宏观调控措施，消费者物价指数逐渐回落。

2011 年，因内外因的共同影响，造成了通货膨胀。首先，2009 年的"四万亿投资计划"以及为了对冲巨额的外汇占款，央行抛出 20 万亿人民币，导致了当时的流动性过剩。2010 年 12 月，M_2 的增长率处于 19.72% 的较高水平，过多的货币供应形成潜在的通货膨胀压力。其次，大宗商品价格上涨，由于我国对原油、铁矿石等大宗商品进口依存度较高，给中国带来输入性通胀的压力。最后，当时房地产泡沫越吹越大，国内总需求过剩，加大了通胀压力。2011 年，消费者物价指数上涨至 5.4%。

稳定物价成为当时的首要任务，央行实行从紧的货币政策，密集上调基准利率和存款准备金率，2010—2011 年期间，上调了 5 次基准利率、12 次存款准备金率，到 2011 年 6 月 20 日，存款准备金率高达 21.5%。历时一年多，到 2011 年年末通货膨胀得到控制。

问题引入：

1. 什么是通货膨胀？什么是通货紧缩？
2. 如何衡量通货膨胀和通货紧缩？

第一节　货币流通规律

从货币的演变史来看，流通手段职能及作为交换媒介的职能是货币最基本的职能，也是货币产生的原始动力。在流通中，货币仅仅充当交换的媒介。商品生产者的买是为了卖，卖是为了买，交换目的不是为了获得货币，而是为了以货币去购买其他商品。因此在这个关系中，只要货币具有最广泛的可接受性，交换者不会太关心货币本身的价值。换言之，货币在充当流通手段时，重要的不是其内在价值，而是其可接受性和足够的数量。只有有了足够的数量，才能满足商品交易的需要，货币才能完成其作为流通手段的职能。那么，流通中到底需要多少货币？下面分别以金属货币和纸币的流通规律进行介绍。

一、金属货币的流通规律

货币的流通手段职能是充当交换的媒介，也就是实现所交换商品的价格。商品的价格是在商品未实际进入流通以前就有的，进入流通的商品价格总额大，要求实现商品价格的货币就多；进入流通商品的价格总额小，要求实现商品价格的货币就少。因此，流通中所需要的货币量首先是由商品价格总额决定的，排除货币流通速度的因素，流通中的货币量应与进入流通中的商品价格总额相等。

在金属货币制度下，流通中的货币量以若干单位的金属货币量表现出来。在等价交换且金属货币的流通速度为 1 的条件下，这若干单位的金属货币量所包含的价值量应等于待实现的商品价格总量所反映的价值总量。因为金属货币本身是人类的劳动成果，具有内在价值，是直接的一般等价物，因此若生产金属货币的劳动生产率变动，则单位金属货币的价值量也随之变动。如果流通中待实现的商品价格总额所反映的价值总量不变，则流通中所需要的金属货币量与单位金属货币的价值呈反方向变动，即单位金属货币的价值越大，流通中所需要的金属货币数量就越少，相反，所需要的金属货币量就越多。

上述分析未考虑货币流通的速度，但事实上货币流通是有速度的，这一速度就是同一枚货币在一定时间和空间内变换的次数。由于在一定时间和空间内，同一枚货币能反复在许多次货币交换中发挥作用，能够实现多倍的商品价格，因而货币的流通速度越快，实现既定的商品价格所需要的货币量越少，相反，则需要的货币量越多。

综上所述，决定执行流通手段的金属货币数量与商品有如下关系式：

流通中金属货币的必要量 = 商品价格总额 ÷ 货币流通速度

由于流通中的金属货币总量的价值除以单位金属货币的价值量等于流通中金属数量，上式可变为：

流通中金属货币的价值 = 商品价格总额所反映的总价值量 ÷ 货币流通速度

由上可知，流通中金属货币必要量受到三个因素的影响：商品价格总额、货币流通速度和金属货币本身的价值。流通中金属货币必要量与待实现的商品价格总额成正比，与货币流通速度成反比，与货币本身的单位价值成反比。这就是金属货币的流通规律。

二、纸币的流通规律

由于流通中的货币转瞬即逝，人们并不十分关心货币本身的价值，加上金属货币的沉重和不易运输，使纸币得以代替金属货币执行流通手段职能。这时的纸币是代用货币，其流通规律完全与金属货币一致。尽管现在的纸币已完全超出了代用货币的范畴，但其流通规律仍然与金属货币流通相联系。马克思早就为我们揭示了这一规律。

马克思明确指出，"纸币流通的特殊规律只能从纸币是金的代表这种关系中产生。这一规律简单说来就是：纸币的发行限于它象征性地代表的金（或银）的实际流通的数量。"换言之，纸币流通规律体现的是纸币和金属货币之间的比例关系。用公式表示就是：

单位纸币所代表的金属货币 = 流通中所需的金属货币量 ÷ 流通中的纸币总量

由上可知，所谓纸币的流通规律，就是纸币发行数量取决于流通中所需要的金属货币量。

▶▶阅读材料

纸币发行数量取决于流通中所需要的金属货币量

当一个时期社会需要的金属货币量确定之后，客观上要求纸币发行量必须与流通中对金属货币量的需要相一致。只有这样，一个单位的纸币才能代表一定的金属货币而流通。比如，流通中需要 10 亿元金币，则可以发行 10 亿元纸币，每一元纸币代表一元金币流通。由于纸币无贮藏手段职能，也不能兑换黄金或输出国外，所以无论纸币发行量有多大，它所能代表的只是流通所必需的金属货币量，如果超出了这个商品世界的内在规律所决定的金量，纸币就要贬值。如上例，若纸币发行额达到了 20 亿元，而流通中所需要的金币量不变，仍为 10 亿元金币，那么，每元纸币所代表的就只是 0.50 元金币。

由此可见，国家固然可以用强制力将任意数量的纸币投入流通，但却无法改变纸币的流通规律。如若倒行逆施，必将导致货币制度的崩溃。

货币制度的历史发展过程表明，在货币流通中用贵金属代替贱金属货币、用价值符号代替金属货币，是货币制度发展的历史必然。这种发展趋势一方面意味着社会流通费用在更大程度上的节约，另一方面也隐伏着货币制度的稳定性日益丧失的危机。国家如何强化对货币制度的管理和对货币流通的调控，已成为各国普遍关注的问题。

三、电子时代的货币流通

电子货币是指用一定金额的现金或存款从发行者处兑换并获得代表相同金额的数据，通过使用某些电子化方法将该数据直接转移给支付对象，从而清偿债务。由于在降低交易费用上的巨大优势，电子货币取代传统通货已经成为一种不可避免的趋势。

电子货币主要有4种：

第一，储值卡。最常见的如磁卡或IC卡。如电信普通电话卡、超市购物卡、校园消费卡、公交卡、加油卡等。此类卡的特点是：发卡人在预收用户一定数量的资金后，将等量的金额存储于储值卡当中，再在用户每次消费时进行扣减，以方便支付。

第二，银行卡。最常见的如信用卡和借记卡。银行卡的特点是支付时不需要用现金，但每次支付行为除了支付双方参与外，还需银行的参与（如需在银行授权的POS机上进行操作）。信用卡的重要特征是用户可以在银行授信额度内支付，即可以"透支"，而借记卡不可以透支，只能"先存款，后支付"。

第三，电子支票。电子支票是将支票的全部内容电子化，并通过数字证书和数字签名等加密、解密技术，借助网络实现电子支票在出票人、收款人、付款人、银行及背书人等有关各方之间的传递和处理，实现电子商业结算。

第四，电子现金。电子现金是最接近于现金支付的一种电子货币，它是以代替实际现金为目的而开发的。如手机电子钱包。电子现金可实现个人之间的自由支付。

电子货币虽然是无形的货币，或者说已成为一种虚拟货币，但它毕竟还是货币，其根本性质并没有改变，改变的只是它的形态，正如纸币（货币符号）代替金属货币一样。电子货币仍可以执行价值尺度、流通手段、支付手段和贮藏手段等货币职能。因此，电子货币的流通依然遵循货币流通的一般规律：流通中的货币量与待实现的商品的价格总额成正比，与货币的流通速度成反比。

第二节　货币需求 --------------------------------●

一、货币需求的含义

货币需求是一种由货币需求能力与货币需求愿望相互作用、相互决定的客观实际需求，是指在一定时期内，社会各阶层愿意以货币形式持有财产的需要，或社会各阶层对执行流通手段、支付手段和价值贮藏手段的货币的需求。

▶▶ **相关链接**

1. 从货币需求的主体考察，货币需求可分为微观货币需求和宏观货币需求

微观货币需求：是指从微观经济主体即个人、家庭或企业的角度进行考察，研究一个微观单位在既定的社会经济条件下，持有多少货币机会成本最低、效用最大的问题，既包括执行流通和支付手段的货币需要量，也包含执行贮藏手段职能的货币需要量。

宏观货币需求：是指从宏观社会的角度进行分析，把货币视为交易的媒介，探讨一个国家在一定时期经济正常稳定发展所必需的货币量，一般仅指执行流通手段和支付手段的货币需要量。

2. 从货币需求动机出发，货币需求可分为主观货币需求和客观货币需求

主观货币需求：是指个人、家庭等各种经济主体在主观上希望拥有多少货币，是一种占有货币的愿望。

客观货币需求：是一种有支付能力的有效需求，是指个人、家庭、企业或国家在一定时期能满足其正常生产和交换及正常发展客观需要的货币需求。由于货币作为一般等价物具有同一切商品相交换的能力，因此主观货币需求在量上是无限的，是一种没有约束的无效货币需求，显然不是我们所要研究的对象，我们研究的只是客观货币需求。

3. 从货币数量变动对经济的影响，货币需求可分为名义货币需求和实际货币需求

名义货币需求：是指一个社会或一个经济部门在不考虑价格变动情况下的货币需求。在经济运行过程中，名义货币需求是由中央银行的货币供给决定的。

实际货币需求：是指经济主体的名义货币需求在扣除价格变动因素以后的货币需求，也就是以某一不变价格为基础计算的商品和劳务量对货币的需求。

二、货币需求量

货币需求的大小是用货币需求量来衡量的，微观经济主体需要持有多少货币是由其自己决定的，完全不用经济学家和政府关心。我们所要关心的是，在一个国家一定时期的货币需求量到底是多少，因为一定时期的货币需求量是国家制定货币供应政策的基础。因此，一般来说，货币需求量的概念是从社会宏观角度而言的。那么什么是一定时期的货币需求量呢？传统的货币理论认为货币流通是为商品流通服务的，因此满足商品流通需要的货币量就是货币必要量，即客观货币需求量。

▶▶ **相关链接**

马克思的货币需求量公式

马克思的货币需求量公式是：

$$M = P \cdot Q / V$$

式中，M 代表执行流通手段职能的货币量，即客观货币需求量；P 代表商品的价格水平；Q 为流通中的商品数量；V 代表同名货币的流通速度。

这一公式既表达出了货币需求量的决定因素（即宏观货币需求量的决定因素），又表达出了这三个因素的变动与货币需求量变动的关系，即：货币需求量与商品数量、商品的价格水平进而与商品价格总额成正比，与货币流通速度成反比。

需要说明的是，马克思在提出这一著名的公式时，是以金币流通作为前提的，认为商品价格取决于商品的价值和黄金的价值，而价值取决于生产过程，所以商品是带着价格进入流通的；有多少的商品价格，就需要有多少金币来实现它；商品与金币交换后，商品退出流通，而黄金却留在流通之中继续发挥媒介作用。所以，商品价格总额是一个既定的值，货币需求量就是根据这一既定的值与同名货币的流通速度共同确定的。而且在经济中存在着一个数量足够大的黄金储藏，商品流通需要多少货币，就有多少货币存在于流通之中。

马克思在分析了金币流通条件下货币需求量的规律后，根据变化了的情况，接着分析了纸币流通条件下货币需求量的决定问题。他认为，纸币本身没有价值，之所以能够流通，是由于国家的强力支持，也只有流通，才能作为金币的代表，纸币一旦投入流通，就不会自动退出。流通中所能吸收的金币数量是由客观的商品价格决定的，那么无论向流通中投入多少纸币，也只能代表客观需要的金币数量，纸币投入越多，每一单位纸币所代表的金币数量就越少，即纸币贬值，物价上涨。于是，在纸币流通条件下，纸币数量的增减成为商品价格水平涨跌的决定因素，把金币流通条件下的金币数量与商品价格之间的决定关系完全颠倒过来了。但这不是对金币流通规律的否定，只不过是表现形式的改变而已。

马克思的货币需求量公式揭示了货币的本质，反映了货币需求量的基本原理，它不是一个简单的算术公式，而是一种高度的理论概括，具有重大的理论指导意义。

三、影响货币需求的因素分析

由于货币需求受多种因素的影响，因而货币需求函数是一种多元函数。根据各种自变量的性质及其对货币需求的不同影响，我们可以把影响货币需求的因素分为三类，即规模变量、机会成本变量、社会、心理及其他变量。

（一）规模变量

所谓规模变量，是指决定和制约货币需求总规模的变量，主要有财富和收入两种。由于货币需求是人们以货币形式持有财富的行为，因此人们持有的货币量必然低于其拥有的财富总额。假如人们将其所有的财富均以货币的形式保有，货币持有量最多也就是和自己的财富总额一样。所以，财富总额决定了货币需求量的最高限额。因此，在现代货币需求理论中，人们通常把收入作为财富的代表而列入货币需求函数。

▶▶ **小贴士**

收入对货币需求的影响

在其他条件不变的情况下，货币需求与收入水平的高低成正比，即收入越多，货币需求也越多；反之，收入越少，货币需求也就越少。

（二）机会成本变量

社会经济主体持有的财富表现为各种资产，既有实物资产，又有金融资产。在金融资产中，又可分为货币与非货币资产，如股票、债券等。由于各种资产在盈利性、流动性和安全性方面各不一样，既有优点，又有缺点。例如，货币只是资产中的一种，货币虽然有高度的安全性和流动性，但盈利性却是最低的。各经济主体是否持有货币、持有多少，取决于他们的实际经济情况和主观偏好，一般来说，人们总是力图把自己持有的货币量保持在最适当的水平，既使自己获得持有货币的最大满足，又使自己持有货币的成本降到最低，实现效用和经济效益的最大化。这样，人们在选择持有货币时，就必然会对持有货币与持有其他形式的资产所能得到的效益进行比较。

▶▶ **小贴士**

持有货币的机会成本

在财富、资产一定的条件下，经济主体持有货币的同时就不能持有与这部分货币等量的其他资产，因持有货币而不得不放弃的、持有其他资产所能取得的收益，就是人们持有货币的机会成本。

持有货币的机会成本变量主要有债券的预期收益率、股票的预期收益率、实物资产的预期收益率。而这些非货币金融资产的预期收益率，在一定程度上是由社会的市场利率所决定的。

▶▶ **相关链接**

市场利率对货币需求的影响

一般情况下，市场利率与有价证券的价格成反比。如果市场利率上升，特别是上升到一定高度时，人们一般会预期利率下降、有价证券的价格将上升，于是会做出减少货币持有量、增加有价证券的持有量的决策；如果市场利率下降，特别是利率下降到一定低度时，人们又会预期利率将上升、有价证券的价格将下跌，从而做出增加货币持有量、减少有价证券的持有量的决策。

市场利率的变化不仅通过人们的预期对资产选择产生影响，从而对货币需求产生影响，而且市场利率还直接决定着人们持有货币的机会成本，因为市场利率决定和影响着各种金融资产的收益率。市场利率上升，意味着人们持有货币的机会成本增加，从而使货币需求减少；市场利率下降，则意味着人们持有货币的机会成本减少，从而使货币需求增加。

（三）社会、心理及其他变量

还有一些变量包括信用制度及信用的发达程度、社会的消费倾向以及经济主体的预期和个体偏好对货币需求产生影响。

一般来说，在信用制度健全、信用比较发达的经济中，货币需求相对较少；而在信用制度不健全、信用观念落后的经济中，货币需求会相对较多。

▶▶ 小贴士

信用制度的先进性与货币的需求呈负相关

在信用制度健全、信用比较发达的经济中，有相当一部分交易是通过债权债务的抵消来实现的，这样必然减少作为流通手段和支付手段的货币的需求量；同时，在这样的经济中，一般金融市场也比较发达，人们可以把暂时不用的货币用来购买短期债券，而在需要变现时，可在金融市场上很容易地出售，于是人们就可以相对减少经常性的货币持有量。相反，如果没有健全的信用制度和完善的金融市场，人们只能在手中保有较多的货币，以满足自己安全性和流动性的需要，这种情况在广大的发展中国家和落后的地区表现得最为明显。

由于各个国家、各个地区的生活习俗、消费观念不同，使得各个经济主体及整个社会的消费倾向各不相同。

▶▶ 小贴士

消费倾向

消费倾向是指消费在收入中所占的比例，包括平均消费倾向和边际消费倾向。在一般情况下，消费倾向与货币需求呈现出同方向的变化，即消费倾向越大，则货币需求就越多；反之，消费倾向越小，则货币需求就越少。二者之所以呈现出同方向的变化，是因为在现代市场经济中，绝大部分消费还是以货币作为购买手段的。

由于各个经济主体的生活背景不同，掌握的经济知识不同，他们对未来经济情况的预期以及在资产选择中对货币的偏好也会表现得各不一样。而这些因素都会对经济主体的货币需求产生不同的影响。

第三节　货币供给

一、货币层次的划分

（一）货币层次划分的标准

货币供应量是指一个国家在一定时点上存在于个人、企业、金融机构、政府等部门的现金和存款货币的数量。在现实的经济生活中，人们往往还将货币的范围扩展到一些流动性较强的短期证券，如国库券、商业票据等，因为它们可以容易地转换为现金或活期存款而成为现实的购买和支付工具。

划分货币层次的依据是货币的流动性强弱。

▶▶ 小贴士

货币的流动性

货币的流动性是指各种货币形态转化为现金所需要的时间和成本的多少，它反映了各种货币形态作为流通手段和支付手段的方便程度。

（二）我国货币层次的划分

根据 2001 年 7 月修订的统计口径，我国目前的货币供应量层次为：

M_0 = 现金

M_1 = M_0 + 单位活期存款

M_2 = M_1 + 个人储蓄存款 + 单位定期存款

M_3 = M_2 + 商业票据 + 大额可转让定期存单

▶▶ 相关链接

依据流动性强弱划分货币层次的目的

依据流动性强弱来划分货币层次，其目的在于中央银行实施对货币的宏观控制。货币的流动性不同，在流通中作为购买和支付手段的方便程度就不同，形成货币购买力的程度就不同，对市场供求关系、物价变动等方面的影响也就不同。按照流动性强弱划分货币层次，进而有区别、有重点地加以监测和控制，就可以更好地达到控制货币的效果。就是说，有了依据流动性标准而划分的货币层次指标以后，中央银行的货币控制就有了结构分析和监测的依据。从各国的普遍情况看，流动性最强的 M_1 和次强的 M_2 一般被作为货币量监控的重点。

二、货币创造

（一）有关存款的基本概念

1. 原始存款与派生存款

原始存款是指商业银行吸收的现金存款或中央银行对商业银行贷款所形成的存款。

派生存款是指以原始存款为基础，由商业银行发放贷款、办理贴现等业务活动引申而来的存款。

2. 存款准备金与存款准备金比率

存款准备金是指金融机构为保证客户提取存款和资金清算需要而准备的在中央银行的存款。

存款准备金率是指中央银行要求的存款准备金占其存款总额的比例。

（二）存款货币创造的条件

货币的最初职能是作为价值尺度和商品流通媒介。商业银行的出现（为发放贷款而吸收存款）使市场主体之间债权债务的清偿开始更多地采用转账结算的方式，而银行组织的转账结算则是存款货币创造的前提。在此前提下，存款货币的创造还需要具备两个基本条件，即部分准备金制度和部分现金提取，如果不具备这两个条件，就不会有存款货币的创造。因为如果银行必须对它吸收的存款保留100%的准备金，那么自然就不会有存款货币的创造。在长期的实践中，银行认识到准备金的需要与存款之间具有一定的比例关系，即只要按存款总额的一定比例保持准备金就可以应付人们的取款要求，其余的可以贷放出去，或者用来购买有价证券；如果借款人在获得贷款后，立即以现金的形式将它全部从银行取走，而且在贷款归还之前这笔现金始终在公众手中流通，而不被存入银行，那么也就不会有存款货币的创造。但在现实中，100%提取现金并始终在公众手中流通是不大可能的。而以上两点就使多倍的存款创造成为可能。

（三）商业银行存款货币的创造过程

为了简要说明商业银行创造存款货币的过程，先做几个假定：法定存款准备金率为20%；所有银行都将其超额准备金用于发放贷款或购买证券，而不持有任何超额准备金；没有现金从银行系统中漏出，即公众不从他们的存款账户上提取现金，或者提取现金用以支付之后，收款的一方又立即将它存入银行。

假设现在第一家企业将10 000元现金作为活期存款存入A银行，该行增加原始存款10 000元，按20%提留2000元法定准备金，其余8000元全部贷给第二家企业，第二家企业用来支付第三家企业货款，第三家企业将货款存入B银行，使其存款增加8000元。该行提留1600元法定准备金后，又将6400元贷给第四家企业，第四家企业又用来向第五家企业支付货款，第五家企业将货款存入C银行，C银行提留1024元法定准备金后，其余5120元贷给第五家企业……如此循环下去，则存款货币的派生过程如表10-1所示。

表 10-1　存款货币创造的过程　　　　　　　　单位：元

银行名称	存款增加额	法定准备金	贷款增加额
A 银行	10 000	2 000	8000
B 银行	8000	1600	6400
C 银行	6400	1280	5120
…	…	…	…
…	…	…	…
…	…	…	…
合　　计	50 000	10 000	40 000

经过商业银行的信用货币创造过程，我们可以看到，原始存款实现了多倍的扩张，得到了多倍的货币供应量。

原始存款从外部注入银行体系后，在存款货币的创造过程中，逐步地转化为法定存款准备金。当原始存款全部转化为法定存款准备金，也就是全部转化为银行不能动用的资金时，存款货币的创造过程才结束，此时存款货币的扩张达到极限。

（四）中央银行的货币创造

从上例可以得出结论：商业银行派生能力总是有一定限度的。当商业银行把社会上一切可动员的闲散资金都吸储进来，并按照派生原理最大限度地派生，如果仍然不能满足客观货币需求时，唯一的出路是求助于中央银行，靠中央银行创造，补足基础货币。

▶▶ 小贴士

基础货币

基础货币，又称为高能货币，通常是指流通中的现金和商业银行在中央银行的准备金存款之和，可用公式表示为：

$$B = C + R$$

式中，B 代表基础货币；C 代表流通中的现金；R 代表商业银行在中央银行的准备金存款。

从基础货币的构成看，C 和 R 都是中央银行的负债，中央银行对这两部分都具有直接的控制能力。现金的发行权由中央银行垄断，其发行程序、管理技术等均由中央银行掌握。中央银行对商业银行的准备金存款有较强的控制力。中央银行可以通过调整法定存款准备金率，强制改变商业银行的准备金结构，影响其信贷能力，也可以通过改变再贴现率、再贷款条件等来改变商业银行的准备金数量，还可以通过公开市场业务操作，买进或卖出有价证券和外汇来改变商业银行的准备金量。中央银行能够直接控制的现金发行和商业银行的准备金存款，之所以被称为基础货币，是因为如果没有现金的发行和中央银行对商业银行的信贷供应，商业银行的准备金存款便难以形成，或者说，它用以创造派生存款的原始存款的来源就不存在。从这个意义上说，中央银行控制的基础货币是商业银行借以创造存款货币的源泉。中央银行供应基础货币，是整个货币供应过程的最初环节，它首先影响的是商业银行的准备金存款，只有通过商业银行运用准备金存款进行存款创造活动后，才能完成最终的货币供应。货币供应的全过程，就是由中央银行供应基础货币，基础货币形成商业银行的原始存款，商业银行在原始存款基础上创造派生存款（现金漏损的部分形成流通中现金），最终形成货币供应总量的过程。

引入了基础货币这一概念后，货币供应就可以表达为这样一个理论化的模式：一定的货币供应总量必然是一定的基础货币按照一定倍数或乘数扩张后的结果，或者说，货币供应量总是表现为基础货币的一定倍数。人们通常把这个倍数即货币供应量与基础货币的比值，称为货币乘数。如果以 M 表示货币供应量，以 B 表示基础货币，以 K 表示货币乘数，则有如下货币供应量的理论公式：

$$M = B \cdot K$$

该公式表明，由于货币乘数的作用，使中央银行的基础货币扩张为货币供应总量，因此货币乘数是货币供应机制中的一个至关重要的因素。

三、影响货币供给量的其他因素

货币供给的主体是银行，银行不能单方面地决定货币供给，实际上银行主要是从外在的、技术的方面施加影响。从根本上说，影响和决定货币供给的还有社会再生产中的其他因素。

（一）企业和部门的行为

企业和部门的行为对货币供给量的影响主要表现在企业、部门对银行的贷款需求。因为商业银行是通过贷款而派生存款，企业对贷款的需求最终会影响商业银行的信用行为。

▶▶阅读材料

企业和部门对货币供应量的影响

一般来说，当企业、部门要扩大规模，加大货币的投入时，对银行贷款需求增加，银行则扩大货币供给量；反之，货币供应量减少。当然，从我国现实情况来看，大中型企业资金缺口大，贷款需求多，商业银行则承受了相当大的贷款需求压力，由此决定和影响货币供给量呈增长趋势。

（二）居民行为

居民对现金的需求行为对货币供给量影响是很大的。

▶▶ 阅读材料

居民行为对货币供应量的影响

当居民现金需求增加时，一般会从银行提款，减少超额准备金，造成存款总额收缩，社会货币供给量相应减少。反之，现金大量存入银行，扩大了商业银行派生存款总额，社会货币供给量增加。而居民对现金的需求行为则主要由收入水平、对物价的预测、金融资金的选择、信用制度发达程度等多方面因素所决定。

现阶段，我国居民收入增加，金融意识增强，因此城乡居民行为对我国货币供给有着重大影响。

（三）财政收支状况

一国财政收支状况与货币供给联系密切，特别是在财政收支不平衡、财政正常收入不能满足支出需求而必须通过向银行借款或透支来解决时，对货币供给会产生重大影响。这种影响主要取决于弥补赤字、解决收支不平衡的办法。

▶▶ 阅读材料

财政收支状况对货币供应量的影响

当动用财政历年结余来弥补赤字，实际结余已经用完，中央银行又无法调整和压缩本身资产规模时，往往会引起货币供给量的增加。当通过发行国债来弥补赤字时，会因承购国债资金来源不同而产生对货币供给不同的影响。当通过向中央银行借款和透支办法来弥补赤字时，会直接引起货币供给量的增加。

可见，财政收支状况对货币供给的影响是重大的，影响过程是复杂的。

第四节　通货膨胀

一、通货膨胀的含义

通货膨胀是指在纸币流通条件下，经济中货币供应量超过了客观需要量，现实购买力大于产出供给，导致单位货币贬值、价格水平普遍上涨的经济现象，其实质是社会总需求大于社会总供给。

理解这一概念，需要把握以下几点：第一，通货膨胀是纸币条件下的经济范畴；第二，货币供应量超过客观需要量是通货膨胀的核心内容；第三，物价上涨是通货膨胀的主要标志。

▶▶ **小贴士**

消费者物价指数是根据与居民生活有关的产品及劳务价格统计出来的物价变动指标，通常作为观察通货膨胀水平的重要指标。

二、通货膨胀的类型

（一）需求拉上型通货膨胀

需求拉上，是指经济体系中存在对产品和劳务的过度需求，即总需求超过总供给，在社会总供求不平衡的状态下，过多的需求拉动价格水平上涨。由于总需求是由有购买和支付能力的货币量构成的，总供给则表现为市场上的商品和劳务，因此，"需求拉上"可以通俗地说成是"太多的货币追求太少的商品"。

（二）成本推动型通货膨胀

成本推动型通货膨胀是指通货膨胀的根源不在总需求的变化方面，而在于总供给的变化，是由于供给过程中的成本提高而导致了物价水平上升。至于成本上升的因素，则有许多方面，其中最主要的有：工资成本上升；垄断性企业利润要求提高，垄断产品价格提高；进口成本、间接成本等各种成本上升；企业在生产经营过程中发生的管理费用、推销费用等间接费用上升也是成本上升的重要因素。

（三）供求混合推动型通货膨胀

供求混合推动型通货膨胀是将供求两个方面的因素综合起来，认为通货膨胀是需求拉上和成本推进共同作用导致的。持这种观点的经济学家认为，在现实经济社会中，通货膨胀的原因究竟是"需求拉上"还是"成本推进"是很难分清的，因此他们反对将通货膨胀划分为"需求拉上"或"成本推进"类型，认为通货膨胀既有来自需求方面的因素，又有来自供给方面的因素，即所谓"拉中有推，推中有拉"。

（四）结构失调型通货膨胀

通货膨胀还可以在整个经济总供给与总需求大体均衡的情况下，由于经济结构因素的变化而引起。具体又可以从不同的角度去分析。如：总需求构成的变动会引起经济中某些部门处于扩张状态，而另一些部门处于收缩状态。由于原有经济结构刚性的存在，如能源、设备劳动力原有的地域分布、劳动力技术工种的特殊性等，使资源不能迅速适应总需求结构的变动而在各部门流动，于是处于扩张状态的部门资源缺乏，尤其是技术劳动力缺乏，而处于收缩状态的部门资源则相对过剩。资源缺乏的扩张部门会提高本部门的工资和原料价格，以吸引资源，但资源剩余的部门却由于工资和物价刚性的存在而没有相应地降低工资和物价，甚至会根据公平原则要求工资与扩张部门同比率上升，因此全社会所有部门的成本实际上都在总需求结构变化之后增加了，物价总水平由此而上升。又如：当一国经济分为开放部门和非开放部门时，国外通货膨胀会首先输入开放部门，引起开放部门物价水平和工资增长率上升。之后，非开放部门在与开放部门的价格和工资攀齐过程中，输入开放部门的通货膨胀，这样便形成国内整个经济的通货膨胀。由于通货膨胀表现为由开放部门首先形成，而后向非开放部门传递的过程，因而从形成原因来看，主要决定于国内经济的两部门结构特征。

三、通货膨胀的成因

（一）财政赤字

当今世界各国为了促进经济增长、降低失业率，普遍推行财政赤字政策，人为地增加社会有效需求，这是货币供应量增长的重要因素之一。为了弥补财政赤字，除了采取增收节支的根本性措施以外，通常还会通过发行公债券、向中央银行直接借款或透支来弥补。

1. 发行公债券

当公债是向社会公众和商业性金融机构推销时，一般只改变市场货币供应的结构，对货币供应总量和社会总需求不会产生大的影响，因此一般不是通货膨胀的成因。但是，当公债是向中央银行推销，或以公债为抵押向中央银行借款时，如果中央银行购买债券或贷款时并没有同时收回向商业银行的再贷款，那么就增加了中央银行的基础货币投放，这些基础货币投放最终会通过财政安排支出后转变为商业银行的存款，进而又会在派生存款机制的作用下，形成数倍的货币供应量，最终成为通货膨胀的重要成因。

2. 向中央银行直接借款或透支

这种弥补赤字的办法，一般都会引起中央银行增加纸币发行，其结果也是增加基础货币投放和扩张货币供应量。由于财政赤字是财政支出超过财政收入的结果，而财政支出绝大部分都是非生产性支出，为弥补财政赤字而增加的货币供应量并没有与之对应的市场有效供应，是过多的货币。因此可以说，只要财政赤字引发了货币供应量的增加，就一定是通货膨胀的成因。正因为这样，许多国家都严格限制中央银行向财政部直接贷款、透支和购买公债。我国在 1995 年 3 月颁布的《中华人民共和国中国人民银行法》也明确规定：中国人民银行不得对政府财政透支，不得直接认购、包销国债和其他政府债券。在此之前，"财政赤字 – 货币发行"机制一直是我国通货膨胀的重要原因之一。

（二）信用膨胀

信用膨胀是指银行信用、商业信用、消费信用等信用活动过度扩张，超过了生产、流通的实际需要。通常说的信用膨胀，主要指的是银行信贷的过度扩张。中央银行降低法定存款准备金率、降低利息率，商业银行扩大工商业贷款和消费贷款规模、扩大投资规模等，都可以使银行信贷总量扩张。因为银行信贷具有创造货币的功能，信贷规模扩大可引起数倍的存款货币的增长，直接扩大了货币供应量；又因为在信用膨胀下的信贷规模扩大是超过生产流通实际需要的，并没有相应的商品被创造出来投入市场，因此由银行信用膨胀而增加的货币供应是推动物价上涨的货币力量。商业信用和消费信用的扩张，不仅增加了商品流转过程中买方的购买能力，刺激了有支付能力的市场需求，而且大大减少了流通对货币的需要量。商业信用中的商业票据，经过背书后就可在市场上流通转手，代替现实的货币完成支付，因此流通中对现实货币的需要量减少了。但是，原来已经进入流通的现实货币并不因为实际需要的减少而自动退出流通，这样，商业票据的流通就等于增加了市场货币供应量。消费信用中的信用卡一方面通过透支形式为持卡人获得银行信贷支持提供了方便，刺激了持卡人的消费需求；另一方面，信用卡的使用也大大节约了现金，在中央银行现金发行总量一定的情况下，信用卡的流通就等于增加了市场的货币供应。由此可见，信用的扩张或者是直接增加货币供应量，或者是减少流通中的货币需要量，其结果是货币供应超过实际需求。如果信用过度扩张，造成信用膨胀，就必然使货币供应大大超过需求，出现通货膨胀。

（三）固定资产投资过度，经济发展速度过快

固定资产投资主要用于长期基本建设，项目建成投产后，就可以增加商品供给能力，从而增强稳定市场货币流通的物质基础。但是，固定资产投资项目的工期一般都很长，短则 3～5 年，长则十几年，在整个投资期间要耗用现有的生产资料和消费资料。如果投资建设规模过大、速度过快，超过了现有工农业、交通运输业、能源供应等的承受力，就会出现由建设投资所形成的货币投放与生产资料和消费资料的供应不适应，造成市场货币量过多，导致物价上涨。我国在 20 世纪 80 年代中后期出现的通货膨胀，就具有非常明显的固定资产投资拉动的特征，当然同时还伴随着消费基金的规模过大，这在当时被称为固定资产投资和消费基金的"双膨胀"。

（四）本币贬值过度，国际收支顺差过大

一般情况下，本币对外币贬值有刺激商品出口和限制商品进口的作用，有利于改善国际收支。但是，本币贬值是诱发国内物价上涨的重要因素，过度采取贬值的做法，就可能酿成通货膨胀。因为，刺激出口和限制进口的结果会使国内市场商品供应减少，增加的外汇收入转换为本币后使国内市场货币流通量增加，从而导致国内市场供求失衡。再者，本币贬值或外汇汇率上升后，进口成本提高，进口商为了不减少利润，就会提高进口商品在国内的售价，由此会带动其他商品的价格上涨。本币贬值过度的结果会使国际收支出现大量顺差，黄金外汇储备迅速增加，而在黄金外汇储备增加的过程中，中央银行要增加基础货币的投放，这就等于发行了无物资保证的本国货币，因此大量的国际收支顺差也是通货膨胀的重要成因之一。

四、通货膨胀的影响

（一）通货膨胀对生产的影响

通货膨胀初期，会对生产有一定的刺激作用，但这种刺激作用是递减的，随之而来的就是对生产的破坏性影响。在商品和劳务价格普遍上涨的情况下，能源、原材料价格上涨尤其迅速，生产成本提高，生产性投资风险加大，生产部门的资金，尤其是周期长、投资大的生产部门的资金会转向商业部门或进行金融投机，社会生产资本总量由此而缩小。由于投资风险加大，投资预期收益率下降，股息收入增长率低于利息率的上升，证券市场价格下跌，企业筹措资本困难，投资率下降。通货膨胀不仅使生产总量削弱，还会破坏正常的产业结构和产品结构。通货膨胀较严重的时候，投机活动猖獗、价格信号扭曲，在生产领域，投资少、周期短、产品投放市场快的加工业受到很大刺激。由于货币流通速度加快，购买力强劲，市场商品供应相对短缺，企业生产单纯追求周期短、见效快，产品质量下降，最终结果是质次价高的加工业产品生产过剩，而基础产业受到冷落。另外，通货膨胀使货币的价值尺度功能受到破坏，无法

准确核算成本、收入、利润等，企业的经营管理尤其是财务管理陷入困境，严重影响再生产活动的正常进行。

（二）通货膨胀对流通的影响

正常的商品流通秩序是：商品由生产企业制成后，经过必要的批发、零售环节，进入消费领域。在此过程中，生产企业和处于各流通环节的销售企业均获得正常合理的经营收入和利润，消费者也接受一个合理的价格水平。但是，在通货膨胀情况下，由于价格信号被严重扭曲，商品均朝着价格最高的方向流动，在投机利益的驱动下，商品会长期滞留在流通领域成为倒买倒卖的对象，迟迟不能进入消费领域。由于地区间的物价上涨不平衡，商品追踪价格上涨最快和水平最高的地区，导致跨地区盲目快速地流动，加大了运输成本，一些商品从产地流向销地后，甚至会又从销地重新流回产地。由于国内市场商品价格上涨，出口商品价格也上涨，必然会削弱其在国际市场上的竞争能力，因而使国内商品流向国际市场的通道受阻。在通货膨胀情况下，人们重物轻钱，严重时会出现商品抢购，更有一些投机商搞囤积居奇，进一步加剧市场的供需矛盾。

（三）通货膨胀对分配的影响

国民收入经过物质生产部门内部的初次分配之后，会由于税收、信贷、利息、价格等经济杠杆的作用而发生再分配。通货膨胀对每个社会成员来说，最直接的影响就是改变了他们原有的收入和财富占有的实际水平。在物价普遍上升的时期，每个社会成员都必须接受已经或正在上升的价格。从这个意义上说，通货膨胀是一种强制性的国民收入再分配。由于各个社会成员的收入方式和收入水平不同，消费支出的负担不同，消费领域和消费层次也不尽相同。因此，在同样的通货膨胀总水平下，有的成员损失小，有的成员损失大，有的成员则是受益者。

▶▶ 阅读材料

通货膨胀对社会各成员收入的影响

一般来说，依靠固定薪金维持生活的职员，由于薪金的调整总是慢于物价上升，因此是主要的受害群体；工人和雇员也是受害者，其受害程度跟他们所在的行业和企业在通货膨胀中的利润变动相关，处在产品价格大幅上升的企业的工人或雇员，名义工资可能增加，通货膨胀损失可以得到一定补偿，受害程度就小一些。雇主一般都会使工资的增长幅度小于物价上涨幅度，以谋求最大利润，因此雇主尤其是从事商业活动的雇主，是通货膨胀的受益者。其中，最大的受益者是那些经营垄断性商品、从事囤积居奇的投机商和不法经营者。

通货膨胀对分配的影响还表现在债权债务关系中，那些以一定利率借得货币的债务人，由于通货膨胀降低了实际利率，使他们的实际债务减轻，因而是受益者；而那些以一定利息为报酬持有债权的人，则由于实际利率下降而受到损失。

（四）通货膨胀对消费的影响

消费是生产的目的，消费水平是衡量社会成员生活质量的标准，消费的表现形式就是对商品使用价值或效用的直接占有和支配。但是，在商品货币经济条件下，人们对商品使用价值的占有和支配一般都要首先通过取得货币的方式，人们的收入首先表现为一定的货币数量，而由货币数量转换为真实的消费品还需要通过市场来实现，因此货币收入等于消费的前提是货币稳定。通货膨胀使币值下降，人们在分配中得到的货币收入因此而打了折扣，实际消费水平也就下降了。

总之，通货膨胀给社会经济、政治等各个领域造成了严重的不利后果，因此，不能轻视通货膨胀的影响，应采取积极措施抑制通货膨胀，使国民经济健康地发展。当然，温和的通货膨胀对经济增长有一定的促进作用。

五、治理通货膨胀的主要对策

通货膨胀对经济发展有诸多不利影响，对社会再生产的顺利进行有破坏性作用。因此，一旦发生了通货膨胀，必须下决心及时治理。这种治理应该是多方面综合进行的。

（一）控制货币供应量

由于通货膨胀形成的直接原因是货币供应过多，因此治理通货膨胀的一个最基本的对策就是控制货币供应量，使之与货币需求量相适应，稳定币值，从而稳定物价。

而要控制货币供应量，必须实行适度从紧的货币政策，控制货币投放，保持适度的信贷规模，由中央银行运用各种货币政策工具灵活有效地调控货币供应量，将货币供应量控制在与客观需求量相适应的水平上。

▶▶ 小贴士

适度从紧的货币政策

适度从紧的货币政策主要包括：

1. 通过公开市场业务出售政府债券，以相应减少货币存量；
2. 提高法定存款准备金率，以缩小货币乘数；
3. 提高利率；
4. 控制政府向银行的借款额度，以控制基础货币的投放等。

（二）调节和控制社会总需求

治理通货膨胀时，仅仅控制货币供应量是不够的，还必须根据通货膨胀的深层原因对症下药。对于需求拉上型通货膨胀，调节和控制社会总需求是关键。各国对于社会总需求的调节和控制，主要是通过制定和实施正确的财政政策和货币政策来实现的。

在财政政策方面，主要是大力压缩财政支出，努力增加财政收入，坚持收支平衡，不搞赤字财政。在货币政策方面，主要采取紧缩信贷、控制货币投放、减少货币供应总量的措施。采用财政政策和货币政策相配合，综合治理通货膨胀，有两条很重要的途径，即控制固定资产投资规模和控制消费基金过快增长，以此来达到控制社会总需求的目的。

（三）增加商品的有效供给

治理通货膨胀必须从两个方面同时入手：一方面是控制总需求，另一方面是增加总供给，二者不可偏废。若一味地控制总需求而不着力于增加总供给，将影响经济增长，只能在低水平上实现均衡，最终可能因为治理通货膨胀的代价太大而前功尽弃。因此，在控制需求的同时，还必须增加商品的有效供给。

一般来说，增加有效供给的主要手段是降低成本，减少消耗，提高经济效益，提高投入产出的比例；同时，调整产业和产品结构，支持短缺商品的生产。

（四）治理通货膨胀的其他政策

除了控制需求、增加供给、调整结构之外，还有一些诸如限价、减税、指数化等其他治理通货膨胀的政策。

▶▶ 小贴士

指数化方案

指数化方案，是将收入水平、利率水平同物价水平的变动直接挂钩，以抵消通货膨胀的影响。指数化的范围包括工资、政府债券和其他货币性收入。其实施办法是把各种收入同物价指数挂钩，使各种收入随物价指数而调整。这样会收到两个功效：一是借此剥夺政府从通货膨胀中新获得的收入，打消其制造通货膨胀的动机；二是可以借此抵消或缓解物价波动对个人收入水平的影响，克服分配不公，避免出现抢购商品、囤积居奇等加剧通货膨胀的行为。

总之，通货膨胀是一个十分复杂的经济现象，其产生的原因是多方面的，需要我们有针对性地根据原因采取不同的治理对策，对症下药。这种对症下药，以某一方案为主，同时结合其他治理方案综合进行，治理通货膨胀是一项系统工程，各治理方案相互配合才能取得理想的效果。

第五节 通货紧缩 ---------------------------●

一、通货紧缩的含义

通货紧缩是指经济中货币供应量少于客观需要量，社会总需求小于总供给，导致单位货币升值、价格水平普遍和持续下降的经济现象。

理解这一概念，需要把握以下两点：第一，通货紧缩的核心内容是货币供应量少于客观需要量，社会总需求小于社会总供给；第二，通货紧缩的标志是价格总水平下降。

二、通货紧缩的类型

（一）以通货紧缩的后果为标志分类

1. 危害型通货紧缩

危害型通货紧缩又称无益型通货紧缩，是指由于生产能力过剩和需求低迷所致的通货紧缩。它表现为实际产出与潜在生产能力之间的"产出缺口"不断扩大。这类通货紧缩不仅降低总体物价水平，而且减少了总产出，极大地损害了经济发展，甚至引起社会危机。

2. 无害型通货紧缩

无害型通货紧缩又称技术进步型通货紧缩，这种通货紧缩最重要的现象是价格水平下降，但总产出水平增加，它常常是由于技术进步加快，降低了生产成本，从而促进了产品价格下降所致。其对经济发展是有益的。

（二）以通货紧缩预期与否为标志分类

1. 非预期型通货紧缩

1929—1933 年大危机之前发生的通货紧缩大都是未被预期的。

2. 预期型通货紧缩

第二次世界大战以后资本主义各国发生的通货紧缩多数为预期型的。20 世纪 90 年代，日本、韩国及东南亚各国发生的通货紧缩基本上都是在经济过热和泡沫经济之后发生的，是早已被理智的政府和经济界人士所预料到的。

三、通货紧缩的成因

通货紧缩的突出表现是物价持续下跌，内需不足，失业剧增，经济增幅回落。为什么会出现通货紧缩呢？一般有以下原因。

（一）紧缩性的货币财政政策

如果一国采取紧缩性的货币财政政策，降低货币供应量，削减公共开支，减少转移支付，就会使商品市场和货币市场出现失衡，出现"过多的商品追求过少"。

（二）经济周期的变化

当经济到达繁荣的高峰阶段，会由于生产能力大量过剩，商品供过于求，出现物价的持续下降，引发周期性的通货紧缩。

（三）投资和消费的有效需求不足

当人们预期实际利率进一步下降，经济形势继续不佳时，投资和消费需求都会减少，而总需求的减少会使物价下跌，形成需求拉下性的通货紧缩。

（四）新技术的采用和劳动生产率的提高

由于技术进步以及新技术在生产上的广泛应用，会大幅度地提高劳动生产率，降低生产成本，导致商品价格的下降，从而出现成本压低性的通货紧缩。

（五）金融体系效率的降低

如果在经济过热时，银行信贷盲目扩张，造成大量坏账，形成大量不良资产，金融机构自然会"惜贷"和"慎贷",加上企业和居民不良预期形成的不想贷、不愿贷行为,必然导致信贷萎缩,同样会减少社会总需求,导致通货紧缩。

（六）体制和制度因素

体制变化（企业体制,保障体制等）一般会打乱人们的稳定预期,如果人们预期将来收入会减少,支出将增加,那么人们就会"少花钱,多储蓄",从而引起有效需求不足,物价下降,出现体制变化性的通货紧缩。

四、通货紧缩的影响

（一）通货紧缩不利于消费需求的增长和市场的扩大

在价格持续下跌的情况下,货币的远期价值大于现期价值,这是货币升值的另一种说法。既然持有货币会有升水,那么人们用货币购买商品和服务的积极性就会大为降低。特别是当这一预期成为普遍现象时,市场需求的增长就会大大放慢,供需关系中的需求不足矛盾会愈加突出。长期的需求不足阻碍市场的扩大,使经济增长的动力减弱。

（二）通货紧缩使实际利率上升,不利于投资需求增长

价格的持续下跌和货币的升值,在名义利率不变的情况下实际利率增加,减少投资的实际利润,加之市场销售不畅,投资者的预期收益率下降,投资的增长就会受限。投资不足使即期市场上投资品的销售下降,供需矛盾更加扩大。同时,投资增长的放慢使未来产出降低,经济紧缩的压力增大。这也是通货紧缩一般会伴随经济衰退的主要原因之一。

（三）通货紧缩使人们的收入减少,失业增加

就收入来看,虽然人们收入的减少伴随着价格的下跌,但在习惯和心理上,人们往往是根据收入的预期来安排未来生活,并不把收入与价格作过细的比较。在收入减少的情况下,人们会紧缩开支,再加上对价格不断下跌的预期,即期消费会大幅度下降,人们的实际生活水平难以提高,特别是低收入阶层。同时,经济的紧缩或衰退使失业人数增加,就业难度加大,这部分社会成员遭受的损失更为明显,社会矛盾会不断加剧。

（四）社会信用关系会受到破坏,经济运行秩序受到影响

在价格大幅度持续下跌、货币不断升值的环境下,债权人与债务人之间的权利义务会失去平衡,信用量急剧萎缩。正常的信用关系也会遭到破坏,就债务人来说,一方面是偿债的负担加重,另一方面是价格下跌、销售不畅使偿债的能力降低。就金融机构来说,一方面是原来的债权收回遇到困难,另一方面是新的信用需求减少,给正常经营带来困难。市场销售困难和信用关系不畅,还会给经济运行带来障碍,进而影响经济的稳定和增长。

五、治理通货紧缩的对策

由于在通货紧缩条件下,一般物价水平低于其合理的水平,因此治理通货紧缩的直接目标是促使一般物价水平回到其正常的水平。在治理通货紧缩这个问题上,各国

经济学者主张不一，但是总的来看，他们在以下两方面达成了共识。

（一）实行积极的财政政策

实行积极的财政政策不仅意味着扩大财政支出，而且还意味着要优化财政支出结构，以增大财政支出的"乘数效应"。扩大财政支出，可以发挥财政支出在社会总支出中的调节作用，弥补个人消费需求不足造成的需求减缓，起到"稳定器"的作用。

▶▶ 阅读材料

财政支出的"乘数效应"

优化财政支出结构，可以使财政支出最大化地带动企业或私人部门的投资，以增加社会总需求。例如，可以适当缩小国家财政对公共基础设施的直接（全额）投资规模，抽出部分财政投资资金，通过财政贴息、财政参股、财政担保等多种途径，吸纳、带动社会资金参与公共基础设施建设，这可以放大财政政策的"乘数效应"。

财政还可以通过调整投资方向，达到优化财政支出结构的目的。

（二）实行积极的货币政策

实行积极的货币政策就要求中央银行及时做好货币政策的微调，实施增加货币供应量、降低实际利率、密切关注金融机构的信贷行为，通过灵活的货币政策促使金融机构增加有效贷款投放量，以增加货币供给，如实行积极进取的相机抉择的货币政策（因为灵活迅速、及时调整是货币政策的重要特征）。中央银行的作用和目标是稳定货币，这包括两方面的含义，既要防止高通货膨胀，又要防止通货紧缩，使通货膨胀率既不加速也不减速，维持在较低的水平上，最好在2%～3%之间，至少应控制在5%以下，前者是一个理想目标，后者是一个可控目标。此外，中央银行还可以放松利率管制，加快利率市场化改革，即在扩大银行贷款利率浮动幅度的基础上，放开贷款的利率管制，让商业银行根据贷款对象的资信状况和贷款的风险大小自行确定贷款利率。

习 题

一、名词解释

1. 货币流通规律 2. 货币需求 3. 货币供给 4. 通货膨胀 5. 通货紧缩

二、简答题

1. 简述影响货币需求的因素。
2. 简述商业银行存款货币的创造过程。
3. 简述通货膨胀的成因及其对经济的影响。
4. 简述通货紧缩对经济的影响。

三、案例题

美国次贷危机爆发以后，美联储开始不断降息，美元持续走低。美国希望借美元贬值刺激外贸出口，降低进口，减少美国的外贸逆差。而且，美元贬值以后，美国可以多印美钞向全球输送通货膨胀。紧接着，欧盟、日本、俄罗斯、新加坡、韩国、中国都出现了反应，物价上涨、经济放缓。

随着美元贬值，以美元标价的原油价格不断上涨，至 2008 年 7 月，纽约、伦敦的期货石油价格最高接近每桶 150 美元。石油是全球的软黄金，经济高速发展之后，石油更是经济血脉。我国每年石油的消耗量仅次于美国，是世界第二大石油消耗国。石油涨价，引发我国很多产品涨价，2007 年我国物价上涨，并逐步引发了通货膨胀。

请思考：我国 2007 年的通货膨胀是如何发生的？如何防范这种通货膨胀？

【实践课堂】

1. 分组讨论通货膨胀和通货紧缩的类型，以加深对通货膨胀和通货紧缩的认识。

2. 通过国家统计局网站查询本年度已过去的各月份的相关经济指标（如消费者价格指数），感受经济的发展与变化。

第十一章 ■ 国际金融

案例导入

2018 年 11 月，我国国际收支口径的国际货物和服务贸易收入 16 728 亿元，支出 14 610 亿元，顺差 2118 亿元。其中，货物贸易收入 15 342 亿元，支出 11 837 亿元，顺差 3505 亿元；服务贸易收入 1386 亿元，支出 2773 亿元，逆差 1387 亿元。

——资料来源：国家外汇管理局［EB/OL］.（2018-12-26）
［2019-01-16］. http://www.safe.gov.cn/safe/2018/1226/11050.html.

问题引入：

1. 什么是国际收支？
2. 统计国际收支的目的是什么？

第一节 国际收支

一、国际收支

国际收支是指在一定时期内一个国家或地区与其他国家或地区之间进行的全部经济交易的系统记录。国际收支是一个流量概念，反映了某一时段的状况，如一年、半年或者一个季度，甚至一个月，通常以一年作为报告期。

　　统计国际收支的目的是使政府了解本国的债务债权状况，为制定货币、财政、贸易政策提供信息。

　　国际收支是由一个国家对外经济、政治、文化等各方面往来活动而引起的，所反映的内容是经济交易。生产社会化与国际分工的发展，使得各国之间的贸易日益增多，国际交往日益密切，从而在国际上产生了货币债权债务关系，这种关系必须在一定日期内进行清算与结算，由此产生了国际货币收支。国际货币收支及其他以货币记录的经济交易共同构成了国际收支的主要内容。

▶▶ 相关链接

　　国际货币基金组织 1945 年对国际收支做了解释，认为国际收支是一个经济体（一个国家或地区）与其他经济体在一定时期（通常为一年）发生的全部对外经济交易的系统记录。大部分交易是在居民与非居民之间进行，包括货物、服务和收益，对世界其他地区的金融债权和债务的交易以及单项转移。

二、国际收支平衡表

　　（一）定义及记账原则

　　国际收支平衡表是反映一个国家（地区）在一定时期内全部对外经济交往情况的统计报表。

　　国际收支平衡表是对一个国家与其他国家进行经济技术交流过程中所发生的贸易、非贸易、资本往来以及储备资产的实际动态所做的系统记录，是国际收支核算的重要工具。通过国际收支平衡表，可综合反映一国的国际收支平衡状况、收支结构及储备资产的增减变动情况，为制定对外经济政策，分析影响国际收支平衡的基本经济因素，采取相应的调控措施提供依据，并为其他核算表中有关国外部分提供基础性资料。

　　为便于各会员国编制国际收支平衡表，国际货币基金组织颁布了《国际收支手册》，并多次进行了修改，对编表所采用的概念、准则、惯例、分类方法以及标准构成等都做了统一的规定或说明，要求会员国每年按统一格式向其提交国际收支平衡表。

　　国际收支平衡表是采用复式记账法进行编制的，即所有项目都可以归纳为两类：借方和贷方。贷方记录资产的减少、负债的增加，借方记录资产的增加、负债的减少，按照"有借必有贷，借贷必相等"的复式记账原则来系统地记录每笔国际经济交易。

　　（二）内容

　　通常把国际收支平衡表的项目划分为四类：经常账户、资本和金融账户、储备资产、净误差与遗漏。

　　1. 经常账户

　　经常账户指经常发生的国际经济交易，也是一国国际收支平衡表中最基本、最重要的账户，包括货物、服务、收益和经常转移四个项目。

　　2. 资本和金融账户

　　资本和金融账户主要反映资本在居民与非居民之间的转移。资本账户记录资本性质的转移和专利、版权、商标等资产的一次性买断、卖断。金融账户反映居民与非居民之间投资与借贷的增减变化，按功能分为直接投资、证券投资和其他投资三项。

3. 储备资产

储备资产指的是由央行或财政部门持有并可以随时直接使用的金融资产，包括货币黄金、特别提款权、在国际货币基金组织的储备头寸、外汇和其他债权等。

4. 净误差与遗漏

由于各种原因，国际收支平衡表的借方合计和贷方合计总会出现一定的差额，编表人员就人为地在平衡表中设立"净误差与遗漏"这个单独的项目，来抵销净的借方余额或净的贷方余额。

▶▶ 阅读材料

2017 年全年我国国际收支平衡表

2017 年，我国经常账户顺差 11 090 亿元人民币，资本和金融账户顺差 3883 亿元人民币，其中，非储备性质的金融账户顺差 10 026 亿元人民币，储备资产增加 6136 亿元人民币。按美元计价，2017 年，我国经常账户顺差 1649 亿美元，其中，货物贸易顺差 4761 亿美元，服务贸易逆差 2654 亿美元，初次收入逆差 344 亿美元，二次收入逆差 114 亿美元。资本和金融账户顺差 570 亿美元，其中，资本账户逆差 1 亿美元，非储备性质的金融账户顺差 1486 亿美元，储备资产增加 915 亿美元。

——资料来源：国家外汇管理局［EB/OL］．（2018-03-29）

［2019-01-16］．https://www.safe.cn/safe/2018/0329/8753.html.

三、国际收支失衡及其调节

在国际收支平衡表里，国际收支最后总是平衡的，这种平衡是会计意义上的平衡。但在实际当中，国际收支经常存在不平衡，即出现不同程度的顺差或逆差，这就是国际收支失衡。

（一）国际收支失衡的主要原因

国际收支失衡按其产生的主要原因，大致可以分成五种类型。

1. 周期性失衡

周期性失衡是指一国的国际收支失衡状况随着该国的经济发展周期的进展而变化。

2. 结构性失衡

结构性失衡是指由于一国的产业结构未能适应国际政治、经济形势的发展而形成的国际收支失衡。

3. 季节性和偶然性的失衡

由于生产、消费有季节性变化，一个国家的进出口也会随之而变化。季节性变化对进出口的影响不一样，造成季节性的国际收支失衡。

4. 货币性失衡

一国货币价值变动（通货膨胀或通货紧缩）引起国内物价水平变化，该国一般物价水平与其他国家比较相对地发生变动，由此引起的国际收支失衡，称为货币性失衡。

5. 收入性失衡

收入性失衡是指一国片面追求经济的高速发展，虽然居民收入有较大增加，但国家的外汇支出增长速度快于收入增长速度，导致国际收支失衡。

▶▶小贴士

国际收支失衡的口径

按照传统习惯和国际货币基金组织的做法，国际收支不平衡的口径可以分为以下四种。

1. 贸易差额，是指有形商品进出口的差额。

2. 经常项目差额，是衡量国际收支状况最重要的一个差额，综合反映了一个国家的进出口状况。在分析各国的国际收支状况时，经常项目差额是判断一个国家国际收支地位的重要指标。

3. 资本和金融账户差额。根据复式簿记原理，在国际收支中一笔贸易流量通常对应一笔金融流量，因此经常账户中实际资源的流动和资本与金融账户中资产所有权的流动是一个问题的两个方面。不考虑错误与遗漏时，两者的余额之和等于零。

4. 综合账户差额或总差额，是经常账户与资本和金融账户中的资本转移、直接投资、证券投资、其他投资账户所构成的余额，就是将国际收支账户中的官方储备账户剔除后的余额。它必然导致官方储备的反向变动，可用来衡量国际收支对一国储备造成的压力。

（二）国际收支失衡对经济的影响

1. 持续性顺差对经济的影响

（1）促使本币汇率上升，影响本国商品出口。持续性顺差在外汇市场上表现为有大量的外汇供应，这就增加了外汇对本国货币的需求，导致外汇汇率下跌、本币汇率上升，不利于本国商品的出口，对本国经济的增长产生不良影响。

（2）加大了本国通货膨胀的压力。持续性顺差意味着国内大量商品被用于出口，可能导致国内市场商品供应短缺，带来通货膨胀的压力。

（3）加剧国际经济贸易关系的紧张程度。一国国际收支出现顺差的同时，必然引起其他一些国家出现国际收支逆差，从而影响其他这些国家的经济发展，容易引起国际摩擦，不利于国际经济关系的发展。

2. 持续性逆差对经济的影响

（1）导致该国外汇短缺，造成外汇汇率上升、本币汇率下跌。存在国际收支持续逆差的国家会增加对外汇的需求，而外汇的供给不足会促使外汇汇率上升，本币贬值，一旦本币汇率过度下跌，会削弱本币在国际上的地位，可能导致短期资本外逃，从而对本国的对外经济交往带来不利影响。

（2）导致外汇储备大量流失。如果一国长期处于逆差状态，会严重消耗该国的储备资产，外汇储备的流失将影响一国的金融实力，使该国的偿债能力降低，损害该国在国际上的声誉。

（3）使该国获取外汇的能力减弱。持续性逆差导致的本币汇率下跌将影响该国发展生产所需的生产资料的进口，使国民经济增长受到抑制。

（三）国际收支失衡的一般调节措施

由于持续、巨额的国际收支失衡可能给当事国造成一系列严重后果，因而一旦国际收支失衡超过某种限度，当事国就必须考虑进行必要的调节。

1. 自动调节机制及其局限性

所谓自动调节机制是指在持续逆差的情况下，由于外汇供不应求，而本币相对过剩，则本币对外贬值，出口商品价格竞争力提高而进口商品价格竞争力下降，从而扩大出口、限制进口；在持续逆差情况下，信用将紧缩，利率上升，也将限制国内总需求，从而使逆差额逆转。在持续顺差情况下则反之。

自动调节机制生效的条件是进出口商品需求弹性之和必须大于1，否则这一机制就难以起到预期效果。

2. 人为调节

在纸币流通制度下，国际收支自动调节机制因为要受到许多因素的影响和制约，其正常运作具有很大的局限性，效应往往难以正常体现，尽管人为的调节也具有一定的副作用，但各国都在不同程度上予以运用。

（1）支出变更政策，是指通过改变社会总需求或经济中支出的总水平，进而改变对外国商品、劳务和金融资产的需求，以此来调节国际收支失衡的一种政策，主要包括财政政策和货币政策。

（2）汇率政策，是指一个国家通过调整汇率来改变外汇的供求关系，由此影响进出口商品的价格和资本流出入的实际收益，进而达到调节国际收支失衡的一种政策。汇率政策的运用受到一些条件的约束，比如进出口商品供给和需求的弹性。

（3）资金融通政策，是指一国通过动用官方储备和使用国际信贷便利而调节国际收支失衡的一种政策，主要用于解决临时性的国际收支失衡。

（4）直接管制政策，是指一国对国际经济交易直接采用严格的行政管制，主要包括外汇管制和贸易管制。直接管制政策阻碍了市场机制，是暂时的政策管制。

（5）国际经济金融合作政策，是指各国通过国际经济、金融合作来解决国际收支不平衡的手段，主要有国际债务清算自由化、国际贸易自由化和协调经济关系等。

总之，调节国际收支失衡的政策是多样化的，每一种政策都有其各自的特点与调节效果，一国应根据具体情况进行选择。

第二节　外汇与汇率

一、外汇

在国内，我们收付款项一律使用人民币，可是对进口商品及服务的付款和对出口商品及出口服务的收款，在大多数情况下我们却要用外国的货币或外汇来进行。

（一）外汇的概念

外汇是国际汇兑的简称，有动态和静态之分，动态外汇是指国际债权债务的清算活动以及货币在各国间的流动。静态的外汇指外国货币或以外国货币表示的能用来清算国际收支差额的资产，或者说是国际范围内为清偿债权债务关系进行汇兑活动所凭借的手段和工具。

现在人们认识"外汇"一般是站在本国立场上把它作为具体的静态概念来理解的。静态概念又分为广义和狭义两个角度。广义的外汇是指一切用外币表示的资产；狭义的外汇是指以外币表示的可用于国际结算的支付手段。

▶▶ 小贴士

关于外汇概念的界定

在各国的外汇管理制度中，一般是从广义的角度界定外汇概念的。《中华人民共和国外汇管理条例》规定：本条例所称外汇，是指下列以外币表示的可以用作国际清偿的支付手段和资产：

1. 外币现钞，包括纸币、铸币；
2. 外币支付凭证或者支付工具，包括票据、银行存款凭证、银行卡等；
3. 外币有价证券，包括债券、股票等；
4. 特别提款权；
5. 其他外汇资产。

国际货币基金组织认为，外汇是货币行政当局（中央银行、货币机构、外汇平准基金组织和财政部）以银行存款、财政部国库券、长短期政府债券等形式所持有的在国际收支逆差时可以使用的债权。

（二）外汇的基本特征

外币不一定都是外汇，外币要成为外汇，必须满足外汇的几个基本条件。

（1）外汇必须是以外币表示的国外货币资产，如美元在美国就不是外汇。

（2）外汇必须是能够在国外得到偿付的货币债权，它的偿还必须有可靠的物质保证，能为各国所普遍承认和接受。

（3）外汇必须具有充分的可兑换性，是可以自由兑换成其他支付手段的外币资产。

（三）外汇的分类

1. 按外汇能否自由兑换分类

按外汇能否自由兑换分类，外汇可分为自由外汇和记账外汇。自由外汇又称现汇，指不需经货币当局批准可以自由兑换成任何一种外国货币或用于第三国支付的外国货币及其支付手段。一般来说，国际上可自由兑换的货币都是自由外汇。记账外汇又称协议外汇，是指未经货币当局批准不能自由兑换成其他货币或用于第三国支付的外汇。

2. 按外汇的来源或用途分类

按外汇的来源或用途分类，外汇可分为贸易外汇和非贸易外汇。贸易外汇是对外贸易活动中商品进出口及其附属活动所使用和收支的外汇。贸易外汇以外的一切外汇称为非贸易外汇。

3. 按外汇交易的交割期限分类

按外汇交易的交割期限分类，外汇可分为即期外汇和远期外汇。即期外汇一般是指在买卖成交后两个工作日内交割完毕的外汇。远期外汇一般是指买卖双方根据买卖合同，在将来某一时间进行交割的外汇。

（四）外汇的作用

1. 促进国际经济、贸易的发展

利用外汇进行国际结算，具有安全、便利、节省费用和节省时间的特点，更重要的是可以利用外汇拓宽融资渠道，加速国际贸易的发展进程，扩大国际贸易的范围。

2. 调剂国际资金余缺

世界各国经济发展的不平衡，导致了资金余缺状况不同，客观上存在调剂资金余缺的需要。外汇可以加速资金在国际范围内流动，有助于国际投资和资本转移，调节国际资金供求的不平衡。

3. 充当国际储备的手段

外汇作为国际支付手段，在国际结算中被广泛采用，是各国的一项十分重要的储备资产。

二、汇率

（一）汇率的概念

汇率也称为外汇牌价或外汇行市，是指两种不同货币的兑换比率，或者说是以一国货币表示的另一国货币的价格。

（二）汇率的标价方法

1. 直接标价法

直接标价法又称为应付标价法，是以一定单位（1 个外币单位或 100 个，10 000 个，100 000 个外币单位）的外国货币作为标准，折算为若干数额的本国货币来表示其汇率，即以本国货币表示外国货币的价格。世界上绝大多数国家采用直接标价法。

1 单位外国货币 = 若干本国货币

如：某日中国银行的外汇牌价

100 美元 = 642.71 人民币

100 欧元 = 715.89 人民币

一定单位外币折算的本国货币越多，说明外币汇率上涨，即外汇升值、本币贬值；反之，一定单位外币折算的本国货币越少，说明外汇贬值、本币升值。

2. 间接标价法

间接标价法又称为应收标价法，是以一定单位的本国货币为标准，折算为若干数额的外国货币来表示其汇率，即以外国货币表示本国货币的价格。在国际外汇市场上，只有少数发达国家用间接标价法，如英国、美国（1978 年 9 月 1 日开始改用间接标价法）、澳大利亚、新西兰等。但是，在美国，美元对英镑仍采用直接标价法。

1 单位本国货币 = 若干外国货币

如：在美国的外汇市场上，某日牌价

1 美元 = 124.2900 日元
1 美元 = 0.9753 瑞士法郎

一定单位本币折算的外国货币越多，说明本币升值、外汇贬值；反之，一定单位本币折算的外币越少，说明本币贬值、外汇升值。

直接标价与间接标价实际上互为倒数关系。一般来说，一个国家在一定时期内，其外币的折算方法只采用其中一种。

3. 美元标价法

美元标价法是指以一定单位的美元折算为若干单位的他国货币，或者用一定单位的他国货币折算为若干单位的美元来表示汇率的方法，即以美元作为基准货币进行标价。对大多数国家而言，美元是最重要的外汇，所以各大金融中心的报价都是用各种其他货币表示固定单位美元的价格，英镑、欧元、澳元、新西兰元等货币例外。

1 单位美元 = 若干其他国家货币

如：瑞士苏黎世国际金融市场某日报价

1 美元 = 1.2969 澳大利亚元
1 美元 = 1.2406 加拿大元

（三）汇率的种类

1. 按银行买卖外汇的价格不同，分为买入汇率、卖出汇率、中间汇率和现钞汇率

买入汇率，又称买入价，是银行从同业或客户买入外汇时所使用的汇率，适用于出口商与银行间的外汇交易，又称出口汇率。

卖出汇率，也称卖出价，是银行向同业或客户卖出外汇使用的汇率，适用于进口商与银行间的外汇交易，又称进口汇率。

中间汇率，指银行买入价和银行卖出价的算术平均数，即两者之和再除以 2。中间汇率主要用于新闻报道和经济分析。

现钞汇率，外国货币一般不能在本国流通，只能将之兑换成本国货币，才能购买本国的商品和劳务，因此产生了买卖外币现钞的兑换率，即现钞汇率。

2. 按国际货币制度的演化来划分，分为固定汇率和浮动汇率

固定汇率，是指一国货币同他国货币的汇率基本固定，汇率的波动仅限制在一定幅度之内。

浮动汇率，是指一国货币当局不规定本国货币与他国货币的官方汇率，听任市场供求来决定汇率。

3. 按银行外汇汇兑方式划分，分为电汇汇率、信汇汇率和票汇汇率

电汇汇率，是指以电报电传的方式买卖外汇时所使用的汇率。目前，电汇汇率是外汇市场的基准汇率，是计算其他各种汇率的基础。

信汇汇率，是指以信函方式买卖外汇时所使用的汇率。信汇汇率与电汇汇率之间

的差额大小取决于邮程天数和利率情况。

票汇汇率，是指兑换各种外汇汇票、支票和其他各种票据时所采用的汇率。

一般地，票汇汇率低于信汇汇率，信汇汇率又低于电汇汇率。

4. 按外汇买卖交割期不同，分为即期汇率和远期汇率

即期汇率，又称现汇汇率，是指买卖双方成交后，在两个营业日内办理外汇交割时所采用的汇率。

远期汇率，又称期汇汇率，是指买卖双方预先签订合约，约定在未来某一日期按照协议交割所使用的汇率。

5. 按制定汇率的方法不同，分为基本汇率和套算汇率

基本汇率，是指一国货币对其关键货币（该国对外交往中使用最多的货币，一般为美元）的汇率。

套算汇率，又称交叉汇率，是指在各国基本汇率的基础上换算出来的各种货币之间的汇率。

6. 按纸币流通条件下汇率是否经过通货膨胀调整，分为名义汇率和实际汇率

名义汇率，一般是指汇率的市场标价，即外汇牌价公布的汇率，它表示一单位的某种货币名义上兑换多少单位的另一种货币。

实际汇率，是指名义汇率与通货膨胀率之差。

（四）影响汇率的因素

1. 长期因素

（1）宏观经济状况。一国的宏观经济状况除了通货膨胀之外，还包括经济增长、财政收支、国民收入、投资环境、经济开放程度等诸多方面。若一国的宏观经济状况良好，经济稳定，该国货币的汇率就趋稳；反之，汇率则会出现较大幅度的波动。因此，创造一个良好的宏观经济环境是维持汇率稳定的一个重要前提。

（2）国际收支状况。一国的国际收支状况会直接影响该国的外汇市场供求，进而影响汇率变动。一般而言，如果一国国际收支顺差，在外汇市场上会表现为外汇供大于求，外汇汇率下跌，本币汇率上升；如果是逆差的话，则是外汇供不应求，外汇汇率上升，本币汇率下跌。

（3）通货膨胀率。通货膨胀，物价上涨，意味着该国单位货币的购买力降低，代表的价值量减少。一般来说，相对通货膨胀率持续越高的国家，表示该国货币的对内价值下降得越快，其本币汇率也将随之下跌，外汇汇率会上升。另外，通货膨胀率会影响贸易收支，从而影响汇率。

2. 短期因素

（1）利率。其他条件不变的前提下，利率上升会吸引资本流入，在外汇市场上形成对该国货币的需求，推动高利率货币的汇率上升。利率上升会抑制该国的通货膨胀，推动该国货币汇率上升。利率上升会抑制该国总需求，特别是严重依赖于贷款的那一部分投资需求和消费需求，这会进一步限制进口并使该国货币汇率上升。

（2）政府的政策。政府为了实现一定的经济目标，常常会采用种种措施干预外汇

市场和外汇汇率，甚至操纵汇率的波动。政府为了避免汇率的变动对国内经济造成不利的影响，需要通过中央银行在外汇市场上买卖外汇，影响外汇汇率或本币汇率，使汇率的变动有利于本国经济的运行。

（3）心理预期。心理预期有时会对汇率产生重大的影响。心理预期是多方面的，包括对利率变动、汇率走势、通货膨胀、国际收支的预期，以及对政治局势、国际关系、社会稳定等的预期。心理预期会直接改变人们的经济行为，进而影响汇率。

（4）外汇投机活动。外汇投机是指以赚取汇率变动差额为目的并承担外汇风险的外汇交易行为。外汇投机活动，特别是跨国公司的外汇投机活动，有时能使汇率波动超出预期的合理幅度。

第三节 国际货币体系

一、国际货币体系的概念

国际货币体系是指在国际范围内确立的、调节各国货币关系的一整套规则或制度，它包括根据国际协定或惯例对国际范围内各种交易活动所做的安排措施，也包括相应的管理国际货币体系的组织机构。

国际货币体系包括以下几方面的内容。

（1）货币本位的确定，即货币币值的标准。

（2）汇率制度的选择，即是完全固定的汇率制度，还是完全浮动的汇率制度，还是介于上述二者之间的汇率制度。

（3）货币的可兑换性，即是完全可自由兑换，还是不可自由兑换，还是部分可自由兑换。

（4）国际储备资产的确定，包括资产的形式、币种和各自的比重。

（5）国际收支的调节方式，是完全依靠市场调节，还是政府独立进行调节，还是以国际经济政策协调为基础的国际收支调节。

国际货币体系对世界经济的发展具有重要作用：首先，国际货币体系有助于确定国际清算和支付手段来源、形式和数量，为世界经济发展提供必要充分的国际货币，并规定国际货币及其同各国货币相互关系的准则；其次，国际货币体系通过确定国际收支的调节机制，推动世界的稳定和各国经济的平衡增长；另外，国际货币体系确立有关国际货币金融事务的协商机制及建立相应的组织机构，为国际经济金融事务的协调发展提供了条件。

国际货币体系建立的方式主要有以下三种。

（1）以惯例或习俗形式建立起来的，如国际金本位制度。

（2）通过全球性的协议建立起来的，如在 IMF 协定下安排的布雷顿森林体系。

（3）通过部分国家的经济政策协调方式建立起来的，如欧盟的货币一体化安排。

二、国际货币体系的发展与演变

（一）国际金本位制

1. 产生背景

世界上首次出现的国际货币制度是金本位制度，大约形成于 1816 年，结束于 1914 年。

近代以来英国是西方国家中率先崛起的资本主义大国，最先完成了资产阶级革命和第一次科技革命，英国成为当时世界经济的中心，处于世界工业、贸易、金融、海运的中心地位，成为强大的殖民帝国。1816 年，英国制定了《金本位制度法案》，率先采用金本位制度。鉴于当时英国在国际上的地位和影响，欧洲各国及美国纷纷效仿英国的做法。大约半个世纪以后，欧美主要资本主义国家相继在国内实行了金本位制，国际金本位制度大致形成。到 19 世纪 80 年代，金本位制度发展成为世界性的货币制度。

▶▶▶ **小贴士**

实行金本位制的国家

世界上实行金本位制的第一个国家是英国，1914 年第一次世界大战时，全世界已有 59 个国家实行金本位制。金本位制虽时有间断，但大致延续到 20 世纪的 20 年代。由于各国的具体情况不同，有的国家实行金本位制长达一百多年，有的国家仅有几十年的金本位制历史。

2. 主要内容和特点

金本位制就是以黄金为本位币的货币制度。在历史上，曾有过三种形式的金本位制即金币本位制、金块本位制、金汇兑本位制。其中金币本位制是最典型的形式，就狭义来说，金本位制即指该种货币制度。在金本位制下，每单位的货币价值等同于若干重量的黄金（即货币含金量）；当不同国家使用金本位时，国家之间的汇率由它们各自货币的含金量之比——金平价来决定。

国际金本位是建立在各个国家的国内法的基础之上，因而是一种松散的国际货币制度，但在货币比价、货币的兑换、对外支付、国际结算原则和黄金转移的规定方面是一致的。

国际金本位制的特点如下。

（1）黄金充当国际货币，是国际货币制度的基础。各国政府都规定以黄金作为本位货币，确定本国铸币的货币单位及含金量，金币具有无限法偿的权利，并能与银行券自由兑换。

（2）各国货币之间的汇率由它们各自的含金量对比所决定并且是稳定的。各国货币所含金量之比即为铸币平价，铸币平价决定着两国货币汇率的法定平价。

（3）国际收支可以实现自动调节。在金本位制度下，由于黄金能自由输出入，因此能够自动调节国际收支并保证外汇行市的稳定和国际金融市场的统一，所以国际金本位制度是一种比较稳定、健全的货币制度。

3. 崩溃原因

金本位制通行了约一百年，其崩溃的主要原因如下。

（1）黄金生产量的增长幅度远远低于商品生产增长的幅度，黄金不能满足日益扩大的商品流通需要，这就极大地削弱了金铸币流通的基础。

（2）黄金存量在各国的分配不平衡。黄金存量大部分为少数强国所掌握，必然导致金币的自由铸造和自由流通受到破坏，削弱其他国家金币流通的基础。

（3）第一次世界大战爆发，黄金被参战国集中用于购买军火，并停止自由输出和银行券兑现，从而最终导致金本位制的崩溃。

4. 对国际金本位制度的评价

（1）国际金本位制度下的固定汇率制有利于各个国家的贸易、借贷和投资，促进了资本主义上升阶段世界经济的繁荣和发展。

（2）国际金本位制度下货币供应受到黄金数量的限制，不能适应经济增长的需要。另外，国际金本位制度的作用发挥受到一些因素的限制，最重要的是金本位制度的顺利运行必须建立在各国自觉遵守金本位的基本要求之上。

（二）布雷顿森林体系

1. 产生背景

金本位制度破产后，客观上需要建立一种稳定的国际货币制度。另外，英、美两国从各自的利益出发，希望建立一种对自己有利的国际货币制度。在第二次世界大战还没有结束的时候，同盟国即着手拟订战后的经济重建计划，希望能够避免两次大战之间的那种混乱的世界经济秩序。1944 年 7 月，44 个同盟国的 300 多位代表出席在美国新罕布什尔州布雷顿森林市召开的联合国与联盟国家的国际货币金融会议，商讨重建国际货币制度，在这次会议上产生的国际货币体系因此被称为布雷顿森林体系。

▶▶ 阅读材料

布雷顿森林体系的建立

第二次世界大战爆发后，许多国家参与这场战争，严重影响了经济发展（包括英、法），而美国经济实力却急剧增长。第二次世界大战结束时，美国工业生产总值占整个资本主义世界的一半，贸易居首位，黄金储备占总额的 3/4，在政治、经济、军事各方面取得了压倒性优势。

1944 年 7 月 1 日至 22 日，在美国新罕布什尔州的布雷顿森林市召开了有 44 个国家参加的联合国与联盟国家的国际货币金融会议，通过了《联合国家货币金融会议的最后决议书》以及《国际货币基金组织协定》和《国际复兴开发银行协定》两个附件，统称为《布雷顿森林协议》，设立了国际货币基金组织（International Monetary Fund，简称 IMF）和国际复兴开发银行（后来称为世界银行），确定了以美元为中心的国际货币体系。

2. 主要内容

（1）美元与黄金挂钩。各国政府或中央银行可按官价用美元向美国兑换黄金。

（2）其他国家货币与美元挂钩。其他国家政府规定各自货币的含金量，通过含金量的比例确定同美元的汇率。

（3）实行可调整的固定汇率。各国货币对美元的汇率，只能在法定汇率上下各1%的幅度内波动。若市场汇率超过法定汇率1%的波动幅度，各国政府有义务在外汇市场上进行干预，以维持汇率的稳定。布雷顿森林体系的这种汇率制度被称为"可调整的钉住汇率制"。

（4）确定国际储备资产。美元处于等同黄金的地位，成为各国外汇储备中最主要的国际储备货币。

（5）多渠道调节国际收支失衡。短期的失衡由国际货币基金组织提供信贷来解决，长期的失衡则通过调整汇率平价来调节。但是在实际运行中，两种方法的效用都不大，在布雷顿森林体系运行的二十多年里，国际收支大面积失衡状况一直没有得到真正的解决。

3. 崩溃原因

布雷顿森林体系实际上是一个以美元为中心的体系，它的正常运作要满足三个基本条件，即美国国际收支要保持顺差，以保持美元币值对外稳定；美国要有充足的黄金储备，以保证美元对黄金的兑换；黄金价格维持在固定水平上。

一方面，布雷顿森林体系制度本身存在缺陷，被称作"特里芬难题"，即其他国家要增加美元储备，美国就要保持国际收支逆差。而美国一旦出现逆差，则美元贬值，爆发美元危机。如果美国要保持国际收支顺差，稳定币值，则又会影响其他国家对美元储备资产的需求，难以满足国际贸易发展需要。这个体系的稳定与否，与美国的国际收支相联系并构成了一种矛盾。事实上，任何一个国家的货币如果单独充当国际储备货币，都会遇到"特里芬难题"。

另一方面，美元危机与美国经济危机频繁爆发。伴随着美国国际收支的变化，美元经历了"美元荒"—"美元泛滥"—"美元危机"的演变。1971年，为阻止各国政府继续向美国以美元兑换黄金，美国宣布停止美元兑换黄金，这一行动意味着布雷顿森林体系的基础发生动摇。1973年西方主要国家纷纷实行浮动汇率制度，布雷顿森林体系瓦解，体系的两个基础——各国货币与美元挂钩、美元与黄金挂钩均告崩溃。

4. 对布雷顿森林体系的评价

（1）布雷顿森林体系是国际货币合作的产物，树立了开展广泛国际货币合作的典范。它消除了第二次世界大战之前资本主义国家之间混乱的国际货币秩序，为世界经济增长创造了有利的条件，促进了第二次世界大战后国际贸易的迅速发展和生产的国际化。

（2）布雷顿森林体系本身存在着"特里芬难题"所描述的缺陷，在实际运行过程中，由于运行规则得不到遵守，始终没有形成正常的国际收支调节和资本流动的秩序，最终导致它崩溃。

（三）牙买加体系

1. 产生背景

布雷顿森林体系崩溃以后，国际上为建立一个新的国际货币体系进行了长期的讨论与协商。1976 年 1 月国际货币基金组织理事会"国际货币制度临时委员会"在牙买加首都金斯敦举行会议，讨论修改国际货币基金协定的条款，达成了《牙买加协定》。同年 4 月，国际货币基金组织理事会又通过了以修改《牙买加协定》为基础的《国际货币基金协定第二次修正案》，并于 1978 年 4 月 1 日起生效，从而实际上形成了以《牙买加协定》为基础的新的国际货币体系。

2. 主要内容和特点

（1）多元化的汇率制度。国际货币基金组织成员国可以自行安排汇率制度，认可了浮动汇率的合法性。

（2）多元化的国际储备体系。《牙买加协定》明确提出黄金非货币化，降低了黄金的货币作用；在国际储备体系中，包括美元、英镑、日元等在内的自有外汇占主要地位，特别提款权以及在基金组织的储备头寸占有一定比例，而黄金仍然在国际货币体系中占有一席之地。

（3）多种国际收支的调节手段。牙买加体系下，国际收支的调节是通过汇率机制、利率机制、基金组织的干预和贷款、国际金融市场的媒介作用和商业银行的活动以及有关国家外汇储备的变动、债务、投资等因素结合起来进行的，以建立一个灵活有效的国际收支调节机制。

3. 对牙买加体系的评价

积极方面：

（1）以主要货币汇率浮动为主的多种汇率安排体系能够比较灵活地适应世界经济形势多变的状况，为各国维持经济发展与稳定提供了灵活性与独立性，同时有助于保持国内经济政策的连续性与稳定性；

（2）多元化的储备结构打破了布雷顿森林体系的僵化局面，为国际经济提供了多种清偿货币，在较大程度上解决了储备货币供不应求的矛盾，在一定程度上解决了"特里芬难题"；

（3）多种国际收支调节机制并行，各种调节机制相互补充，使国际收支的调节更为有效与及时。

消极方面：

（1）难以建立起稳定的汇率形成机制，汇率体系极不稳定，增大了外汇风险，从而在一定程度上抑制了国际贸易与国际投资活动；

（2）在多元化国际储备格局下，储备货币发行国仍享有"铸币税"等多种好处；同时，在多元化国际储备下，缺乏统一、稳定的货币标准，可能造成国际金融的不稳定；

（3）国际收支调节机制并不健全，各种现有的渠道都有各自的局限，牙买加体系并没有消除全球性的国际收支失衡问题。

（四）欧洲货币一体化

1. 区域性货币一体化

区域性货币一体化是指一定地区内的有关国家和地区在货币金融领域中实行协调与结合，形成一个统一体，组成货币联盟。区域性货币一体化是国际货币体系改革的重要内容和组成部分。

货币一体化的主要特征有：统一汇率，成员国之间实行固定的汇率制度；统一货币，发行单一货币；统一货币管理机构和货币政策，建立一个中央货币机关，由这个机关保存各成员国的国际储备，发行共同货币以及决定货币联盟的政策等。

2. 欧洲货币体系

欧洲货币一体化的演进被国际社会公认为是自布雷顿森林体系崩溃以来在国际货币安排方面最有意义的发展，是国际政策协调方面最为重要的典范。

欧洲货币一体化的发展在成员国间建立起一个"货币稳定区域"，使它们得以免受区域外金融不稳定的影响，区域内的固定汇率安排方便了成员国之间的经济交往和合作，从而为未来的国际货币制度改革树立了一个可借鉴的榜样。

▶▶小贴士

欧洲货币体系的建立

1950 年欧洲支付同盟成立；1957 年 3 月，法国、西德、意大利、荷兰、比利时和卢森堡六国在意大利首都罗马签订了《罗马条约》；1969 年 12 月在海牙举行的欧共体首脑会议决定筹建欧洲经济与货币联盟；1978 年 12 月 5 日欧共体各国首脑在布鲁塞尔达成协议，1979 年 3 月 13 日欧洲货币体系正式实施（European Monetary System，简称 EMS）。

欧洲货币体系的主要内容有创设欧洲货币单位、稳定汇率机制和建立欧洲货币基金。

1991 年 12 月 9 日至 10 日，欧共体 12 国首脑签署了《欧洲联盟条约》，包括《欧洲经济与货币联盟条约》和《政治联盟条约》，统称《欧洲联盟条约》，即《马斯特里赫特条约》，这标志着欧洲货币一体化的加速发展，是欧洲货币经济一体化的新里程碑。

▶▶相关链接

《马斯特里赫特条约》也称《欧洲联盟条约》，1991 年 12 月 9 日至 10 日，第 46 届欧共体首脑会议在荷兰马斯特里赫特举行。经过两天的激烈辩论，通过并草签了《欧洲经济与货币联盟条约》和《政治联盟条约》，即《马斯特里赫特条约》。1992 年 2 月 7 日欧共体 12 国外长和财政部长正式签订了该条约，按计划 1992 年年底前完成批准程序，于 1993 年 1 月 1 日起生效，这一条约是对《罗马条约》的修订，为欧共体建立政治联盟和经济与货币联盟确立了目标与步骤。该条约的签署标志着欧共体一体化建设进入了一个新的阶段。

3. 欧元启动的影响

1999 年 1 月 1 日，欧元在欧盟各成员国范围内正式发行，它是一种具有独立性和法定货币地位的超国家性质的货币。根据《马斯特里赫特条约》的规定，欧元于 2002 年 1 月 1 日起正式流通。欧元的诞生，是欧盟各国为建立一个联合起来的强大欧洲而采取共同经济政策和货币政策的结果，是世界经济史上一个具有划时代意义的事件。首先，欧元给欧洲国家带来了巨大利益，有利于促进欧洲内部统一大市场的成熟，带动并促进欧洲政治一体化。其次，欧元成为重要的国际货币，在国际货币体系中的作用日益突出，促进世界经济格局的多极化，为建立新的国际货币体系奠定基础，并对世界金融市场产生重大而深远的影响。

习　题

一、名称解释

1. 国际收支　2. 外汇　3. 汇率　4. 国际货币体系　5. 国际金本位制　6. 特里芬难题

二、简答题

1. 国际收支不平衡的主要原因有哪些？
2. 国际收支失衡的一般调节措施有哪些？
3. 汇率的标价方法有哪些？
4. 汇率有哪些分类？
5. 国际货币体系的内容有哪些？
6. 国际货币体系经历了哪些演变？

三、案例题

为增强人民币兑美元汇率中间价的市场化程度和基准性，中国人民银行决定完善人民币兑美元汇率中间价报价。自 2015 年 8 月 11 日起，做市商在每日银行间外汇市场开盘前，参考上日银行间外汇市场收盘汇率，综合考虑外汇供求情况以及国际主要货币汇率变化向中国外汇交易中心提供中间价报价。8 月 11 日实施新报价方式后，人民币对美元中间价为 6.2298 元，较上日下调逾 100 个基点。

过去，汇率中间价一直由央行设定，所以每日中间价与前一日汇率收盘价之间有较大差距，往往背离市场机制。而由做市商参考上日银行间外汇市场收盘汇率提供中间价报价，使得基准利率更加合理、更加贴近市场，使得中间价的市场化程度和基准性都大大提高，实质是人民币汇率市场化改革的重大推进。

请思考：央行为何要对人民币汇率进行"纠偏"？

【实践课堂】

1. 分组讨论现在的人民币汇率制度，人民币升值对于我国国际收支的利弊影响。
2. 登录国家外汇管理局网站，关注近期外汇汇率以及国际收支情况。

第十二章 ■ 财政政策与货币政策

知识目标

1. 了解财政政策和货币政策的概念、特征和目标。
2. 理解财政政策和货币政策的功能。
3. 掌握财政政策和货币政策的分类。

能力目标

能够根据经济形势分析财政政策和货币政策的实施。

案例导入

2015 年 8 月 28 日，国务院总理李克强主持召开国务院专题会，提出继续实施积极的财政政策和稳健的货币政策，在坚持区间调控基础上，见微知著，灵活施策，以更精准的定向调控、相机调控对冲经济下行压力。

有专家表示，这一政策信号的释放，显示"有形之手"未雨绸缪沉着应对，将进一步稳定市场预期，推动我国经济运行中积极因素的聚集，巩固向好势头。作为宏观调控的重要抓手之一，积极的财政政策存在很大的施策空间，"加法""减法"或将齐运用，为经济增长增添新动力。

问题引入：

1. 什么是财政政策？
2. 财政政策有哪些作用？

第一节　财政政策

一、财政政策的概念

（一）财政政策的含义

财政政策是指国家根据一定时期政治、经济、社会发展的任务而规定的财政工作的指导原则，财政政策是国家整个经济政策的组成部分。在现代市场经济条件下，财政政策是国家干预经济、实现国家宏观经济目标的工具。

（二）财政政策的特征

1. 稳定性与变动性

财政政策从制定、实施到产生效应，需要一个过程，因此财政政策需要保持一定的稳定性。同时，财政政策的内容是随着社会经济发展条件和环境的变化而变化的，在实施财政政策的过程中，由于调节对象和运行环境的复杂性，还要保持财政政策的灵活性。

2. 直接性与间接性

在市场经济条件下，财政政策是以间接性为主、直接性为辅的宏观经济调控手段。财政政策一般不是直接去从事某种经济活动，而主要是通过间接性手段来影响经济并实现宏观调控的目的，但有些财政政策工具也具有直接性。

3. 完整性与协调性

财政政策是一个相对完整的政策体系，财政政策贯穿于财政工作的全过程，财政政策是由税收政策、支出政策、预算平衡政策、国债政策等构成的一个相对完整的政策体系。同时，财政政策的制定和执行，要有金融政策、产业政策、收入分配政策等其他经济政策的协调配合。

二、财政政策工具

财政政策工具也称财政政策手段，是指国家为实现一定财政政策目标而采取的各种财政手段和措施，它主要包括财政收入（主要是税收）、财政支出、国债、政府投资和财政预算。

（一）财政收入（税收）

税收是国家凭借政治权力参与社会产品分配的重要形式，作为财政政策工具，税收的调节作用主要通过宏观税率确定、税负分配（包括税种选择与税负转嫁）、税收优惠和税收惩罚体现出来。

（二）财政支出

财政支出是政府为满足公共需要的一般性支出，包括购买性和转移性支出。购买性支出直接表现为政府购买商品和劳务的活动。转移性支出是政府进行宏观调控和管理，特别是调节社会总供求平衡的重要工具。

（三）国债

国债是国家按照信用有偿的原则筹集财政资金的一种形式，国债对经济的调节作用主要体现在以下几个方面。

1. 排挤效应

排挤效应是指由于国债的发行，使民间部门的投资或消费资金减少，从而对民间部门的投资或消费起调节作用。

2. 货币效应

货币效应是指国债发行所引起的货币供求变动。一方面可能使"潜在货币"变为现实流通货币，另一方面可能将存于民间的货币转移到政府或由中央银行购买国债而增加货币的投放。

3. 利率效应

利率效应是指通过调整国债的利率水平和影响其供求状况来影响金融市场利率变化，从而对经济产生扩张性或抑制性效应。

4. 收入效应

收入效应是指国债买卖所引起的收入再分配效应，国债依靠未来年度的税收来偿还，即国债持有人到期可以得到本金加利息。

国债政策既可以作为财政政策工具来使用，又可以作为货币政策工具来使用，是财政政策和货币政策协调搭配的一种重要手段。

（四）政府投资

政府投资是指财政用于资本项目的建设性支出，它最终将形成各种类型的固定资产。政府的投资能力与投资方向对经济结构的调节起关键性作用。政府投资的项目主要是指那些具有自然垄断特征、外部效应大、产业关联度高、具有示范和诱导作用的基础性产业、公共设施以及新兴的高科技主导产业。这种投资是经济增长的推动力，可将"基础瓶颈"制约所压抑的民间部门的生产潜力释放出来，使国民收入创造达到一个较高水平，即政府投资在"基础瓶颈"条件下所产生的"乘数效应"。

（五）财政预算

财政预算是国家财政收入与支出的年度计划，包括中央预算与地方预算。财政预算作为一种政策工具，主要是指中央预算，是通过预算收支规模及平衡状态的确定、收支结构的安排和调整来实现其对经济的调节功能的。

三、财政政策的类型

（一）根据财政政策在调节国民经济总量方面的不同功能，可分为扩张性财政政策、紧缩性财政政策和中性财政政策

1. 扩张性财政政策

扩张性财政政策是指通过财政收支规模的变动来增加和刺激社会总需求的财政政策。在社会总需求不足时，借助于扩张性财政政策扩大社会总需求，使社会总供求之间的矛盾得以缓解。一般来说，增加支出、减少税收进而扩大赤字，将刺激社会总需求，又称为赤字财政政策，主要措施有增加国债、降低税率、提高政府购买和转移支付。

2. 紧缩性财政政策

紧缩性财政政策是指通过财政收支规模的变动来减少和抑制社会总需求的财政政策。紧缩性财政政策也被称为盈余财政政策。在社会总需求膨胀的情况下，通过紧缩性财政政策可以消除通货膨胀缺口，实现社会总供求之间的平衡。政府采取紧缩性财政政策的主要措施有减少国债、提高税率、减少政府购买和转移支付。

3. 中性财政政策

中性财政政策是指通过财政收支活动对社会总需求的影响保持中性，既不产生扩张效应，也不产生紧缩效应。按照这一政策，财政支出根据收入多少来安排，既不允许大量的盈余，也不允许大量的赤字，也就是说不干预市场的政策。中性的财政政策是 20 世纪 30 年代大危机以前普遍采用的政策原则，在现代市场经济中，使用中性财政政策是比较少见的。在一般情况下，这种政策要求保持财政收支基本平衡。

（二）根据财政政策在调节社会总需求过程中发挥作用的方式划分，可分为自动稳定的财政政策和相机抉择的财政政策

1. 自动稳定的财政政策

自动稳定的财政政策是指当经济波动时，能自动调节社会供求总量，稳定经济增长的政策，无须借助外力就可直接产生调控效果，这种机制也被称为财政自动"稳定器"。其特点是可以随着社会经济发展，自行发挥调节作用，不需要政府采取任何干预行为。

财政政策的自动稳定性主要表现在以下两个方面。

（1）税收的自动稳定性，主要是通过累进制所得税起到自动"稳定器"的作用。在经济萧条时，个人和企业利润降低，符合纳税条件的个人和企业数量减少，因而税基相对缩小，使用的累进税率相对下降，税收自动减少。因税收的减少幅度大于个人收入和企业利润的下降幅度，税收便会产生一种推力，防止个人消费和企业投资的过度下降，从而起到反经济衰退的作用。在经济过热时期，其作用原理正好相反。

（2）转移支付的自动稳定性。如果经济出现衰退，符合领取失业救济和各种福利标准的人数增加，失业救济和各种福利的发放趋于自动增加，从而有利于抑制消费支出的持续下降，防止经济的进一步衰退。在经济繁荣时期，其作用原理正好相反。

2. 相机抉择的财政政策

相机抉择的财政政策是指某些财政政策本身没有自动稳定的作用，需要借助外力才能对经济产生调节作用。这种政策是政府根据当时的经济形势，主动灵活地选择不同类型的反经济周期的财政政策工具，干预经济运行，实现财政政策目标。这种政策的实施是政府利用国家财力有意识地干预经济运行的行为。

▶▶小贴士

相机抉择的财政政策

相机抉择的财政政策具体包括汲水政策和补偿政策。

汲水政策是指经济萧条时期付出一定数额的公共投资使经济自动恢复其活力的政策。汲水政策有四个特点：第一，它是以市场经济所具有的自发恢复能力为前提，是

一种诱导经济恢复的政策；第二，汲水政策的载体是公共投资，以扩大公共投资规模作为启动民间投资活动的手段；第三，财政投资规模具有有限性，只要社会投资恢复活力，经济实现自主增长，政府就不再投资或缩小投资规模；第四，汲水政策是一种短期的财政政策，随着经济萧条的消失而不复存在。

补偿政策是指政府有意识地从当时经济状况反方向上调节经济景气变动的财政政策，以达到稳定经济波动的目的。在经济繁荣时期，为了减少通货膨胀因素，政府通过增收减支以抑制和减少社会有效需求；在经济萧条时期，政府调节则与此相反。

第二节 货币政策

一、货币政策的概念

货币政策是国家调节经济活动的重要手段，其范围有广义和狭义之分。

从广义上讲，货币政策包括政府、中央银行和其他有关部门制定的货币方面的所有规定和采取的影响货币数量的一切措施。

通常意义上的货币政策是指狭义范围的货币政策，即中央银行为实现既定的经济目标，运用各种工具调节货币供给和利率，进而影响宏观经济的方针和措施的总和。这一定义较之广义货币政策的口径要窄得多，一般主要包括三个方面的内容：

（1）货币政策目标；

（2）为实现目标所使用的政策工具；

（3）具体执行所预期达到的政策效果。

同时，由于从确定最终目标到运用具体的工具乃至最终达到预期的政策效果，这中间存在着一些作用环节，因此货币政策实际上还包含中介指标的选择和传导机制等内容。

二、货币政策工具

货币政策工具又称货币政策手段，是中央银行为达到货币政策目标而采取的手段。货币政策工具按操作对象分为一般性政策工具、选择性政策工具和其他政策工具。

▶▶相关链接

一般性货币政策工具多属于间接调控工具，选择性货币政策工具多属于直接调控工具。在过去较长时期内，中国货币政策以直接调控为主，即采取信贷规模、现金计划等工具。1998年以后，取消了贷款规模控制，主要采取间接货币政策工具调控货币供应总量。现阶段，中国的货币政策工具主要有公开市场业务、存款准备金、再贷款与再贴现、常备借贷便利、利率政策、汇率政策、道义劝告和窗口指导等。

（一）一般性政策工具

一般性政策工具是中央银行对货币供给总量或信用总量和一般利率水平进行控制的政策工具。它是中央银行经常使用的、针对总量进行调节的工具，因此又称为"数量工具"，是最主要的货币政策工具。

1. 公开市场业务

（1）含义。

公开市场业务是指中央银行在证券市场上公开买卖各种有价证券以控制货币供应量及影响利率水平的行为，是调控货币供给的最主要的手段。当需要紧缩货币供给量时，中央银行在公开市场上卖出证券，引起货币供给量的减少；反之，当需要增加货币供给量时，中央银行买入证券，从而向社会投放基础货币，增加货币供给量。

（2）优点。

公开市场业务是目前西方国家中央银行最为重要的货币政策工具，这主要是因为公开市场业务具有其他货币政策工具难以替代的优点：一是可以按任何规模进行，灵活性高；二是中央银行处于主动地位，可以根据其需要，进行主动调节；三是可以经常性、连续性地操作，具有较强的弹性，是中央银行进行日常性调节的较为理想的工具。

（3）局限性。

公开市场业务作为一种货币政策工具，也不可避免地存在一定的局限性，主要有：一是公开市场业务需要以较为发达的有价证券市场为前提，对资本市场的发育状况有很大的依赖性；二是公开市场业务的操作效果会受到商业周期、货币流通速度等因素的制约；三是公开市场业务的操作较为细微，技术性较强，政策意图的告示作用较弱。

2. 存款准备金政策

（1）含义。

存款准备金政策是指中央银行对商业银行等存款货币机构的存款等债务规定存款准备金比率，强制性地要求商业银行等存款货币机构按规定比率上缴存款准备金，并通过调整存款准备金比率增加或减少商业银行的超额准备金，从而达到调节货币供应量的目的。

（2）优点。

存款准备金政策作为一种货币政策工具，其优点在于：它对所有存款货币银行的影响是平等的，对货币供给量具有极强的影响力，力度大、速度快，效果明显。

（3）局限性。

一是威力巨大，对经济的振动大，不能作为日常政策操作工具；二是对于超额准备金很低的银行，提高法定存款准备金率会进一步降低银行的可运用资金，引起流动性危机。由于存款准备金政策对经济有极大的冲击力，因而中央银行使用时一般都比较慎重。

3. 再贴现政策

（1）含义。

再贴现政策是指中央银行通过提高或降低再贴现率的办法，影响商业银行等存款货币机构从中央银行获得的再贴现贷款和超额准备，以达到增加或减少货币供应量、实现货币政策目标的一种政策措施。

▶▶ 小贴士

贴现和再贴现

普通意义上的贴现是指银行承兑汇票的持票人在汇票到期日前，为了取得资金，贴付一定利息将票据权利转让给银行的票据行为，是银行向持票人融通资金的一种方式。再贴现和普通意义上的贴现很接近，但还是有具体的区别。再贴现是指商业银行和中央银行进行的贴现行为。

再贴现政策一般包括两个方面的内容：一是再贴现率的调整，主要是影响商业银行的准备金及社会的资金供求；二是规定何种票据具有向中央银行申请再贴现的资格，主要是影响商业银行及全社会的资金投向。

再贴现率的高低影响商业银行申请贷款的积极性及其持有超额准备金的规模。同时，再贴现率的高低也关系到商业银行向中央银行借款的成本，进而影响商业银行向工商企业的贷款利率和整体利率水平。中央银行提高再贴现率，减少基础货币供给，提高利率，紧缩银根；反之，增加基础货币供给，降低利率，放松银根。因此，再贴现也有明显的告示作用。

▶▶ 相关链接

再贴现是中央银行使用最为悠久的货币政策工具，最早可以追溯到18—19世纪国际和地区间的票据交易。商业银行将商业票据低于票面价值卖给中央银行就是再贴现。再贴现的原始动机是为了保障商业银行的流动性，后来逐渐发展演变成调节利率的主要手段。

（2）优点。

再贴现政策的主要优点是：有利于中央银行发挥最后贷款人的职责，利用再贴现政策可以提供整个银行系统流动性的"弹性"创造功能，有利于中央银行维持银行体系的稳定；另外，再贴现政策的作用效果缓和，可以配合其他货币政策工具。

（3）局限性。

再贴现政策的局限性：一是在实施再贴现政策过程中，中央银行缺乏足够的主动权；二是再贴现政策的灵活性差，一方面再贴现率随时调整会引起市场利率的经常性波动，会使企业或商业银行无所适从，另一方面再贴现率不随时调整，又不利于中央银行灵活地调节市场货币供应量。

（二）选择性政策工具

选择性政策工具是指中央银行针对某些特殊的经济领域或特殊用途的信贷而采用的信用调节工具。

1. 消费者信用控制

消费者信用控制是中央银行对不动产以外的各种耐用消费品的销售融资予以控制，主要内容有：确定消费信贷购买各种耐用消费品时首期付款额、分期付款的最长期限以及适合于消费信贷的耐用消费品的种类、放宽期限等。

当中央银行降低首期付款额、延长分期付款期限、放宽消费信贷的耐用消费品的种类时就等于扩大了最大放款额度，会增加社会对某些商品的需求。反之，就等于降低了最大放款额度，会减少社会对某些商品的需求。

2. 证券市场信用控制

证券市场信用控制，也称证券交易的法定保证金比率控制，是指中央银行通过规定和调节信用交易、期货交易和期权交易中的最低保证金率，刺激或抑制证券交易活动的货币政策手段。

证券市场信用控制通过规定贷款额占证券交易额的百分比，来调节或限制证券市场的活跃程度。中央银行可根据金融市场的状况，随时提高或降低法定保证金比率。

3. 不动产信用控制

不动产信用控制是指中央银行对商业银行或其他金融机构办理不动产抵押贷款的管理措施，主要包括：规定商业银行不动产贷款的最高限额、最长期限、第一次付款的最低金额和对分期还款的最低金额等。其目的在于抑制房地产及其他不动产交易的过度投机，避免信用膨胀形成泡沫经济。

4. 优惠利率

优惠利率是指中央银行对国家拟重点发展的某些经济部门、行业或产品制定较低的利率，目的在于刺激这些部门的生产，调动它们的积极性，实现产业结构和产品结构的调整。

（三）其他政策工具

除一般性政策工具、选择性政策工具外，中央银行有时还运用一些补充性货币政策工具，对信用进行直接控制和间接控制。

1. 直接信用控制

直接信用控制是指中央银行从质和量两个方面以行政命令或其他方式对金融机构尤其是商业银行的信用活动进行直接控制，其手段主要包括以下几种。

（1）信用分配，是指中央银行根据金融市场的状况和客观经济形势，对银行业的信用加以分配，限制其最高数量。

（2）直接干预，也称直接行动，是指中央银行直接对商业银行的信贷范围施以干预。

（3）流动性比率限制，是指中央银行为保障商业银行的支付能力，规定流动资产对存款或总资产的比率。

（4）利率限制，是指中央银行规定商业银行和储蓄机构对定期存款及储蓄存款所能支付的最高利率，目的在于防止银行用抬高利率的办法吸收存款。

2. 间接信用控制

间接信用控制指中央银行凭借其在金融体制中的特殊地位，通过与金融机构的磋商、宣传等，指导其信用活动，以控制信用。

（1）道义劝告，是指中央银行运用自己在金融体系的特殊地位和威望，以口头或书面谈话的方式劝告商业银行遵守金融法规，自动采取相应措施，配合中央银行货币政策的实施。

（2）窗口指导，是中央银行根据市场行情、物价走势、金融市场的动向、货币政策要求等，通过劝告和建议来影响商业银行信贷行为的一种温和的、非强制性的货币政策工具。

三、货币政策的类型

（一）扩张性货币政策

扩张性货币政策是指通过增加货币供应量带动社会总需求以刺激经济增长的一种货币政策。在社会有效需求不足、生产要素大量闲置、产品严重积压、市场明显疲软、国民经济处于停滞或低速增长情况下，中央银行应采取扩张性货币政策。

扩张性货币政策的主要措施有扩大信贷规模、降低利率、降低存款准备金率和再贴现率、在公开市场上回购有价证券等。

（二）紧缩性货币政策

紧缩性货币政策是通过削减货币供应量以减少社会总需求，挤出市场多余货币，来促进社会总需求与总供给平衡的货币政策。在社会总需求过高、通货膨胀压力大、投资和消费明显过热时，中央银行应采取紧缩性的货币政策。

紧缩性货币政策的主要措施是紧缩名义货币供应量，适当提高再贷款利率、再贴现率以及商业银行的存款利率，适当压缩再贷款及再贴现限额，在公开市场上大量出售有价证券等。

（三）均衡性货币政策

均衡性货币政策也叫中性货币政策，是在社会总需求与总供给基本平衡的状态下采取的一种货币政策，目的在于保持原有的货币供应量与需求量的大体平衡。当社会总供求基本平衡、物价稳定、经济增长以正常速度递增时，中央银行应采取均衡性货币政策。

均衡性货币政策主要表现为货币投放量适度，基本上能够满足经济发展和消费需要，利率、汇率基本不变，存款准备金率和再贴现率维持正常水平，既不调高，也不降低。

▶▶ 小贴士

选择货币政策类型的依据

1. 宏观经济运行状况，主要看社会总供给与社会总需求是否平衡。如果社会总需求小于社会总供给，产品大量积压，应采用扩张性货币政策；反之则采用紧缩性货币政策。如果社会总供求基本平衡，则应当采用均衡性货币政策。

2. 看货币供给量与货币实际需要量之间的关系。货币供应量过分小于货币实际需要量, 应放松银根, 即采用扩张性货币政策; 反之, 则应紧缩银根, 采用紧缩性货币政策。如果货币供应量与货币需要量大体相等, 则应采用均衡性货币政策。

3. 看经济发展处在何种阶段。如经济处在起飞阶段, 国内尚有大量的闲置资源, 为了刺激经济发展, 顺利实现经济起飞, 则应较多地投入资金, 可采用适度的扩张性货币政策。如果经济进入稳定发展阶段, 资源得到较充分的运用, 则应采用均衡性货币政策或适度紧缩的货币政策。

四、货币政策的目标

(一) 货币政策的最终目标

货币政策的最终目标是指中央银行通过调节货币和信用在一段较长时期内所要达到的目标, 它与政府的宏观经济目标相吻合, 即稳定物价、充分就业、经济增长和国际收支平衡。

1. 物价稳定

物价稳定并不是要使物价水平不发生任何的变动, 而是要设法使一般物价水平在短期内不发生显著的波动, 就是要将物价水平的上升幅度控制在一定的范围内, 以防止通货膨胀。从各国的实际情况来看, 在制定货币政策时, 中央银行一般都要求物价上涨必须控制在 $2\% \sim 3\%$ 之内。

物价稳定现在越来越被当作货币政策最主要的目标 (在欧洲这种观点十分普遍), 因为上升的物价水平会引起经济生活的不确定, 从而可能危害经济增长; 通货膨胀也加大了规划未来的难度, 例如在通货膨胀的环境下, 我们很难决定该储蓄多少以供孩子接受大学教育; 通货膨胀还使得一国社会结构紧张, 因为社会中每个集团都可能和其他集团竞争, 以确保收入增长和物价上涨保持一致, 从而可能引发冲突。

2. 充分就业

一般意义上, 充分就业是指任何愿意工作并有工作能力的人都可以找到一份有报酬的工作, 对充分就业的衡量是通过失业率来反映的。所以, 要实现充分就业, 就应该尽可能地降低失业率, 最理想的状态就是失业率为零。

学者普遍认为, 失业率为零是不可能实现的。一方面, 因为经济生活中存在着"摩擦性失业", 即在生产过程中难以避免由于转业等原因而造成的短期、局部性失业, 例如某个工人决定找一个更好的工作, 在找到新工作之前, 他可能会失业一段时间。这种失业其实可能对经济是有利的, 因为存在一些失业人口, 才能使企业找到更合适的工人。另一方面, 因为存在着所谓的"结构性失业", 即职位要求和当地工人的技能和可得性不匹配, 显然这种失业不受欢迎, 但是货币政策对其无能为力。

因此, 充分就业并不是要追求失业率为零, 而是追求和充分就业相适应的失业率水平, 根据多年来西方主要国家的实际经验, 这一失业率水平若能控制在 4% 左右, 即可视为充分就业。

3. 经济增长

经济增长是指国内生产总值的增加，即一国在一定时期内所生产的商品和劳务的总量的增长，或者是人均国内生产总值的增长。

货币政策的制定可以特别针对促进经济增长，通过直接鼓励企业投资或者鼓励居民储蓄，为企业提供更多的资金，进一步促进经济增长。但是货币政策在促进经济增长方面的作用引起了广泛的争议，因为为了实现经济增长，必须使公众牺牲当前消费而进行储蓄和投资，同时在产值增长的背后，还可能隐藏着资源浪费和环境污染等问题，这些都是货币政策无力控制的。

4. 国际收支平衡

国际收支是指一个国家或地区在一定时期内与其他国家或地区进行的全部国际经济交易的系统记录。

国际收支平衡是指国际收入与国际支出相抵，略有顺差或略有逆差。

保持国际收支平衡是保证国民经济持续稳定增长和国家安全稳定的重要条件。巨额的国际收支逆差可能会导致外汇市场波动，资本大量外流，外汇储备急剧下降，本币大幅度贬值，并可能引发严重的金融危机；而长期巨额国际收支顺差，往往使大量外汇储备闲置，同时因为要大量购买外汇而增发本币，可能导致或加剧国内通货膨胀。

运用货币政策调节国际收支，主要是通过利率和汇率的变动来实现本外币政策的协调和国际收支平衡。

（二）货币政策的中介目标

货币政策的中介目标是介于货币政策工具与货币政策最终目标之间的金融中间变量，是中央银行为实现货币政策的终极目标而设置的可供观测和调整的指标。货币政策的中介目标把货币政策工具的操作与货币政策最终目标的实现联系起来。

中央银行在选择货币政策的中介目标时，必须遵循四个原则：可测性原则、可控性原则、相关性原则和抗干扰性原则。按照上述原则，常用的货币政策中介目标包括以下内容。

1. 利率

利率是金融市场的一个最基本的影响因素，原因是：利率与经济状况高度相关，利率的变动对市场资金需求起调节作用，利率的指标便于中央银行的控制，利率资料易于获取和汇集。

2. 货币供给量

货币供给量是较理想的货币政策中介指标，原因是：货币供给量的调控与货币政策的最终目标关系极为密切，货币供应量的变动直接影响宏观经济的运行；货币供应量便于观测，不会发生政策性与非政策性因素的混淆，可以避免因此而发出的错误信号；中央银行易于控制货币供应量的大小。

3. 准备金

无论中央银行运用何种政策工具，都会先改变商业银行的准备金，变动准备金是货币政策传导的必经之路。

4. 基础货币

基础货币是中央银行的负债。中央银行对已发行的现金和它持有的存款准备金都掌握着及时的信息，中央银行对基础货币是能够直接控制的。

第三节 财政政策与货币政策的配合

财政政策与货币政策作为两大宏观调控政策，共同服务于宏观调控的总目标，两者具有异质性、互补性、互动性等特征，它们需要相互协调配合，才能实现总量均衡。

所谓财政政策和货币政策的配合，是指政府将财政政策和货币政策按某种形式搭配组合起来，以调节总需求，最终实现宏观经济的内外平衡。

一、财政政策和货币政策相互配合的必要性

财政政策与货币政策在许多方面既有一致性、互补性，又存在明显的差异，由此决定了二者既不能相互取代，也不能各行其是，而必须相互配合。如果财政政策与货币政策各行其是，就必然会产生碰撞与摩擦，彼此抵消力量，从而减弱宏观调控的效应和力度，也难以实现预期的调控目标。

1. 财政政策与货币政策的一致性

（1）政策实施主体的一致性。政策操作主体都是国家政府的管理部门。

（2）政策调控的最终目标具有一致性。两者都要求达到货币币值的稳定，经济稳定增长，劳动者充分就业和国际收支平衡，以推动经济的发展。

（3）政策作用形式的一致性。政策的着力点都是社会货币资金。

2. 财政政策与货币政策的差异性

（1）政策目标的侧重点不同。

财政政策目标的侧重点是通过财政收入和支出的变动来解决经济结构问题。货币政策目标的侧重点是调节货币供给总量，解决通货膨胀和通货紧缩问题。

（2）作用机制不同。

财政政策主要通过政府购买、税收和转移支付等变动来实现其目标。货币政策主要通过利率、存款准备金比率、再贴现率和公开市场业务等达到其目标。

（3）作用领域和范围不同。

财政政策主要是对流通中的货币进行再分配，尤其是对国民收入的部分货币的再分配。货币政策不仅调节存量货币，而且还调节增量货币。

（4）时滞性不同。

财政政策的制定与修订必须经过立法机关的审批，决策时滞长。货币政策通常由相对独立的中央银行直接制定，决策时滞与实施时滞较短，认识时滞较长。

（5）透明度不同。

财政政策的透明度高，财政的收或支、盈余或赤字，都是公开的。货币政策的透明度相对较低。

二、财政政策与货币政策配合的形式

财政政策与货币政策相互配合运用时，往往采取"松紧搭配"的方式，即松或紧的两大政策匹配使用，一般有以下四种形式。

1. 松的财政政策和松的货币政策，即"双松"政策

在这种政策组合中，财政政策扩大总需求的同时，中央银行增加货币供给量，阻止利率上升，抵消或减少财政政策的挤出效应，因此会使总需求在短时间内迅速扩大，对经济具有很强的刺激作用。

这种政策组合适于总需求严重不足、生产资源大量闲置、解决失业和刺激经济增长成为宏观调控首要目标时使用，否则可能导致严重的通货膨胀。

▶▶ 小贴士

挤出效应

挤出效应指政府支出增加所引起的私人消费或投资降低的效果。当政府支出增加或税收减少时，货币需求会增加，在货币供给既定的情况下，利率会上升，私人部门（厂商）的投资会受到抑制，产生政府支出挤出私人投资的现象，即所谓"挤出效应"。挤出效应降低财政政策的有效性，挤出效应越小，财政政策效果越大。

2. 紧的财政政策和紧的货币政策，即"双紧"政策

在这种政策组合中，政府通过增加税收、削减政府支出规模等限制消费和投资，抑制社会的总需求；中央银行紧缩银根，通过提高法定准备金率、提高利率来压缩货币供给量，刺激利率上升，私人投资减少，导致总需求下降。这种双管齐下的措施使总需求迅速收缩，能够有效遏止需求膨胀与通货膨胀，但可能会带来通货紧缩和经济停滞的后果。

这种政策组合主要在总需求极度膨胀、总供给严重不足、物价大幅攀升、抑制通货膨胀成为首要目标时采用。

3. 松的财政政策和紧的货币政策

在这种政策组合中，政府适当扩大财政支出和减税，同时中央银行严格控制货币供应量，促使利率上升，产生挤出效应，使总需求不会大幅度上升。松的财政政策在于刺激需求，对克服经济萧条较为有效。紧的货币政策可以避免过高的通货膨胀率。这种政策组合的效应是在保持经济适度增长的同时尽可能地避免通货膨胀。

这种政策组合主要在经济比较繁荣、但公共投资不足时采用，长期运用这种政策组合，会积累起巨额的财政赤字。

4. 紧的财政政策和松的货币政策

在这种政策组合中，政府对财政支出严加控制，同时采用增税措施，抑制总需求；同时中央银行根据实际情况，采取适当放松银根的货币政策，促使利率下降，以刺激私人投资。紧的财政政策可以抑制社会总需求，防止经济过旺和通货膨胀。松的货币政策在于保持经济的适度增长。因此，这种政策组合的效应就是在控制通货膨胀的同时，保持适度的经济增长。

这种政策组合适于财政赤字较大、经济处于轻度衰退时采用。但货币政策过松，也难以制止通货膨胀。

总之，上述四种财政政策与货币政策的配合形式各有特点，在现实生活中，这四种政策搭配与选择是一个很复杂的问题。采取哪种形式，取决于宏观经济的运行状况及所要达到的政策目标，需要灵活、适当地运用。

习　题

一、名称解释

1. 财政政策　2. 货币政策　3. 道义劝告　4. 窗口指导　5. 货币政策的中介目标　6. 扩张性货币政策　7. 紧缩性货币政策

二、简答题

1. 什么是相机抉择的财政政策？
2. 财政政策的功能有哪些？
3. 货币政策工具有哪几类？
4. 财政政策和货币政策为什么需要相互配合？
5. 财政政策与货币政策配合的形式有哪些？

三、案例题

全国财政工作会议对 2018 年财政工作做出了具体部署，2018 年财政工作图景已经徐徐展开：将坚持以供给侧结构性改革为主线，继续实施积极的财政政策，增强财政可持续性。继续实施减税降费政策，进一步减轻企业负担；调整优化支出结构，提高财政资金使用效率，着力支持在打好防范化解重大风险、精准脱贫、污染防治的攻坚战方面取得扎实进展，推动解决发展不平衡不充分问题；完善预算管理制度，全面实施绩效管理；逐步建立权责清晰、财力协调、区域均衡的中央和地方财政关系，加快推进基本公共服务均等化，促进经济社会持续健康发展。

2017 年以来，积极财政政策为保持经济运行在合理区间，以及助力供给侧结构性改革方面可谓"功不可没"。一方面，我国着力降低企业税费负担，落实并完善营业税改增值税试点政策，出台简并增值税税率等措施，进一步清理规范政府性基金和涉企收费，全年为企业减负将超过 1 万亿元。另一方面，我国供给侧结构性改革深入推进，财税政策对振兴实体经济的支持力度不断加强，首台（套）重大技术装备推广应用鼓励等政策落实完善。在创新驱动发展战略深入实施的背景下，加大研发费用税前加计扣除政策力度等政策陆续落地，财税政策促进经济结构优化和新动能加快成长。

请思考：我国为什么要推行积极的财政政策？

【实践课堂】

1. 分组讨论利率政策运用对于我国股市及宏观经济的影响。

2. 登录中国人民银行网站，关注央行最新货币政策颁布情况。

参 考 文 献

樊正玲. 财政与金融 [M]. 济南：山东人民出版社，2009.

顾秀英，单秀娟. 财政与金融 [M]. 北京：对外经济贸易大学出版社，2010.

贺瑛. 金融概论 [M]. 5 版. 北京：高等教育出版社，2014.

黄达，张杰. 金融学 [M]. 4 版. 北京：中国人民大学出版社，2017.

李淑娟. 财政与金融 [M]. 3 版. 北京：电子工业出版社，2013.

蒙丽珍，李星华. 财政与金融 [M]. 5 版. 大连：东北财经大学出版社，2014.

唐祥来，康锋莉. 财政学 [M]. 北京：人民邮电出版社，2013.

王国星. 财政与金融 [M]. 4 版. 北京：中国财政经济出版社，2012.

王守龙. 现代金融学基础 [M]. 北京：清华大学出版社，2012.

王永泉，姬海华，任创能. 财政与金融 [M]. 长沙：湖南大学出版社，2011.

吴军梅，谢晓娟. 财政与金融 [M]. 2 版. 北京：北京理工大学出版社，2012.

姚长辉，吕随启. 货币银行学 [M]. 4 版. 北京：北京大学出版社，2012.

易纲，吴有昌. 货币银行学 [M]. 上海：格致出版社，2014.

张庆丰. 财政与金融 [M]. 上海：上海财经大学出版社，2009.